Innovation and Governance in Local Public Services

# 地方公共サービスの イノベーションとガバナンス

**行政サービス提供体制と住民自治体制の強化をめざす**

石原俊彦 [監訳]　木村昭興　酒井大策　関下弘樹　丸山恭司　井上直樹 [訳]
Translation & Supervison : Toshihiko Ishihara

関西学院大学出版会

# 地方公共サービスのイノベーションとガバナンス

行政サービス提供体制と住民自治体制の強化をめざす

This translation is a joint effort by the members of the Professor Ishihara Laboratory of IBA (Institute of Business and Accounting) in Kwansei Gakuin University, Kobe Japan.

There are a number of people who assisted us, and we would particularly like to thank Mr. Steve Freer, Chief Executive of CIPFA, who has continually supported our laboratory's activities in the UK over the years.

In 2013, Professor Freer will come to our university as a visiting professor of IBA.

May 28 2013

# 目　　次

はしがき

## 第Ⅰ部　輝く未来：地方公共サービスのイノベーション

要旨 …………………………………………………………………………… 3
提言 …………………………………………………………………………… 6
事務総長のためのチェックリスト ………………………………………… 9
第1章　導入 ………………………………………………………………… 11
第2章　イノベーションの概略 …………………………………………… 20
第3章　イノベーションの便益 …………………………………………… 30
第4章　イノベーションの生成 …………………………………………… 37
第5章　イノベーションの実行 …………………………………………… 45
第6章　イノベーションの普及 …………………………………………… 54
付録1　方法論 ……………………………………………………………… 68
付録2　本研究で取り上げた組織 ………………………………………… 69

## 第Ⅱ部　情報への精通－優れた意思決定のための情報利用－

要旨 …………………………………………………………………………… 73
公共サービスを提供する管理職のためのチェックリスト ……………… 76
1　はじめに ………………………………………………………………… 78
2　優れた情報とは、優れた意思決定とは、そして優れた業績とは …… 81
3　意思決定 ………………………………………………………………… 87
4　情報の特質：目的適合性、品質、提供方法 …………………………… 90

5　着手にあたって ………………………………………………… 116
　付録1　定義 ……………………………………………………………… 119
　付録2　民間部門における情報の有効利用の事例 ………………… 121
　付録3　参考文献 ………………………………………………………… 123
　付録4　本報告書の位置づけ ………………………………………… 127
　セミナー参加者 ………………………………………………………… 129

## 第Ⅲ部　地方自治体における最高財務責任者の役割

　序文 ……………………………………………………………………… 135
　用語の定義 ……………………………………………………………… 136
　本意見書を公表するにあたって ……………………………………… 138
　本意見書を活用するにあたって ……………………………………… 140
　公共部門における最高財務責任者の役割に関する CIPFA 意見書 ……… 141
　　第1原則 ……………………………………………………………… 142
　　第2原則 ……………………………………………………………… 149
　　第3原則 ……………………………………………………………… 157
　　第4原則 ……………………………………………………………… 166
　　第5原則 ……………………………………………………………… 169
　付録A　法的な必要要件 ……………………………………………… 172
　付録B　幹部職員の定義に関するエヴァーシェッドから
　　　　　CIPFA に対する法律的見解 …………………………………… 182
　付録C　1988年地方財政法（イングランドおよびウェールズ）
　　　　　第114条の手続きに関するフローチャート ………………… 183

## 第Ⅳ部　公共部門における内部監査責任者の役割

　序文 ……………………………………………………………………… 194

用語の定義 ……………………………………………………………… 196
本意見書を公表するにあたって ………………………………………… 201
本意見書を活用するにあたって ………………………………………… 203
公共部門における内部監査責任者の役割に関するCIPFA意見書 ……… 206
　第1原則 ………………………………………………………………… 207
　第2原則 ………………………………………………………………… 211
　第3原則 ………………………………………………………………… 218
　第4原則 ………………………………………………………………… 222
　第5原則 ………………………………………………………………… 227
　付録　CIPFA諮問委員会「公共部門における内部監査責任者の役割」
　　　　構成員名簿 …………………………………………………… 230

## 第Ⅴ部　公共部門における内部管理業務のVFM
### －英国公共部門における監査機関の共同プロジェクト－

監査機関の代表者による序文 …………………………………………… 235
重要項目の概要 …………………………………………………………… 237
1　プロジェクトの背景 ………………………………………………… 239
2　業績指標の設定 ……………………………………………………… 242
3　プロジェクトの結果 ………………………………………………… 246
4　新たな段階 …………………………………………………………… 249
付録　業績指標の解説 …………………………………………………… 253
　（a）人的資源管理のVFM …………………………………………… 253
　（b）財務のVFM ……………………………………………………… 259
　（c）ICT（情報通信技術）のVFM …………………………………… 265
　（d）調達のVFM ……………………………………………………… 270
　（e）不動産のVFM …………………………………………………… 275

## はしがき

　わが国の政府と地方自治体が抱える公的債務の残高は 1000 兆円を超えている。この債務を弁済する財源は、国民から徴収する税金のみである。国と地方の税収は、どう多く見積もっても 100 兆円には届かない。すべての公共サービスをストップしたとしても、税収の 10 年分以上の債務を、日本国民は弁済してゆかねばならない。このことは、アベノミクスにおいても重要な政策課題である。

　公的債務残高を慎重に減少する一方で、国民が求める公共サービスの水準を維持するには、これまで官が中心となって供給してきた公共サービスを、民が協働して提供していくという発想が求められる。住民との協働参画、指定管理者制度の導入、PFI や PPP の法制化等は、官だけではなく官民双方を主体とした「新しい公共の創出」に貢献する施策として整理することができる。

　民間企業における経営の理念や手法を積極的に公共部門に援用しようとするニュー・パブリック・マネジメント（NPM）は、1980 年代以降、欧米とわが国の公共部門で積極的に導入されてきた。近年は、組織のマネジメントだけではなく、組織を外部から監視するシステムの構築に、注目が集まっている。英国エジンバラ・ビジネス・スクールの Stephen Osborne 教授は、NPM が進化した概念としてニュー・パブリック・ガバナンス（NPG）を提唱されている。NPG は、公共サービスの創出を、マネジメントの次元からガバナンスの次元へと発展させる思考のフレームワークである。そして、NPG の核心には、イノベーション（Innovation）の概念が存在している。

　『地方公共サービスのイノベーションとガバナンス』と題した本訳書は、NPG の思考に基づいて、「新しい公共の創出」を企図した将来の地方公共サービスのあり方について、一つの方向性を示唆することを出版の目的としている。イノベーション（革新）とガバナンスは、今後の地方公共サービスのあり方を論

じる際のキーワードなのである。

　ここ数年、英国では公共部門のイノベーションとガバナンスを素材とした報告書が、政府や地方自治体の関係機関から多数公表されている。本訳書は、そうした報告書の中から、イノベーションとガバナンスの思考をわが国の公共部門（特に、地方自治体）に普及し浸透させるのに有用な5編を厳選し、1冊の翻訳書として完成させたものである。

　本訳書で考察された内容は、1000兆円の公的債務を返済し、安定した公共サービスの供給を政府と地方自治体で実現する際の有用な手立てとなる。5編5部から構成される本訳書の概要は、以下のように整理される。

　第Ⅰ部の『Seeing the Light：Innovation in Local Public Services』（『輝く未来：地方公共サービスのイノベーション』）は、英国地方自治体監査委員会（Audit Commission）が、Local Government National Report として2007年5月に公表した出版物である。本書は、地方自治体におけるイノベーションの重要性を示唆するとともに、地方自治体における公共サービスの提供にイノベーションを実現するための具体的な方策についての提言を行っている。第Ⅰ部の主張は、次のとおり要約することができる。

① 　地方自治体が、継続的な改善を成し遂げ、新たなステージでその役割を形成するためには、革新的な手法が必要となる。
② 　地方自治体は、すでに広範囲にわたりイノベーションに取り組んでいる。
③ 　地方自治体は、多くのイノベーションを創り出すことで、地方自治体自身を活性化することができる。
④ 　地方自治体は、革新的なアイデアを効果的に実施するために、変革を有効にマネジメントしなければならない。
⑤ 　イノベーションは期待したほど迅速に、また、広範囲に普及することはない。
⑥ 　革新的な取組の共有に関する障壁を克服するために、中央政府は地方自

治体を支援すべきである。

イノベーションはしばしば、改善（Improvement）とセットで議論されることが多い。改善の次には革新というイメージである。わが国では2006年度以降、全国から地方自治体が結集して、全国都市改善改革実践事例発表会が開催されている。第1回大会は山形市役所で開催され、その後、尼崎市役所、福井市役所、中野区役所、北上市役所、大分市役所、さいたま市役所と開催が続き、2013年度は福岡市役所での開催が予定されている。この全国大会のテーマは「改善」である。そして、積極的に他の自治体における業務改善事例を「コピー＆ペースト」し、住民サービスの向上に取り組もうというものである。

第Ⅰ部は、自治体における公共サービスのイノベーションに焦点を当て、わが国自治体における業務改善運動の今後の方向性を示唆する内容となっている。民間の企業経営では、イノベーションはすでに深く浸透した概念となっている。他方、政府や自治体等の公共部門におけるイノベーションは、まだまだ未発達の状態にある。わが国では、「地方公共サービスのイノベーション」という考え方がほとんど浸透していない。過去からの慣習にとらわれず、物事を変えていくという行動に対して、大きなアレルギーが一部の自治体に存在している。このことが、自治体でイノベーションが進まない一つの要因となっている。

わが国政府や地方自治体が直面する行財政の状況を斟酌したとき、既存の概念から脱却して、新しい発想や手法を取り込み、公共部門の改革に取り組むことが不可欠である。このことは誰の目にも明らかなことである。第Ⅰ部は、イノベーションの重要性が多くの事例分析に基づいて論理的に解説されている。公共サービスのイノベーションとはいかなるものか。読者は第Ⅰ部を通じて、そのことを理解することになる。

第Ⅱ部の『In the Know －Using Information to Make Better Decisions；a Discussion Paper－』（『情報への精通－優れた意思決定のための情報利用－』）は、英国地方自治体監査委員会が、Public Services として 2008 年 2 月に公表した出版物である。第Ⅱ部の主張は、以下のとおり要約することができる。

① 意思決定者が情報を有効に利用したとき、地方公共サービスは改善される。
② 情報は意思決定に関する目的適合性を必要とする。
③ 良質のデータが良質の情報の基礎となる。
④ 情報の提供には正確な説明が重要である。
⑤ 優れた情報を利用するためには、意思決定者と分析者に特有の専門能力が必要である。
⑥ いかなる意思決定を行う場合にも、人々は常に情報を注意深く考慮しなければならない。

地方自治体において良きイノベーションを生起するには、住民との協働（コラボレーション）が不可欠である。協働の形にはいくつもの形態が想定されるが、Stephen Osborne 教授は、「公共サービスを生み出すプロセスに、積極的に住民が関与する」というガバナンスが重要であると主張されている。

監訳者が Osborne 教授に 2012 年 10 月京都でお目にかかった際、教授はこうしたガバナンスの本質を Negotiation（交渉）という概念を用いて説明された。「住民が公共サービスのあり方に当初から積極的に関与し、行政との交渉を展開することが、重要なガバナンスであり、両者が同等の情報を共有し意見を交換することが、真のガバナンスである」と説明されたのである。

行政に対して住民から揶揄とも取れる発言がしばしば繰り返されている。その根底には、両者が共通の情報に基づき価値を共有していないという深刻な問題が存在している。

わが国自治体はこれまで、住民に対する情報の開示（法律に基づく公開ではなく、より自主的なものをここでは「開示」とする）には、積極的に取り組んでこなかった。第Ⅱ部は、ガバナンスの充実に不可欠な自治体から住民への情報開示のあり方について、事例に基づいた解説が行われている。「意思決定を行うときに入手できる情報は、期待されるような目的適合性があり、完全かつ正確で、タイムリーなものでは、決してない。意思決定者は、利用可能であればどのような情報でも受け取ってしまうため、適切な結論を導きだすのに失敗

することが多い。情報は意思決定者を誤った方向に導くことが多い」という指摘は、ガバナンスにおける情報開示の課題を的確に物語っている。入手が容易な情報に飛びついて、誤った意思決定を住民が行うとしたら、行政にとってこれほど恐ろしいことはない。行政も住民も「知っているつもり（in the know）」が最も危険であることを、第Ⅱ部は説明しているのである。

ところで、公共サービスのイノベーションは、住民との協働の局面に加えて、行政の内部においても実現することが求められる。この点に関連して、英国の地方自治体には、わが国の地方自治体にない2つの重要な役職が存在する。それが、CFO（Chief Financial Officer：最高財務責任者）とHIA（Head of Internal Audit：最高内部監査責任者）である。CFOとHIAはともに、行政内部におけるイノベーションの実現とガバナンスの充実に重要な役割を果たしている。

第Ⅲ部の『The Role of the Chief Financial Officer in Local Government』（『地方自治体における最高財務責任者の役割』）は、英国勅許公共財務会計協会（Chartered Institute of Public Finance and Accountancy：CIPFA）が、2010年に公表した出版物である。そこでは、CFOのあり方について、次のような原則が列挙されている。
① CFOは、リーダーシップ・チームの主要メンバーとして、戦略を策定・立案し、それを実践することで、公共サービスの提供を通じて地方自治体の戦略目的を持続可能なかたちで達成しなければならない。
② CFOは、短期や長期の予測、機会とリスクを十分に考慮し、地方自治体の全体的な財務戦略を調整するために、重要な経営的意思決定すべてに影響を与え、積極的に関与しなければならない。
③ CFOは、公金が常に保全され、適切に経済性・効率性・有効性を重視して使用されるよう、地方自治体全体の良好な財務管理を推進し、自治体の行政サービスを提供しなければならない。
④ CFOは、目的を達成するために組織に資源を割り当て、財務部門を指

揮・命令しなければならない。
　⑤　CFO は、専門的な資格を有し、十分な経験がなければならない。
　英国の地方自治体では、1972 年地方自治法第 151 条の規定により、英国勅許公共財務会計士（CPFA：監訳者はその資格を取得した日本人第 1 号）等の資格をもつ会計・財務・監査等の専門家を、CFO として設置しなければならないと規定している。CFO の具体的な名称は自治体によって財務部長、資源部長など多様である。英国ではこの規定に基づいて設置された CFO が、自治体の財務、会計、内部統制などの最高責任者として実務を取り仕切っている。
　英国における地方自治体の多くは、議院内閣制を採用しており、選挙で選ばれた公選首長はごく少数である。多くの自治体では、事務総長（Chief Executive）が行政部門の実質的な最高責任者となり、CFO はこの事務総長を支える筆頭部長と位置づけられている。この CFO に上記の 5 つに集約される原則を徹底することで、行政組織内部における効果的なガバナンスが実現されると、英国では考えられているのである。

　第Ⅳ部の『The Role of the Head of Internal Audit in Public Service Organisation』（『公共部門における内部監査責任者の役割』）は、英国勅許公共財務会計協会が、2010 年 12 月に公表した出版物である。そこでは、HIA のあり方について、次のような原則が列挙されている。
　①　HIA は、組織におけるガバナンス構築のベスト・プラクティスを強化し、ガバナンスやリスク管理の適切性を客観的に評価し、潜在的リスクや改善が必要となる事項への対応について意見を表明する。
　②　HIA は、ガバナンス、リスク・マネジメントおよび内部統制の全般において目標を定め、証拠に基づいた意見を表明する。
　③　HIA は、常勤の上級管理職でなければならない。HIA は、リーダーシップ・チームや監査委員会に、自由に連絡できる関係を構築しなければならない。
　④　HIA は、内部監査の目的を達成できるように組織の資源が割り当て

れるよう努め、内部監査部門を先導し、業務を指揮しなければならない。

⑤　HIA は、職業的専門資格と十分な経験を有しなければならない。

　第Ⅳ部は、行政内部における効果的なガバナンス体制を構築する際に、HIA を設置する意義を解説している。内部監査は、行政組織内部におけるマネジメント体制の中でガバナンス機能を発揮し、外部からの監査と連携することで、本格的なガバナンス体制を行政組織に展開することを可能にする。内部監査の存在しない内部統制（internal control）は存在しないし、内部統制を加味しない外部監査等のガバナンスのフレームワークも存在しない。わが国における地方自治体等の公共部門では、内部監査の体制整備が著しく遅れている。第Ⅳ部の解説を通じ読者は、わが国公共部門に求められる内部監査のあるべき姿を把握することができる。

　第Ⅴ部の『Value for Money in Public Sector Corporate Services －A Joint Project by the UK Public Sector Audit Agencies－』（『公共部門における内部管理業務の VFM－英国公共部門における監査機関の共同プロジェクト－』）は、公共部門における内部管理業務の VFM（Value For Money：支出に見合う価値、または、最少の経費による最大の効果）を考察の対象としている。第Ⅴ部は、内部管理業務において VFM を実現するための方策を、業績指標を通じて分析している。わが国の公共部門ではこの 10 年ほどの間に、成果指標や業績指標を用いる行政評価や政策評価の手法が普及している。第Ⅴ部では、こうした指標を内部管理業務の監査という局面で活用することの有用性が解説されている。

　第Ⅴ部の原典は、英国の公共部門における 4 つの政府監査機関（英国会計検査院、ウェールズ会計検査院、北アイルランド会計検査院、スコットランド会計検査院）と英国地方自治体監査委員会の共同プロジェクトとして作成されたもので、英国のすべての公共部門における内部管理事務の改善とイノベーションの実現を企図した文献として有名である。また、第Ⅴ部では、指標分析という具体的な手法を通じて、VFM の視点から、公共部門における内部管理業務の効果的な実施方法が解説されている。

本訳書で取り上げた内容は以上のように、地方自治体等の公共部門におけるイノベーションとガバナンスを対象としている。考察されている内容は自治体だけではなく、政府、独立行政法人、特殊法人、広域連合、一部事務組合、第三セクターとしての株式会社等でも、援用することが可能である。

　関西学院大学大学院経営戦略研究科博士課程後期課程石原研究室はこの5年間、英国における数多くの公共サービスにおけるイノベーションとガバナンスについての文献を渉猟し調査研究を行っている。本訳書は渉猟のプロセスで特に重点的な分析を行った5つの報告書を対象としたものである。本訳書は、5名の大学院研究員・博士課程後期課程生が、まず粗訳という形で整理を行った。そして、研究室のゼミナールで幾度も議論を経たのち、各部の粗訳者が訳という形で完成させたものを、最終的に石原が監訳し、1冊の書物として完成させたものである。訳者は全員、現役の地方自治体職員であり、地方自治の現場を熟知した学徒による訳出であるという点が、本訳書の大きな特徴となっている。

　本訳書の校正は、石原研究室に所属する遠藤尚秀氏（博士・公認会計士）、川嶋徹也氏（博士課程後期課程2回生・大阪府枚方市民病院経営企画課主査）、高橋範行氏（博士課程後期課程1回生・岩手県北上市財務部財政課主任）、そして、行正彰夫氏（博士課程後期課程1回生・岡山市議会事務局調査課長）の4名のサポートを得た。ここに記して、感謝申し上げる。

　なお監訳者にとって、本訳書は、2009年度関西学院大学個人特別研究費「地方自治体における財務報告に関する内部統制の整備と運用のあり方についての研究」の研究成果であり、2012年度に採択された日本学術振興会科学研究費補助金（挑戦的萌芽研究）（課題番号：24653109）「わが国地方自治体監査制度の再構築に向けた日本型統合的公監査フレームワークの開発」の中間研究成果の一部である。

最後に、われわれ関西学院大学石原研究室は、英国における地方自治体調査のあらゆる局面で、英国勅許公共財務会計協会事務総長のSteve Freer氏から、数多くのご配慮をいただいている。関西学院大学は、Steve Freer事務総長を2010年9月に上ヶ原キャンパスに招聘し、日本全国の自治体関係者を対象とした講演会を開催した。「優れた政府と、有効かつ効率的な公的部門を実現するための会計プロフェッションの役割」と題した講演は、出席した多くの自治体関係者の感銘を呼んだ。

　本訳書のプロジェクトに参加した5名の大学院研究員・博士課程後期課程生は、Steve Freer事務総長の講演に刺激を受けて、大学院の博士課程後期課程に進学し、研究者としての途を歩み始めた。2013年度、関西学院大学大学院経営戦略研究科は、Steve Freer事務総長を客員教授として、再度、日本へ招聘の予定である。絶えずわれわれ一門の研究をサポートして下さるSteve Freer事務総長のご厚意に、心より感謝申し上げる次第である。

　また、翻訳書で取り上げた5つの報告書の翻訳権と出版権の取得に際しては、多くの関係者のお力添えをいただいた。特に、英国勅許公共財務会計協会（CIPFA）の人材育成部長であるDr. Adrian Pulham氏、地方自治体担当副部長のAlison Scott氏、英国会計検査院（NAO）の出版課長であるSteve Powell氏、英国地方自治体監査委員会（Audit Commission）のDeborah Manns-Benson氏には、格別のご配慮をいただいた。ここに記して、感謝申し上げたい。

2013年5月28日

　　　　　　　　　　　　　　　イノベーションとガバナンスの思考が
　　　　　　　　　　　　　　　わが国の公共部門に普及することを願って

　　　　　　　　　　　　　　　　　　　　監訳者　石　原　俊　彦

# 第 I 部

## 輝く未来
地方公共サービスのイノベーション

Seeing the Light : Innovation in Local Public Services

地方自治体監査委員会
Audit Commission

地方自治体監査委員会（Audit Commission：以下、自治体監査委員会とする）は、公的資金が経済的、効率的、効果的に執行されることに責任を有する独立機関である。自治体監査委員会は、地方自治体を含めた公共部門が質の高い公共サービスを住民に提供することを目的としている。自治体監査委員会の任務はイングランドの約11,000の団体を対象に、毎年1,800億ポンド以上の公的資金を取り扱っている。自治体監査委員会は、地方自治体、医療機関、住宅供給公社、地域生活における安全、消防救助のサービスを監査している。

　自治体監査委員会は、独立した監視機関として公共サービスの品質に関する重要な情報を提供している。自治体監査委員会の実務的な勧告とベスト・プラクティスに関する情報提供が、各機関におけるサービス向上の推進力となっている。独立した監査機関として、自治体監査委員会は公共サービスにおける健全なVFM[1]の達成と公的資金の適正な執行を確かなものとしている。

　自治体監査委員会についての詳しい情報は、ホームページ（www.audit-commission.gov.uk）に掲載されている。

# 要旨

　地方自治体が、継続的な改善を成し遂げ、新たなステージでその役割を形成するためには、革新的な手法が必要となる。
- 地方自治体の業績向上を求める住民の期待はますます高まっており、地方自治体には新たな取組と複合的な業務の進め方が求められている。
- そのような期待に応えていくためには、既存の業務を改善するだけでは不十分である。多くの場合、飛躍的な向上（イノベーション）が必要とされる。
- 内部と外部からの圧力のもと、イノベーションが効率性向上への最も有効な推進力となる。
- 多くの場合、イノベーションは、比較的業績が良好なサービス領域よりも、著しく業績が悪いサービス領域で取り組まれている。

　地方自治体は、すでに広範囲にわたりイノベーションに取り組んでいる。
- イノベーションが、自治体活動のあらゆる側面で業績の向上を可能とする。
- 最近の包括的業績評価（Comprehensive Performance Assessments）[2]では、一層制の地方自治体と消防機関の4分の3で、イノベーションに取り組んでいることが確認されている。
- ほぼ半数の地方自治体が、さまざまなイノベーションに関与していることを報告している。
- イノベーションは、積極的に取り組む地方自治体だけに限ったものではない。
- 革新的なプロジェクトによって、地方自治体はVFM、サービス品質、お

よび、地域との関わりを向上させることができる。

地方自治体は、多くのイノベーションを創り出すことで、地方自治体自身を活性化することができる。
- 多くの場合、地方自治体職員が最も素晴らしい創造力の源である。パートナーも斬新なアイデアの提供に寄与する。
- 新たなものに目を向けない地方自治体よりも、多くの革新に取り組む地方自治体の方が、議員からの革新に向けた圧力をより多く経験する。
- 新しいアイデアに対して熱意と寛容さを有する組織文化は、イノベーションを促進する。
- 顧客対応の現場職員に権限を委ねることで、部門横断的な組織構造はイノベーションを促進する。
- 職員が日々の圧力から解放され、創造的に物事を考える機会を有している地方自治体はほとんど存在しない。

地方自治体は、革新的なアイデアを効果的に実行するために、変革を有効にマネジメントしなければならない。
- 多くの場合、イノベーションは、不十分な実施や効果的でないリスク管理が原因でつまずく。
- イノベーション実行のための財源を用意することが、イノベーションの成功の鍵ではない。通常、幹部職員によって認められるような優れたアイデアは、多くの場合、資金が確保されている。
- 地方自治体は、経営力を十分に発揮して、政治リーダー、利用者、および、パートナーと協力しなければならない。地方自治体は、そのための労力を惜しんではいけない。

イノベーションは期待したほど迅速に、また、広範囲に普及することはない。

- 革新的な取組を共有すれば、自治体全体として便益を得ることができる。
- 多くのイノベーターにとって、これらの経験を共有する仕組みが欠如しているために、大半の自治体は効果的なイノベーションの事例を利用することができない。
- 対人コミュニケーションによる普及は、アイデアを共有するために最も広く使われている手段であり、最も一般的な学習方法である。
- 活用される普及手段のなかには、学習意欲を有する人々を魅了しない手段もある。

革新的な取組の共有に関する壁を克服するために、中央政府は地方自治体を支援すべきである。
- 多くの地方自治体は、自らのイノベーションを評価する。しかし、どの程度革新的なのか、あるいは、他の組織にとって潜在的な便益があるかを評価することが困難である。
- 多くの地方自治体は、便益の裏づけのない有力な取組を公表することに慎重である。失敗から学んだ知識を取り上げることに慎重な地方自治体もある。
- 学習する者にとって一般的である対人コミュニケーションによる普及手段は、イノベーター（たとえば、視察受け入れ側の者）にとって負担となる。
- ビーコン・スキーム[*3]や改善開発庁（Improvement and Development Agency）[*4]の普及支援事業は有用である。
- 自治体監査委員会を含む中央政府は、革新的な取組を抽出して、普及させることで、より大きな役割を果たすべきである。

# 提言

地方自治体は、次の事項に取り組むべきである。

提言1 業績と期待のギャップが最も大きく、イノベーションの生成可能な領域を特定する。ギャップの原因には、業績が乏しい、期待が高い、あるいはその双方の可能性がある。

提言2 サービス向上に寄与するイノベーションの役割を常に考慮する。漸進的な改善が期待された結果を提供できない領域には、革新的なアプローチを積極的に容認すべきである。

提言3 他の改善戦略におけるコストと便益に対して、地方自治体がイノベーションの潜在的なコストと便益を評価し、管理する立場を確かなものにする。

提言4 機会を逸すること自体がビジネス・リスクであることに留意し、イノベーションに取り組む前に、イノベーションに伴うリスクの評価を行う。

提言5 選挙で選ばれた議員、地域社会、および、利害関係者（サービス提供パートナーを含む）が、変革への圧力を利用し、優れたアイデアに寄与し、イノベーション・プロセス自体に関与することで、イノベーションを引き起こすことを確保する。

提言6 すべてのサービス領域やサポート領域を通して、職員に革新的な方法を検討させることで業績改善を助長する。民間部門やボランティア団体といったサービス提供者から要請がある場合には、必要に応じて革新的な方法を職員に奨励する。

提言7 職員、外部利害関係者、および、サービス利用者の間で、他の優れたアイデアを探究する仕組みと創造的な議論のためのフォーラムを構築

する。
提言 8　部門のタテ割と階層が革新的なアイデアの創出と普及を妨げることのないよう組織構造を見直す。
提言 9　イノベーションへの組織力を評価する。特に幹部職員と議員の関与水準、変革管理とリスク管理の実行能力を評価する。
提言 10　可能な限り、イノベーションの設計段階と開発段階にサービス利用者を関与させる。
提言 11　イノベーション実行に関連した変革支援を確保するために、初期段階で議員を関与させる。
提言 12　イノベーションに要するコストと便益を評価する。イノベーション実行が、業績改善あるいは VFM 向上につながるかどうかだけでなく、より広く伝達されるかどうかを考慮すべきである。
提言 13　地方自治体内で効果的に成功したイノベーションだけでなく、不成功となったイノベーションの取組から得られる知識を明らかにする。
提言 14　イノベーションの取組から得られる知識を組織全体に普及させ、業績向上を支援するように、地方政府と中央政府は連携して取り組む。

地方政府と中央政府は、次の事項に取り組むべきである。
提言 15　地方自治体が、イノベーションに向けた取組の共有を促進させるため、より適切な支援を提供する。組織を通して模範となるイノベーションの取組を認識することで、高い業績として評価される地方自治体を目指すべきである。特に、地方政府と中央政府は、
　　　　・対人コミュニケーションによる普及の可能性に注目する。
　　　　・イノベーションの失敗から得られる教訓を共有できる安心した機会の創出を支援する。

自治体監査委員会は、次の事項に取り組むようにする。
提言 16　イノベーションを助長するために、公監査フォーラム[*5]の取り決め

に沿って、監査と検査を行う。

**提言 17** 自治体監査委員会の監査業務と検査業務の一環として、イノベーションの取組を認識し、率先してイノベーションに関する知識を他の地方自治体と共有する。

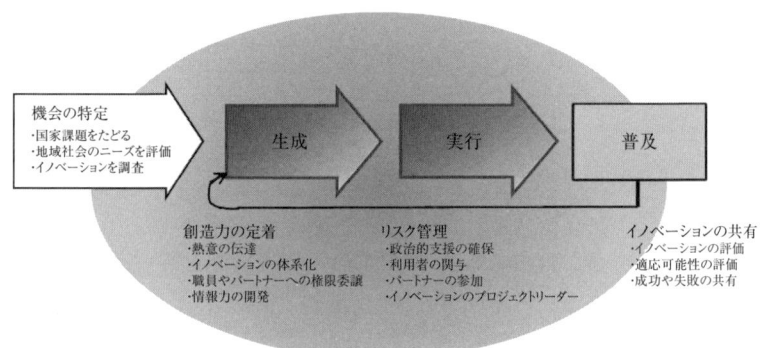

第Ⅰ部　輝く未来：地方公共サービスのイノベーション　　9

## 事務総長のためのチェックリスト

イノベーションを促進させる要因：地方自治体は、革新への圧力を感じているか。

- 地方自治体にとって、最も大きな業績課題はどこにあるか。
- 現在設定している目標以上の効率性向上にどのように対応するか。
- 革新的な開発を助長した議員からの最近の圧力はいつ頃か。
- どのようにすれば、地方自治体に課題を設定させ、地域住民に革新的な解決策に向けた支援を促すことができるか。

イノベーションを実現する要因：地方自治体の組織文化は、革新的なアイデアを奨励しているか。

- 漸進的な改善では、地方自治体の目標を達成することができないのか。
- どのようにすれば、現場職員が革新的なアイデアを実現することができるか。
- 職員は、日々の圧力から解放され、創造的に考える十分な機会を有しているか。
- イノベーションを引き起こす先見的な情報を分析するのは誰か。
- どのようにすれば、職員は地方自治体がイノベーションを促進していることを認識できるか。地方自治体を支援する最近のアイデアは誰が考案したのか。
- 革新的なアプローチが効果を上げられなかったとき、どのように地方自治体は行動したか。効果を上げられなかったアプローチから、どのような反省が得られたか。
- 知識と洞察が自治体内部や自治体間に伝達されるために、どのような仕組

みが必要か。

**実施**：地方自治体は、イノベーションを効果的にマネジメントすることができるか。
- なぜ最近のプロジェクトが、効果的であったか（または効果的でなかったか）。
- サービス改善の革新的なアイデアを実現することに伴うリスクをどのように評価し、マネジメントするか。
- どのようなイノベーション・プロジェクトが、管理者チームを後押しているか。
- イノベーション変革プログラムを管理する実行力を何人の議員が有しているか。その議員はそのような行動をとっているか。
- どれほど多くの運営管理者がイノベーション・プロジェクトに取り組んでいるか。
- 外部パートナーからの提案に応じて、最近、どのような変革を行ったか。
- 最近、地方自治体が行ったサービス提供の改善に、どのように利用者が関与したか。

**普及**：地方自治体は、革新的なアイデアの普及に寄与しているか。
- 今後3ヶ月において、地方自治体はサービス改善の優秀なアイデアをどこに見い出すか。
- 地方自治体における最近の重要なイノベーション実行に要するコストと便益は何であったか。
- 最新の革新的な取組の成功事例と知識を普及させるために、何を行ったのか。
- さらなる成功事例と知識をどのように普及させるか。
- イノベーションに関心をもつのは誰か。どのようにして、彼らはイノベーションを理解するのか。

# 第1章　導入

**背景**

1　地方自治体は、継続的な改善に取り組むことが法令で定められている。2006年の白書である『強く繁栄する地域社会（*Strong and Prosperous Communities*）』では、この責務が再確認された(1)。利用者や納税者である住民に提供されるサービスを見直す際には、現在までの経過を考慮するよう中央政府は地方自治体に要請したのである。

「公共サービスに関与する我々全員に、社会的な課題として重要な問題が残されている。地方自治体がより良い公共サービスを提供するといった住民の期待は、ますます高まっている。特に多くの組織を横断する領域において、困難な政策課題が残っている。現代社会の複雑さは、公共政策の新たなアプローチが、より大きな効果をもたらす必要があることを求めている(2)」。

2　白書（ならびに、白書に基づく法：地方自治・保健サービスへの住民関与法）では、公共サービスの提供に関連するさらなる課題を示している。特に地方自治体は、他の公共機関や民間部門、第三セクターと協働して機能することで、自らの地域の将来像を形づくる存在となることが期待されている。同時に、公共機関としての地方自治体への期待は増大しており、今後も増大していくことが予想される。最近、政府が公表した政策評価報告書には「さまざまな暮らしのなかで、高い水準のサービスを受けている人々は、今よりも低い水準の公共サービスを容認することはない(3)」と示されている。つまり、この報告書では、個人化*6と公平性の原則に基づく永続的改革の課題が示唆されている。最近の調査では、地方自治体が提供する施策において、住民の満足度と地

方自治体の評価にかい離があることが明らかになっている(4)。

3 　政府が公表している公共支出額からも明らかなように、地方自治体のほとんどの活動領域では、増加するとしても徐々にしか増加しないような限られた資源によって、高まる住民の期待に対応していかなければならない。

4 　この高まる期待と逼迫した財源の関係は、民間部門における競争市場に類似している。競争市場は、組織にイノベーションへの動機を与える。

5 　民間部門のカウンターパートと同じように、多くの地方自治体は、漸進的な改善アプローチ（今までよりも少しでも良く行うこと）によって、過去の業績と効率性をわずかでも向上させている。しかし、改善アプローチでは、このように高度化する住民の期待に応じることができないかもしれない。地方自治体には、既存のサービスをより良く提供すること以上に、従来とは異なったアプローチが求められる。

6 　変革への期待は、自治体活動のあらゆる領域で表面化している。多くの地方自治体では、イノベーションをその活動のすべて、または、そのほどんどすべての領域におけるオプションとして捉えていることが報告されている。しかし、多くの地方自治体は、良好な業績の領域よりも、比較的業績の悪い領域における改善戦略として、イノベーションを捉える傾向にある。多くの地方自治体は、低迷しているサービスや情報処理が遅れているサービスに対応するためにイノベーションを導入している。また、地方自治体によって提供されるサービスのギャップに対応するためにイノベーションを導入する自治体もある。他にも、困難や危機を乗り越えるよう組織を導き、あるいは、より長期的な課題（たとえば、地域社会の関わりにおける障壁）に対応する自治体もある。

## 本報告書の目的

7 これまでに多くの組織でイノベーションに取り組んできたが、地方自治体のイノベーションに焦点をあて調査されることはなかった[5]。地方自治体のイノベーションとは何か、どのようにしてイノベーションに取り組むべきかといった、イノベーションを支援する条件が探究されることはあまりなかった。このような分析が不足していたことから、地方自治体はイノベーションの機会を認識するための困難な課題に直面している。

8 本報告書は、地方自治体が持続的な業績改善を達成する一つの手段として、イノベーションを捉えることを意図している。本報告書の目的は、地方自治体のイノベーションの取組から、有用な助言と支援を明らかにすることによって、イノベーションを効果的に生成し、醸成させ、運用する環境を創り出す支援を行うことである。

9 地方自治体や消防機関の幹部職員、議員、および、事務職員は、イノベーションに最も関心をもっており、戦略的事業プロセスの管理者、あるいは、政策評価の担当者にとっても、格別の関心を有する。さらに、他の公共機関、特に地域戦略パートナーを伴う公共機関においても、イノベーションが関連する。

10 第2章では、地方自治体におけるイノベーションの範囲、イノベーションを引き起こす活動領域、イノベーションへの原動力の概略を提供する。第3章では、効果的に取り組まれたイノベーションから、いくつかの達成可能な便益を示す。

11 本報告書では、イノベーションの生成とイノベーションの実行管理の違いを明確にする。第4章と第5章では、効果的なイノベーションを実現する要因と障壁を確認する。第6章では、地方自治体における効果的なイノベーションから他の公共機関に学習が普及する状況を検討する。

12　イノベーションを試みる地方自治体の経験では、イノベーションの生成と実行との区別といったように、イノベーションの生成と実行の関係が不明確であることを示している。イノベーション・プロセスには、試行的運用、再検討、および、承認への労力が伴うかもしれない。生成するイノベーションは、その時々により形を変えることもあり、地方自治体が主体的に取り組むことや、他の団体へ外部委託することもある。さらに、イノベーションを効果的に生み出すためには、その過程で多くの小さな失敗や閉塞感だけでなく、予期しない機会を伴うことがある。これらの努力によって、イノベーションの形が研ぎ澄まされる。そのため、想定していたことと、まったく異なることに目を向けることで、プロセスの最終段階でイノベーションが起こるかもしれない。あるいは、イノベーションが当初に意図した目的ではなく、他の目的で活用されるかもしれない。

13　この報告書では、地方自治体におけるイノベーションの事例を10個取り上げており、これらの事例は自治体監査委員会のウェブサイトで入手できる。本報告書で取り上げた事例は、次に示す活動領域を網羅している。地域社会の関わりと地域計画、シェアード・サービス*7による供給、利用可能な電子サービスの提供、民主的方法による地域再生、が含まれる。現地調査の選定では、効果的に実行されている革新的なアイデアを調査し、利用者と住民に確かな便益を明らかにすることができた。現地調査で取り上げた事例では、実行されている最新の取組ではなく、むしろ持続可能であるイノベーションを認識し、構築・開発から提供までのイノベーション・プロセスを示した。図1には、現地調査を実施した箇所を示している。

図1　地方自治体におけるイノベーションの現地調査

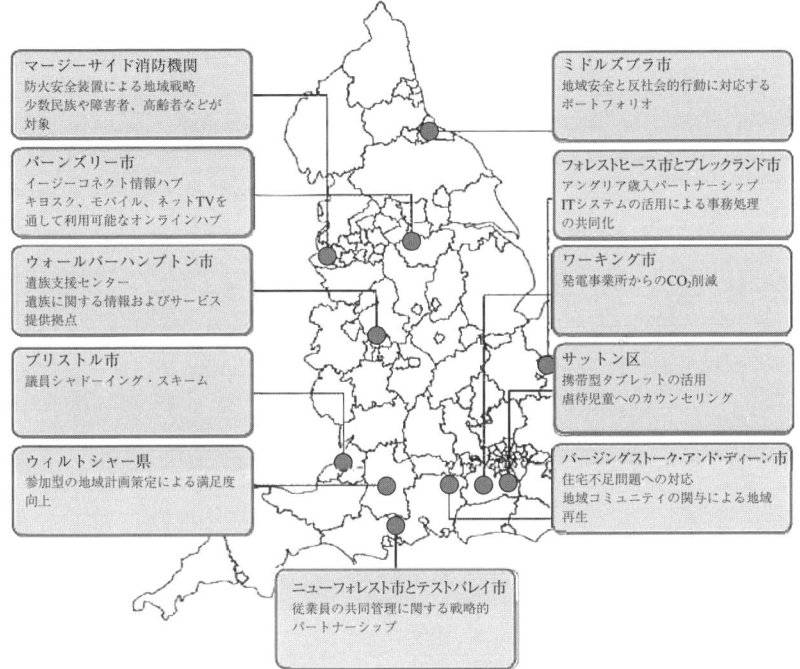

出典：自治体監査委員会

## イノベーションの定義

14　イノベーションを語るとき、通常、2つの意味が示されている。「新製品（たとえば、エネルギー効率の高い電球）」は、イノベーションとして説明される。しかし、イノベーションは、組織が開発する新製品やサービス、あるいは、これらを開発する手段の「プロセス」でもある[6]。本報告書で言及する公共サービス・イノベーションは、後者に関連する。イノベーションは、3つの明確な特徴を有する改善アプローチを意味する。

・斬新さ：イノベーションは、既存の取組から決別し、組織に新たなものをもたらす。

・変化に対する影響：イノベーションは、組織行動に識別できる明らかな変化

をもたらす。
・改善の目標：組織は、業績改善とVFM向上をもたらすことを目的に革新する。

15　ここで用いる斬新さの定義は、他団体の既存アイデアをイノベーションによって、地方自治体それぞれの環境に取り込むことである。このような適応には、おそらく重要な社会実験と段階的な変革が求められ、それゆえ、問題を抱える組織にとって、一つのイノベーションを象徴することになる（図2）。そればかりか、いくつかの自治体では、まったく新しい取組の検討にイノベーションが寄与している。そのため、イノベーションはそれぞれの状況に依存するものであって、法令によって規定されたり、明確に指示されたりするものではない。

16　イノベーションを経験した地方自治体は、次のように説明する。多くの地方自治体は、まず特有の行動指針を打ち出すか、問題が大きくなる前に対応することで、新たな分野に踏み出している。新たな分野に踏み出すことによって、将来の方向性を定めるのに役立つ。しかし、新たな手法に既存の原則を活用している地方自治体（たとえば、ワンストップ・サービス）や、新たな活動領域に既存の原則を適用する地方自治体もある。他にも、既存の作業方法から大きく脱却するプロセスで、個々のニーズに合わせて組織外部から顕著な取組を適応させている地方自治体もある。しかし、すべての場合、地方自治体が選択した手法は、単に類似団体の取組を模倣するだけにとどまらず、それ以上の成果を上げている。

## イノベーションとリスク

17　地方自治体が何か新たなものを考案するかどうか、あるいは、地方自治体特有の環境に他のアイデアを応用するかどうかなど、地方自治体はイノベーションによって今までになかったことに踏み出すことが求められる。そのため、イ

ノベーション・プロセスには、リスクが内在する（図2）。イノベーションは、他のあらゆる改善手法と同様に、意図した便益をもたらさない可能性もある。

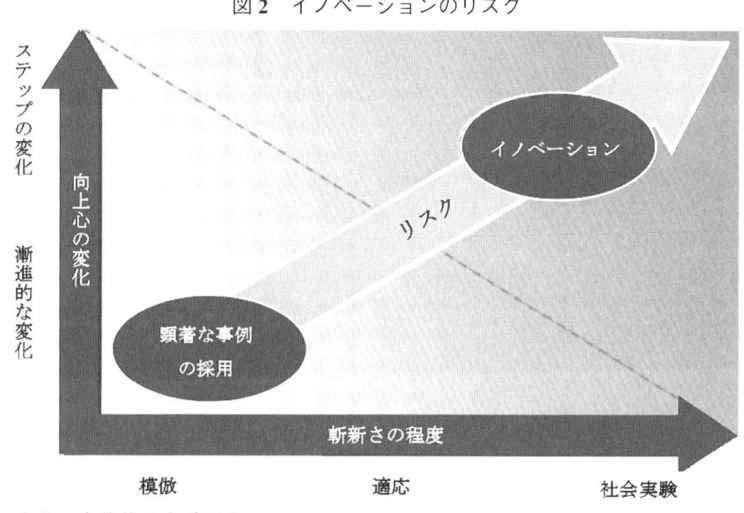

図2 イノベーションのリスク

（縦軸：ステップの変化／漸進的な変化、向上心の変化）
（横軸：斬新さの程度　模倣　適応　社会実験）
（図中：イノベーション、リスク、顕著な事例の採用）

出典：自治体監査委員会

18　イノベーションに内在する主要なリスクは、斬新なアイデアを生成するか、見定めるかにあるのではなく、斬新なアイデアを実行することにある。それゆえ、実行に向けて進むか否かの判断と実行におけるリスク管理は、ともに極めて重要である。常にリスクを考慮している自治体は、イノベーションに伴う試行を躊躇することはない。リスクを効果的に管理するために必要なスキルとコミットメント*8を有する自治体は、イノベーション・プロジェクトを十分に実行できる状況にある。

19　イノベーションの実行に先立ち、イノベーションに要するコストと便益を評価することは困難である。地方自治体を調査した結果から、サービスの有効性と地域社会の関わりによって望ましいアウトカムを評価するよりも、地方自治

体がどこで VFM を向上させているかを評価した方が、潜在的なコストと便益の測定が容易であることが判明した。しかしながら、イノベーションに要するコストは、主要な変革プログラムに要するコストと同じように重要である。費用便益分析がリスクの評価を提供すること、および、コストと便益が継続的に測定されることは、確かに重要である。しかし、イノベーションによる便益を明らかにするには、時間を要することを念頭に置くべきである。

## イノベーションの助長

20　自治体監査委員会は、公共サービスのイノベーションを助長する役割を担うことを認識している。自治体監査委員会の監査人向けガイダンスによれば、被監査組織の改善を支援することが監査人に要請されている。可能な限り建設的で積極的なアプローチを採用することによって、監査人には有意義な変革と改善を助長することが求められている。ガイダンスは、監査人に公監査フォーラムへの参加を求め、次のように要請している[7]。

・取組において、いかにイノベーションが機能するか、VFM 達成にどの程度イノベーションが寄与するかを調べることで（他につながるテクニックの活用を含め）、イノベーションへの偏見のない有効なアプローチを採用する。

・プロセスにおいて、十分に考え抜かれたリスクの負担と試行を支援する。

21　また、地方自治白書は、包括的地域評価（Comprehensive Area Assessment）を含む新しい業績フレームワークを示した。包括的地域評価は、地域サービスに責任を有する個々の組織だけでなく、地域に対するアウトカムを重視する。アウトカムは、地方自治体、住宅、健康、教育、地域安全を通して評価される。新しい包括的地域評価フレームワークは 2009 年 4 月から実施され、すべての公共サービスに適用される予定である。

22　『英国地方政府に関するライオンズ卿調査報告書』は、次のように新たな業績フレームワークの必要性を強調した。すなわち、「たとえ、すべてのサービ

スが向上されなくても、(創造的で、リスクをとるアプローチが不可欠であるように) イノベーションの便益と斬新なアプローチを試みることの便益を理解すべきである[8]」と報告書は示している。自治体監査委員会は、この方向性を支持する。自治体監査委員会は、他の監査人と協力して自治体が包括的地域評価を展開させる際、イノベーションを改善へのアプローチとして理解し、リスク・アプローチを監査や検査の新たな創造的手法として奨励されるように支援を行う。

# 第2章 イノベーションの概略

## 地方自治体における革新的取組の範囲とパターン

23 多くの地方自治体では、イノベーションが広範に普及している。一層制の自治体およびカウンティー*9で、2005年12月以降、包括的業績評価の一部として実施されている自治体監査委員会の地方自治体を対象とした評価では、3分の1の地方自治体が広範にイノベーション・プロジェクトを実施していることが分かった。さらに5分の2の地方自治体が、いくつかのイノベーション・プロジェクトを実施していることが明らかとなった。4分の1の地方自治体は、イノベーション・プロジェクトを実施している根拠を示さなかった。ディストリクトでは、現時点でイノベーション・プロジェクトに相当する情報はない。

24 2005年に実施された消防機関の包括的業績評価でも、同様の傾向が明らかにされた。このことから、現在取り組んでいるサービスの現代化プログラムにイノベーションが重要な役割を果たしていることが示された。4分の1以上の消防機関は、イノベーション・プロジェクトを広範に実施していた。消防機関の半数では、イノベーション・プロジェクトの事例があったものの、残り4分の1はイノベーション・プロジェクトに取り組んだ形跡を示さなかった。

25 包括的業績評価に関係なく、地方自治体はイノベーション・プロジェクトに取り組んでいる。自治体監査委員会によると、イノベーション・プロジェクトの事例が一層制の自治体、カウンティー、および、消防機関における包括的業績評価のすべてのカテゴリーで認識されており、評価された業績と認識されたイノベーションの水準には関係性がないことが示された。

## イノベーションについての地方自治体の認識

26　2006年にすべての地方自治体と消防機関を対象に実施された調査では、組織の多くでイノベーションが起こっていると43%が回答した。わずかに多い52%がいくらかのイノベーションが起こっていると考えていることが分かった。わずか2%の回答者だけが、自らの組織でほとんどイノベーションが起こっていないと述べた（図3）。

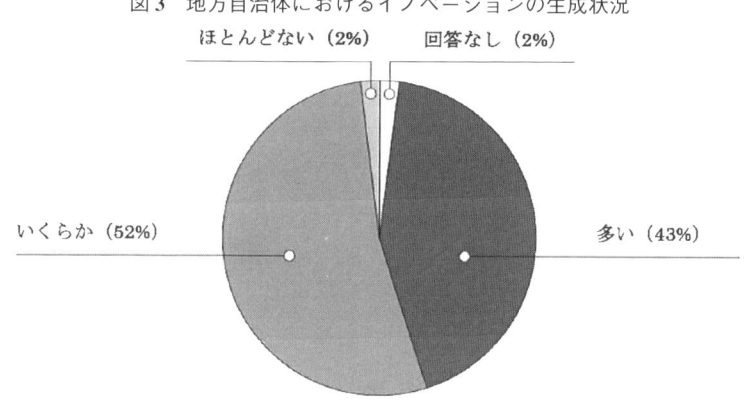

図3　地方自治体におけるイノベーションの生成状況

- ほとんどない（2%）
- 回答なし（2%）
- いくらか（52%）
- 多い（43%）

出典：自治体監査委員会

27　この調査結果は、地方自治体に対して行った過去の調査結果と一致する。2000年に公表された調査では、67%の回答者が過去2年で広範または適度にイノベーション・プロジェクトに取り組んでいると説明している。88%の回答者は、今後12ヶ月を通して広範または適度なイノベーション・プロジェクトに着手する可能性があると答えている[9]。地域安全政策と地域再生政策におけるイノベーションを調査した最近の調査では、地方自治体から同様の積極的な回答が示された[10]。

28　過去の調査では、地方自治体の包括的業績評価とイノベーション生成の水準は関連しないという結果が報告されている。また、報告されたイノベーション

生成の水準と過去10年間に経験した当該自治体における政権交代の回数にも関連しない。

29 しかし、地方自治体ごとに報告されたイノベーション生成の程度には、かなりのバラツキがあった。多くのイノベーションが生成していると主張する地方自治体の割合は、ほぼ3分の2（ノース・ウエストでは、57％の消防機関、63％の地方自治体）から3分の1（ロンドン、イースト・ミッドランドおよびサウスウエスト・ミッドランドの地方自治体）まで異なる。

## 地方自治体におけるイノベーション・プロジェクトの領域

30 地方自治体における個々の活動領域を超えてイノベーションは起きる。
- サービス設計／提供におけるイノベーション：斬新なサービスを利用者に提供する。あるいは新たな手法で既存のサービスを提供する。
- プロセス・イノベーションおよび経営イノベーション：プロセス、管理形態、または、地方自治体の事務部門とサービス提供機能といった組織構造を変える。
- 民主的イノベーション：住民との民主的な関わりを一新する斬新な取組を実行する。
- 戦略的イノベーション：斬新な組織目標と新規顧客の要望に対応して、地方自治体のポジショニング[*10]を見直す（代替的なサービス提供モデルの活用を含む）。

31 2005年12月以降、自治体監査委員会が実施している一層制の自治体とカウンティーの組織評価は、活動領域別のイノベーション事例を詳述している（表1）。

表1 一層制の地方自治体およびカウンティーのイノベーション事例

| イノベーションの種類 | 活動領域 | イノベーション・プロジェクトの事例 |
|---|---|---|
| サービス設計／提供におけるイノベーション | ・行政サービス向上への行動変革イニシアティブ<br>・電子サービス提供メカニズムの開発<br>・情報を活用したアプローチ（犯罪による不安の解消、公衆衛生の成果予測） | ・ロンドン交通局とのパートナーシップによる20,000世帯の家族旅行計画施策<br>・公認制度を活用したパートナーとの私有不動産の流動化プロジェクト<br>・SNS活用による滞納家賃や貸出期限切れの図書館書籍の催促 |
| プロセス・イノベーションおよび経営イノベーション | ・戦略決定や政策決定に管理者が関与する仕組み<br>・調達の取組<br>・財務管理や業績管理のアプローチ<br>・新規職員採用方針、人材獲得方針、人材開発方針<br>・病欠率引き下げイニシアティブ | ・交通渋滞などの運送問題に取り組み、情報を共有し、効率性向上を達成するために、近隣自治体との運送事業部長を共同設置する<br>・職員の健康イニシアティブ（個別検診、インフルエンザやB型肝炎の予防接種を含む：30％の長期病欠者を減らした） |
| 民主的イノベーション | ・議員養成のアプローチ<br>・詳細な調査と外部課題の整理<br>・サービス計画への利用者の関与<br>・地域社会の関わり合いの強化 | ・外部有識者による業績向上委員会の設置<br>・地域社会における健康対策の不均衡を地方自治体が理解し、是正することを目的とした、健康ネットワークによる黒人・少数民族支持者（BME）やパンジャブ熟練患者政策（Expert Patient Programme）といった自発的な社会 |
| 戦略的イノベーション | ・国家非常事態対策の臨時計画<br>・サービス提供の共同事業体<br>・健康部門、住宅部門および地域社会部門の共同による性能検証サービス<br>・より小さな地域の経済戦略 | ・エコロジカル・フットプリントの適用（地方自治体の活動が天然資源を消費する程度の評価：地域戦略のベースとなる指標で、地域の戦略パートナーを通じて開発された）<br>・地域経済を支援するために地域開発機関とのパートナーシップによる訓練施設の開発 |

出典：自治体監査委員会

## イノベーション生成への圧力

32 民間部門では、主に競争圧力によってイノベーション生成への動機づけがなされる。地方自治体では、利用者に提供されるサービスの改善や、納税者にとってのVFM向上といった圧力がイノベーション生成を助長させる要因となる。

33 地方自治体のあらゆる活動領域で、変革への圧力が存在する。多くの報告によると、イノベーションが地方自治体におけるすべての活動、または、ほとんどの領域での選択肢の一つとして考えられている。しかし、地方自治体は、比

較的高い業績を上げている領域よりも、業績の悪い領域における改善戦略としてイノベーションを考える傾向にある。低迷しているサービスと情報処理の遅れに対応するため、あるいは、地方自治体が提供するサービスと住民が期待するサービスとのギャップを認識するために、イノベーションを導入している地方自治体もある。他にも、地域社会の関わりや、困難と危機的な状況から組織が抜け出す手段といった、より長期的な課題に対応するために、イノベーションを導入する地方自治体もある。

34　本報告書における地方自治体を対象とした現地調査では、イノベーションを助長する5つの要因を特定した。
　・組織内部のさらなる効率性向上への圧力
　・業績改善に対する中央政府からの圧力
　・変革に対する地域からの政治的圧力
　・地域社会からの要請
　・他の組織における効果的なイノベーション事例の共有

35　これらのイノベーションを助長する要因は、単独で地方自治体に作用することはない。実際には、複数の要因によってイノベーションが生成している。特定の一つの要因とイノベーション生成における直接的な関係性を明確にすることは困難である。

## 効率性の重視

36　イノベーションを助長する最も重要な要因は、効率性向上への圧力である（図4）。調査した自治体の22%は、効率性向上への圧力がイノベーションにとって不可欠であると述べた。さらに地方自治体の57%は、効率性向上への圧力が非常に重要であると考えている。多くのイノベーションがあったと回答した地方自治体には、効率性向上への圧力を経験していると報告する傾向が見られた。

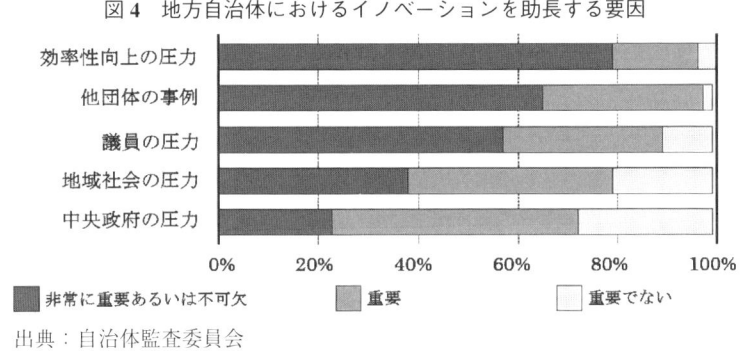

第Ⅰ部　輝く未来：地方公共サービスのイノベーション　25

図4　地方自治体におけるイノベーションを助長する要因

| 要因 | 非常に重要あるいは不可欠 | 重要 | 重要でない |
|---|---|---|---|
| 効率性向上の圧力 | | | |
| 他団体の事例 | | | |
| 議員の圧力 | | | |
| 地域社会の圧力 | | | |
| 中央政府の圧力 | | | |

出典：自治体監査委員会

37　公共部門の効率性に関するガーション報告書によると、地方自治体は中央政府に年次効率性報告書を提出することが要請されている[11]。ガーション報告書は、地方自治体が効率性を重視していることを強調している。しかし、年次効率性報告書は、効率性を向上させる圧力の一側面にすぎない。地方自治体における歳入予算の54％を中央政府が提供しているため、地方自治体は中央政府からの予算に関する制約を強く受ける。地方自治体には、中央政府からの予算に関する継続的な圧力が加えられている。4分の1の地方自治体が、圧力を絶えず経験しており、79％の地方自治体がほぼ常時、効率性向上への圧力を経験していると報告している。

38　中央政府からの効率性向上の圧力は、イノベーションへの圧力の一つにすぎない。3分の2の地方自治体は、イノベーション生成に向けた中央政府からの強い圧力を感じている。地方自治体は、さまざまな行政機関や監査機関の要請（法改正、地方自治体の再編成、政策イニシアティブ、政策パイロット事業、ベストバリュー・レビュー*11、監査人と検査官からの勧告を含む）を受け、イノベーションに取り組んでいる。

39　しかし、中央政府の圧力をイノベーションへの強力な助長要因として捉えている地方自治体は4分の1にすぎず、イノベーションに中央政府の圧力が不可

欠であると考えている自治体はわずか1%である。監査や検査における意見は、中央政府について示された同様の意見が反映されている。監査や検査がイノベーションを制約するといった意見を示すことはなかったが、イノベーションを助長するといった示唆もほとんどなかった。

40　中央政府がイノベーションを助長するために採用したすべてのアプローチのうち、地方自治体の効率性を重視した継続的な圧力だけが、イノベーションの環境を創り出し、イノベーションを助長することに、最も直接的な影響を与えていたといえる。

## 他団体における効果的なイノベーション事例

41　他団体における効果的なイノベーションの成功事例は、イノベーションへの強力な原動力となりうる。3分の2の地方自治体は、イノベーションを助長するために、他団体の効果的なイノベーション事例に着目することが重要あるいは不可欠であると考えている。8分の1の地方自治体は、他団体の効果的なイノベーション事例に着目することが不可欠であると主張している。イノベーションに関心を示すさまざまな地域組織とつながる機会がイノベーションには重要であることを、ほぼ半数の地方自治体が認識している。さらに、最近の技術革新からの気づきが、イノベーションにとって極めて重要あるいは不可欠であるとみなしている。

42　ここには、作用する2つの要因がある。第一に、地方自治体は住民に等しい水準のサービスを提供すべきであり、他の公共機関に遅れをとるべきではないといった理由で、他の公共機関のアイデアを採用することを検討する。第二に、他の分野における効果的なイノベーションの取組を参考にすることで、事業を行うさまざまな方法があることを理解する。さらに、他の公共機関の経験から実務に通じる有益な見識を得ることができ、地方自治体が同様の失敗を繰り返すことを回避する。

43 しかしながら、地方自治体は、公共領域における利用可能な多種多様の経営資源を活用することが困難であることを理解している。地方自治体は、組織外部の動向に必ずしも気がつくとは限らない。3分の2の地方自治体は、他の斬新なアイデアへ迅速に追随しようと考えているが、情報が不足することもありうる。顕著な事例の情報を容易に収集し活用することができると報告していたのは、4分の1の地方自治体にすぎない。地方自治体は、最新知識の獲得とネットワーク形成の機会を不可欠な要因であると考えているが、これらの要因を適応できると報告している自治体はわずかである。なお、地方自治体におけるイノベーションに関する情報の流通については、本報告書の第6章で詳しく言及する。

## 地域の政治的圧力

44 イノベーションの必要性は、地域における政治的圧力からも生じる。この圧力は、地方議員自らが革新的なアイデアや提案を考案した結果として起こりうるものである（政治団体の構成員としての個人、あるいは調査委員会のような公式の組織を通じたものがある）。しかし、より多くの場合、議員は、革新的な対応を職員に求めることで、提供されるサービスの成果を上げることを強く要請している。

45 この現地調査は、イノベーションを引き起こしている政治的圧力を明らかにした。すなわち、事例で明らかにされている圧力には、戦略的な優先事項が評価され変革がもたらされるといった、組織にさまざまな視点や方向性をもたらしている革新的な政治リーダーが含まれていた。また、議員が新たなイニシアティブに着手したとき、あるいは、顕在化する問題に対応する必要性から地域の政治的な合意が得られた場合、イノベーションが促進された。

46 大多数の地方自治体は、組織内部における政治的圧力が、イノベーションにとって不可欠あるいは非常に重要であるとみなしていると報告している。さら

に、ほぼ半数の地方自治体では、このような圧力を常に経験していると報告している。しかし、多くのイノベーションに取り組んでいると報告している地方自治体では、イノベーションに取り組む圧力以上に、議員からの圧力を相当経験している。

## 地域社会の期待

47　圧力を経験したことのある地方自治体にとって、地域社会からの圧力はイノベーションへの効果的な推進力であった。3分の1を超える地方自治体は、イノベーションを促進するために地域社会からの要求が非常に重要あるいは不可欠であると考えている。しかし、革新するために世論による圧力を絶えず経験している地方自治体は4分の1に満たない。しかし、ボトムアップによって生み出されるイノベーションへの圧力は、広範囲に拡大することはないかもしれないが、その圧力が生じるところではイノベーションへの効果的な要因となっている。こうした圧力は、公式の協議、公開討論会のような非公式なグループ討論や、さまざまなサービス利用者数の動向から生じることもある。

48　公共部門には、サービスをより正確に設定するために利用者グループを細分化し、需要パターンを理解することが、ますます求められている。地方自治体は万能なアプローチをとるよりも、多様な住民ニーズに柔軟に対応していかなければならない。多くの場合、住民のニーズと期待は、民間部門で培った経験によって研ぎ澄まされる。利用者の要請に応じるために、地域社会の関わりを高めることが、地方自治体における政策担当者の責務となった。そのため、イノベーションが必要とされることが多くなっている。

## 変革への圧力に対する敏感さ

49　同時に、変革への圧力は、既存の取組における限界を議論する機会を創り出す。組織外部に目を向ける地方自治体は、自治体が活動する幅広い環境における複雑さに順応し、効果的に対応できる最も優位な状況にある。特に、革新的

な自治体は、次のようなことに取り組んでいる。
- 新規政策と現行政策に対する議論からの気づき、潜在的な資金調達の方法、国家・地域の政策パイロット事業に参加する機会を醸成し、持続している。
- 他の公共機関だけでなく、他の組織や諸外国の経験にも焦点をあてることで、顕著に成果を上げている組織外部の取組を積極的に調査している。
- 地域社会が期待する自治体の役割を明確に示すことを促している。ある自治体は「住民が自治体に期待することを尋ねると、その期待に背を向けることができなく、期待に応えようとしなければならない。自治体が市民集会に参加して、住民の期待に応える方法を尋ねることもできないし、傍観しておくこともできない」と述べている。

# 第3章 イノベーションの便益

50　民間部門では、市場における競争優位性を高め、持続していくために組織を変革していく。他方、公共部門では、利用者に提供するサービス業績を向上させ、納税者に対する VFM を高めるために変革していく。

51　改善を達成する手法は多数あり、地方自治体の状況によって最も適切な戦略を選択すべきである。漸進的な改善が十分なされている場合では、新たな改善手法に着手することに慎重になる方が適切である。しかし、多くの場合、生産性の飛躍的向上と公共サービスの実質的な品質改善を果たすためには、斬新なアイデアの導入といった、新たな手法を創造する抜本的なアプローチが必要である。

52　イノベーションは、地方自治体に次のような潜在的な便益をもたらす。
・金額に見合ったサービス提供の達成
・より効果的なサービス提供の達成
・地域社会の関わりと地域計画の強化
　以下の事例研究から、イノベーションがそれぞれの領域で成し遂げる効果を説明する。イノベーションの事例研究を詳述することで、どのようにして斬新なアイデアが生み出され、どのようにしてそのアイデアが現場にもたらされ、効果的に取り組まれたのかを説明する。

53　イノベーションの取組から得られた知識とスキルは、地方自治体に伝達され、幹部職員や議員に「ここでも効果的に革新できる」といった大きな確信を与えることが明らかである。地方自治体は、これらのスキルと知識を活用する

ことで、イノベーション・プロジェクトを拡大し（たとえば、新たなパートナーを得ることによって）、地方自治体のさまざまな活動領域でイノベーションを起こしたり、新たな政策課題に対応している。調査した自治体は「イノベーションはある程度習慣的なものであり、一旦、組織文化や組織構成がイノベーションを促進し、受け入れられると、今までに想像もしなかったレベルへ自治体を導く」と述べている。

54　ベージングストーク・アンド・ディーン市は、オークリッジ地区の再生プロジェクト会議から次の3つの教訓を得た。
・再生プロジェクトの成功には、住民の関与が重要である。
・その後の進展で、地域の住宅協会が再生プロジェクトに協力することとなった。
・住民を設計トレーニングプログラムに参加させることで、住民自らがウェブサイトを活用して将来の住宅レイアウトを設計した。

## 金額に見合ったサービスの提供

55　効率性向上の要請は、既存システムをできるだけ絞り込むことによる急進的な削減策を実施するものではなく、地方自治体に革新的な方法による活動の再編をもたらした。つまり、BPR（ビジネス・プロセス・リエンジニアリング）[12]を活用することで、サービス提供ラインや事務部門ラインの管理構造と運用プロセスが見直された。また、効率性向上の要請によって、地方自治体によるパートナーシップへの関与が助長され、あるいは規模の経済によるパートナーシップの形成（たとえば、企業間取引によるサービス）に取り組むことを可能とした。

56　ロンドンのサットン区で活用されたイノベーションは、介護サービスの収納業務にアセスメントを導入することによってVFMを改善させた。携帯型タブレットを職員に支給し、その使用方法を教えることで、職員が介護サービス料

をその場で計算することを可能とした。アセスメントに係る時間を6週間から数時間に短縮した。また、これらの変革は、事務部門の処理にも大きな削減を導き、職員が未処理案件のアセスメントに取り組むことを可能とした。このプロジェクトは、貸倒損失の削減、より効果的な不良債権の回収、そして、職員の生産性向上を通して年間30万ポンドの効率的削減を達成した。介護サービス利用者への請求総額が年間およそ120万ポンドであったとすると、この削減は相当大きな削減であることが明らかであった。この削減幅は、プロジェクト当初の見込みを50パーセント上回った。

57　ここ数年、イノベーションに取り組む自治体で、シェアード・サービスが導入されている自治体がある。2002年、ニューフォレスト市とテストバレイ市では、職員の共同管理に関する戦略的パートナーシップを締結した。この共同管理には、ごみ収集やリサイクル処理、道路清掃、輸送、土地整備、建設工事に従事する職員が含まれていた。

58　パートナーシップは、マネジメントと調達の効率性を通じて、経費削減をもたらした。土地整備サービスでは、2002/03年度予算における3％の赤字運営から2004/05年度予算には3％の黒字を達成した。これらの効率性追求から得られた資源を再配分することによって、意欲的な園芸家の雇用に対する資金援助を可能とした（どちらの自治体も、もともと個々には園芸家を支援することができない状況であった）。他にもいくつかの領域において業績が改善された。たとえば、テストバレイ市では、10万個あるダストボックスの回収もれが、2003/04年度の213個から2004/05年度の48個に改善された。地方自治体は相互に学び合う。たとえば、ニューフォレスト市は、テストバレイ市の取組を参考にして、「緑のごみ制度*13」を設けている。

59　2002年に、フォレスト・ヒース市とブレックランド市では、アングリア歳入パートナーシップ（ARP）を締結し、歳入と給付に関連したサービスを提供

した。双方の自治体は、この活動領域における段階的な変革の必要性を認識していた。ブレックランド市は、新規の給付請求の処理にあまりにも長い時間（平均で119日）をかけており、フォレスト・ヒース市のサービスは、非常に高いコストを要していた。費用対効果の検討書が、取引コスト、管理コスト、および、事務職員コストの削減計画に基づいて作成された。

60　ARPは、この2つの地方自治体から独立して設置されているが、共通のITシステムを活用することで共同して支払と請求を処理している。ARP管理チームは、議員による合同委員会に報告書を提出する。また、それぞれの地方自治体の管理チームにも報告書を提出する。運営上では、ARP管理チームは、それぞれの地方自治体の良い側面を引き継ぎ、サービスを見直すためにBPRを活用する機会を得た。時には、スタッフ・ミーティングや職員提案書も活用している。

61　現在までに、ARPは、ITシステムの新規調達による10万ポンドの資本の節約だけでなく、年間でおよそ40万ポンドの経費削減を実現した。これは、歳入総額や給付予算の10%に相当する。また、ARPは、カウンシル税の収納率を96%から98%に増加させただけでなく、新規請求の平均処理日数を15日にまで短縮させた。課税内容の変更に伴うクレーム処理に至っては、6日まで平均処理日数を短縮させた。これは、取扱件数が11%増加したにもかかわらず、平均処理日数の短縮を達成したのである。新たにイースト・ケンブリッジシャー市がARPに参加し、フォレスト・ヒース市、ブレックランド市は、他のサービスにおける共同管理の可能性を研究している。

## サービス提供の改善

62　イノベーションは、現行のサービス領域で、サービス利用者（あるいは住民）と地方自治体との相互関係における質的向上を導くことができる。特にここ数年、地方自治体は、顧客とのワンストップ総合窓口サービスを実現するた

めに、イノベーションに取り組んでいる。ウォルヴァーハンプトン市では、このサービスを遺族支援センターで実現した。その結果、ウォルヴァーハンプトン市の遺族支援センターは、情報利用のワンストップサービスセンターとして遺族にサービスを提供している。センターの利用者数と顧客満足度は、高い水準を維持している。年間3,000人の遺族が登録され、2,000人の遺族がこのセンターを訪れる。利用者の97％が「大変素晴らしい」とセンターのサービスを評価している。

63　同様に、ロンドンのサットン中央図書館では、セルフサービスの貸出システムを導入することにより、貸出処理の時間を短縮する改善に取り組んだ。この取組では、書籍にスタンプを押す職員の作業時間を削減させた。この取組によって、職員がフロアーで利用者に対応することを可能とした。そのため、職員は利用者の質問に親身に対応したり、パソコン講座のようなサービスを提供することで、利用者の滞在時間を増加させた。現在では、貸出の90％がセルフサービスとなっており、図書館サービスは、追加コストをかけることなく、他の地域図書館の開館時間を延長することができた。

64　また、イノベーションは、斬新なサービスの優先事項や要求に応じるといった、明確な便益を地方自治体に提供する。1990年代後半、ベージングストーク・アンド・ディーン市は、オークリッジ地区の住宅不足の問題に対応するため、地域社会と地域の公共機関との関係に着目した。その結果、この5年で、オークリッジ地区における賃貸住宅の件数は2倍になった。この総合相談の取組を広範に拡大するために、地域パートナーは賃貸用の新しい住宅を多く提供した（2004/05年度では294戸、2005/06年度では276戸を提供した）。

65　ワーキング市における気候変動に対応する革新的な取組では、発電所から発生する$CO_2$を82％削減することを達成した。この$CO_2$削減効果は、ワーキング市における政府の気候変動税[*14]が年間免除されたことを外部評価によって

確認されている。

66 また、イノベーションは、まったく新しく、高い価値のサービスを利用者と住民に提供することを可能とする。ロンドンのサットン区では、家庭内暴力の目撃者であった4～16歳の子どもたちに対して、専門カウンセラーによるプログラムを効果的に実行した。これは、カウンセリングが子どもたちの虐待経験を把握するのに有用であった。このプログラムによって、高い達成率と満足率を得ることができた。

## 地域社会の関わりと地域計画の強化

67 サービス設計と提供の革新的なアプローチによって、地域社会のつながりを密接にしている地方自治体もある。ウィルトシャー県では、革新的な参加制度を活用することで、地域住民との地域パートナーシップと地域計画策定に取り組んでいる。それぞれの地域パートナーシップで生じた問題は、サービス設計、監視構造において考慮されている。2001/02年度から2003/04年度の間にこれらの改善に取り組んだ際、ウィルトシャー県の住民満足度は、当時、全国的に住民満足度が下降傾向にあったにもかかわらず、53％から64％に高まった。

68 同様に、マージサイド市では、地域の視覚障害者、高齢者、黒人・少数民族支持者（BME）を含む地域擁護といった、達成が困難な課題を、消防機関への職員採用枠を拡大することによって対応した。地方自治体職員の役割は、現在、地域社会への貢献を明確な形で表現することである。

69 ブリストル市と黒人投票促進機関によって運用される議員シャドーイング・スキーム[*15]では、BME地区出身の若者に他の自治体に関する業務の情報を直接提供している。この制度によって、後に学校理事として就任した参加者もおり、次期の議員として立候補することが話題となっている。

## より広範囲にわたる組織への便益

70　イノベーションからの学習を類似団体で共有することによって、地方自治体は公共サービス全体の業績向上に重要な役割を果たす。かつて斬新な取組として他の公共機関で実行され、その取組が効果的であったとしても、当時の斬新さは失われ、すぐに既存の取組とみなされるようになる。イノベーションの普及については、本報告書の第6章で言及する。

## 第4章　イノベーションの生成

### 組織文化の重要性

71　イノベーション・プロジェクトのポートフォリオを構築する能力は、組織文化の影響を受ける。組織文化は、創造力を受け入れ、改善が求められるところで斬新なアイデアの検討を促進する。

72　革新的な組織文化が実際に何を意味するか、を探究することは重要である。革新的な地方自治体への現地調査によって、次に示す要因が明らかとなった。革新的なアイデアの形成と開発にとって、これらの要因は特に重要である。この調査においては、多くのイノベーションが起こっていると述べる回答者は、他の回答者よりも、次に示す要因がイノベーションにとって重要であると認識している。一般的に、次に示す6つの要因は、極めて重要な意味をもつ。
・地方自治体の熱意
・斬新なことへの寛容さ
・組織構造
・職員やパートナーへの権限委譲
・創造的思考
・情報の効果的活用

### 熱意の表明

73　熱意は、効果的なイノベーションの必要条件である。積極的な戦略方針の設定によって、事務総長と各部署のリーダーは、改善を達成する手段となる斬新なアイデアを、より柔軟に生み出す環境を整備することができる。熱意は、地方自治体のビジョンや、利用者・住民に提供するサービスの計画に見ることが

でき、職員をさらに高い目標へと邁進するよう動機づける。

74 イノベーションの現地調査の結果、事務総長とリーダーは、向上心をもって、特定のサービス領域における成果を重視する目標を設定することで動機づけられることが明らかとなった。その一方で、管理者は目標達成にいかに柔軟であるかが分かった。調査したある自治体では、イノベーション・ギャップの存在を指摘し、次のように言及した。「組織が達成しようとしていることを伝え、それを達成するために必要な調整や資源を明らかにしなければならない。組織が達成しようとしていることと現状の間には、ギャップがある。そのギャップがイノベーションを引き起こすのである」。

## 斬新な取組への寛容さ

75 多くの地方自治体は、斬新なアイデアの検討段階における関与と、潜在的なイノベーションによる気づきが重要であることを報告している（図5）。事例研究の一つは、地方自治体が組織価値の一部として、イノベーションへの関与を明確にしている。85%の地方自治体は、失敗するリスクを認識し、そのリスクを受容することを述べている。ほとんどの地方自治体は、成功と失敗の双方から学ぶことに価値があると報告している。しかし、このリスクに対する意

図5　地方自治体におけるイノベーションの理解

| | YES/どちらかといえばYES | NO/どちらかといえばNO |
|---|---|---|
| 組織は新たな方法を常に探究している | 91% | 4% |
| 新たな手法で取り組むには、常に失敗するリスクがあることを理解し、受け入れている | 85% | 5% |
| 成功と失敗から学習することに、真の価値がある | 77% | 10% |
| 新たなイニシアティブは、基本を正しく理解することを妨げない | 63% | 22% |
| 組織内の人々は、変革が実際に便益をもたらすことを信じている | 57% | 28% |

出典：自治体監査委員会

欲が実行に移されるか否かは明確でない。革新的な自治体でさえ、イノベーションとリスク負担を明確に正当化している記述があまり見られない。

76　多くの回答者は、新たなイニシアティブが基本を正しく理解することの妨げになることはないと主張している。また、便益をもたらすような変革には、地方自治体は積極的であると報告している。しかし、これらの意見と相容れない少数意見もある。この少数意見にもかかわらず、地方自治体はイノベーションの便益についての疑念を解決するいくつかの方法を有すると主張している回答者もいる。

## イノベーションに向けた活性化

77　地方自治体を上手く活性化することによって、イノベーションの可能性を十分に引き出すことができる。政策課題は、ますます従来のサービス領域を超えて作用することを求めるであろう。部門横断的な組織構造は、集団的な責任を促すことに有用であり、部門のタテ割で損なわれる情報にアクセスすることを可能とする。委譲された責任とより柔軟な職務を有する職員によって、多くの場合、新しい考え方を従来のサービス領域にもたらすことができ、イノベーションの潜在的な領域を明らかにすることができる。その一方、組織階層や手続を重視することによって、革新的なアイデアの創出を妨げることがある。

78　現地調査では、革新的な自治体は、イノベーションを生成するために2つの具体的な方法で活性化していることが示されている。事務総長は、事業部長に事業プロジェクトと一連の職務権限を与えており、具体的なサービス領域に対する日々の執行責任から解放されている。同様に、リーダーは、可能な限り管理職職員の職務と横断的な監視機能を構築することで、政治機構に対する組織的な側面を確保している。リーダーが幹部職員と運営管理者の双方の役割を果たし、部門の境界を超えてイノベーションが生じると回答者は報告している。しかし、5分の1の回答者は、部門の利己主義が、サービス開発の決定を妨げ

る可能性があることを報告している（図6）。

図6　イノベーション生成への組織構造

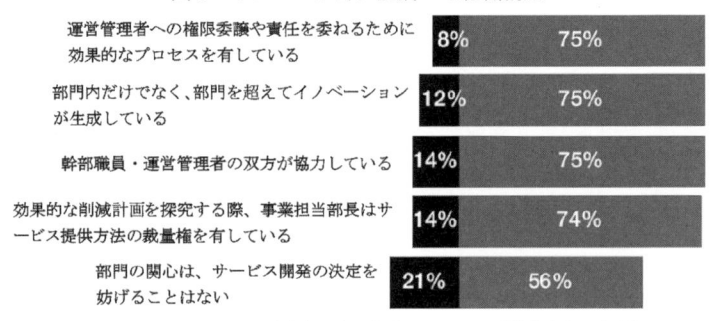

| 項目 | YES/どちらかといえばYES | NO/どちらかといえばNO |
|---|---|---|
| 運営管理者への権限委譲や責任を委ねるために効果的なプロセスを有している | 8% | 75% |
| 部門内だけでなく、部門を超えてイノベーションが生成している | 12% | 75% |
| 幹部職員・運営管理者の双方が協力している | 14% | 75% |
| 効果的な削減計画を探究する際、事業担当部長はサービス提供方法の裁量権を有している | 14% | 74% |
| 部門の関心は、サービス開発の決定を妨げることはない | 21% | 56% |

出典：自治体監査委員会

79　民間企業の多くは、競争力を維持するために多額の研究開発費を投資する。しかし、採用する組織モデルによって、投資額に大きなバラツキが生じる。顧客と向き合った事業部門からの着実なイノベーションを期待する民間企業もある。他方で、独創的研究や技術的進歩からイノベーションが生じる領域では、単独の研究開発やイノベーション部門を設置している民間企業もある。双方のアプローチは、ともに強みと弱みを有する。

80　多くの地方自治体は開発機能または内部コンサルタント機能を有するが、具体的なイノベーション部門の事例を確認することは、ほとんどできなかった。これは、大多数の地方自治体が、事業と一線を引くことで創出される思考の余地よりも、事業ニーズとの関連性を高く評価するためかもしれない。2006年、ケント県では、組織構造を再編成することで、イノベーション実行を計画し、その計画を推進するよう明確にした。地方自治体の戦略策定部門は、事務総長に直接報告し、部門横断的なイノベーション・プロジェクトを進めるだけでなく、新たなアイデアを生成し調査する責任を負っている。この部門は、サービス提供と事業機能を向上させるために、利用可能な技術ツールを調査するイノ

ベーション・チームによって支えられる。

81　組織構造にイノベーションを組み込むアプローチの有用性、つまり革新さそのものを評価するには、あまりにも尚早すぎる。他の現地調査では、イノベーション・プロセスと現場職員との結びつきを維持する重要性が確認された。しかしながら、ケント県で設置されたいずれの部門も、イノベーションを組織構造に組み込むよう設計されていなかった。

## 職員やパートナーへの権限委譲

82　組織の向上心や組織構造のフラット化自体がイノベーションを導くものではない。創造的な誘発によってプロセスを刺激することが必要である。運営スタッフは、良好な成果を上げたとき、最も適切なポジションに配置転換される。地方自治体におけるイノベーションの調査では、半数のイノベーションが現場職員や中間管理職によって考案されていたことが分かった[12]。イノベーションの生成は、職員個々の質的レベルから、組織によって職員個々が創造的に活躍する文化が醸成されるレベルまで多くの場合がある。特に、組織を通してアイデアの生成に寄与するよう職員を動機づけ、誘引し、斬新な作業方法の提案を確実に受け入れることで、こうした環境を創り出すことが期待される。

83　多くの地方自治体は、職員の関与が重要であると考えている。職員は必ずしも報われているわけではないが、定期的に斬新なアイデアに寄与し、そのアイデアを共有していることを、図7は示している。

84　しかし、2005年12月以降に実施されている一層制の自治体とカウンティーの組織評価では、サービスニーズへの対応で、職員に柔軟かつ革新的に対応することを奨励している地方自治体は、3分の1にすぎないことが明らかになっている。このことは、地方自治体にとって新たなアイデアを創出するために職員を関与させる余地がまだまだあることを示している。

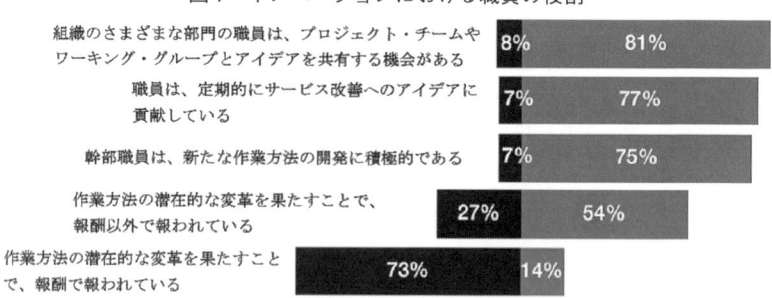

図7 イノベーションにおける職員の役割

| 項目 | YES/どちらかといえばYES | NO/どちらかといえばNO |
|---|---|---|
| 組織のさまざまな部門の職員は、プロジェクト・チームやワーキング・グループとアイデアを共有する機会がある | 81% | 8% |
| 職員は、定期的にサービス改善へのアイデアに貢献している | 77% | 7% |
| 幹部職員は、新たな作業方法の開発に積極的である | 75% | 7% |
| 作業方法の潜在的な変革を果たすことで、報酬以外で報われている | 54% | 27% |
| 作業方法の潜在的な変革を果たすことで、報酬で報われている | 14% | 73% |

出典：自治体監査委員会

85　職員だけが創造性への唯一の源ではない。ボランティア団体、地域団体、供給事業者を含む地域パートナーの関与は、地方自治体に新たなアイデアをもたらす。創造的解決策は、地方自治体が民間部門やボランティア団体、地域団体とつながることで、地方自治体に革新的な取組をもたらしたり、これらの機関が直接的な供給源になることもある。79%の地方自治体は、民間企業やボランティア団体とパートナーシップを構築することで、業績改善に取り組んでいる。しかし、すべての利害関係者が有意義に創造的なプロセスに寄与することを確実にすれば、より多くのことが達成できると地方自治体は考えている。

86　しかし、単に民間部門やボランティア団体にサービスを委託するだけでは、結果として、革新的なアプローチが起こることは到底ありえない。ボランティア団体のイノベーション能力は多様であり、地方自治体との確立された関係の質に左右されることが最近の調査で示されている[13]。委託しているプロセスや仕様書に品質とサービス業績を厳密に定義することで、地方自治体はイノベーションの促進を確かなものとしなければならない（少なくともイノベーションを妨げてはならない）。

87　ロンドンのサットン区は、ITハードウェア提供者と相互に便益をもたらす

関係を構築した。つまり、開発中の製品用途について双方で議論することを可能とした。このことで、タブレットの活用は、組織内部の財務評価における試験的または実用的な主流となった。当時、タブレットを初めに導入した金融機関でさえ、タブレットのような科学技術の活用は斬新なアイデアであった。

## 創造的思考

88　創造的な技術は、地方自治体にイノベーションへのきっかけを提供する。しかし、ほとんどの地方自治体は、創造力を活かすための余力がないことを明らかに示している。実際、このことは、日々の組織運営に加えて、斬新なアイデアを探究し、共有し、議論する時間がないことを意味している。つまり、このことは、地方自治体にとって課題であり、多くの組織における現状であるといえる。探究や共有、議論によって適切な活動の場を見つけ出すことの方が重要である。これらの活動は、ブレーンストーミングや問題解決グループといった方法で行うことができる。

89　地方自治体は、新たなアイデアを引き出す環境づくりの重要性を認めている。地方自治体の60％は、時間を割き、新たなアイデアをブレーンストーミングで引き出す機会が、イノベーションを支えるためには不可欠、あるいは非常に重要であると考えている。しかし、組織内部でこのような機会を有しているのは、4分の1の地方自治体だけである。

90　地方自治体はさまざまな方法によって組織が直面する課題を創造力豊かに思考している事実が、現地調査で示されている。その方法には、次のようなフォーラムが含まれる。
・組織戦略レベルや組織運用レベルの共通メンバーによる討論グループ
・多くの機関が参加し、現状の課題について議論する研修会
・新規または飛躍的なサービス領域における変革についての議論、過去の疑問、経験を共有するネット上のフォーラム

## 利用可能な情報の十分な活用

91 情報を上手く活用することによって、イノベーションの生成を支援することができる。傾向や例外を特定するデータと経営に関する情報を分析することで、将来に向けた選択肢をより明確にできる。さらに、創造的な発想によって、利用者のニーズを捉える方法を引き出すことができる。創造的な発想は、業績改善と効率性追求の潜在的な可能性を見い出す。

92 反社会的行動の事件記録を含むミドルズブラ市が有する情報は、警察が保有する犯罪や事件の情報と重複する。ミドルズブラ市では、市が有するデータを赤・黄・青に色分けることで、反社会的行動の多発地区を特定し、反社会的行動の状況を把握した。必要な場合には、行政区ごとに考察することも可能である。入手可能な情報には、落書き、違法広告、車両の不法投棄の発生率も含まれる。また、不正行為の種類に応じて、監視カメラによる詳細分析を行う自治体もある。これは、地域の安全を向上させることを目的とした革新的な対応策を講じるために有用であった。対応策には、シティーセンターの裏通りへのゲート設置や、ごみの投棄や無許可でのビラ貼りの疑いがある者のチェックが含まれた。国の動向とは対照的に、その行政区における犯罪の不安は減少していった。反社会的行動の発生率は低下したのである（たとえば、無許可のビラ貼りは、90％削減された）。

## 創造的な可能性の最大化

93 革新的なアイデアを促進する要因は、驚くようなものではない。地方自治体は、革新的なアイデアの重要性を認識している。さらに、革新的なアイデアを根づかせ、醸成することを促進する組織文化を、効果的に創り出している自治体も多数ある。それにもかかわらず、あまりにも多くの地方自治体が促進の要因を上手く活用できず、イノベーションの機会を見過ごしていると報告されている。

## 第5章　イノベーションの実行

### イノベーション・プロジェクト実施における課題

94　他のプロジェクトと少し異なり、地方自治体は革新的な改善プロジェクトに取り組む傾向にない。一般的に、効果的なイノベーションに求められるプロセスとスキルの多くは、既存のプロジェクトで求められるプロセスとスキルと同じである。革新的なアイデアに取り組もうとする地方自治体は、地方自治体が介入することのリスクの傾向と程度を全般的に認識するだけでなく、潜在的な便益に対するリスクを評価しなければならない。そのような評価は、効果的にイノベーションを提供するための組織力を特に考慮する必要がある。

・強いリーダーシップとプロジェクト管理
・パートナーシップの取組への関与
・議員およびサービス利用者の継続的関与

### 革新するための能力

95　これまでにイノベーションに取り組んできた自治体の経験から、優秀なアイデアが組織の障壁に阻ばまれたように、多くの潜在的な便益が実行段階で失われていることが明らかになっている。

96　表2は、6つのパブリック・インタレスト・リポートにある調査結果（1999年から2006年に公表された報告書に基づく）を要約している。これらの調査結果は、イノベーションの試行に関するものであり、多くの一般的な失敗を明らかにしている。このパブリック・インタレスト・リポートは、監査における監査人の指摘事項が示す重要な問題に関する報告書である。この報告書は、監査終了後にすみやかに公表され、多くの場合、異議申し立ての調査から監査機

関の預金や支出に関する申し立てまでの監査結果が示される。2005年3月以降のパブリック・インタレスト・リポートは、自治体監査委員会のウェブサイトに掲載されている（www.audit-commission.gov.uk/pir/）。

97　この報告書では、すべてのプロジェクトにリスクがあることを明らかにしている。その一つの事例として、ある自治体では、過剰な建設コストと建設業者に対する違法行為があり、1,500万ポンドの余計なコストを招いた。別の事例では、20年以上もの期間、土地や建物の管理を外部団体に斡旋していたことで、12億ポンドの余計なコストを招いた。

表2　イノベーション実行の障壁

| |
|---|
| **リスク評価とリスク管理の失敗**<br>・地方自治体のなかには、プロジェクトの初期リスクを適切に評価できない自治体、あるいは、既存のリスクと報酬のバランスを見直すことのできない自治体もあった。一つの事例として、自治体に協力するパートナーの貢献度合いやパートナーと協力するタイミングを詳細に確認しなかったため、地方自治体はすべての財務リスクを負う協定を結んだ。<br>・他にも、議員によって適切なリスクを評価できないような過度に簡素な情報に基づいて重要な決定がなされた。 |
| **能力の過大評価**<br>・6つの報告書のうち5つは、変革期間中の事務職員と議員の取組時間に関する重要な要求を明らかにした。残りの事例は、限られた権限を有するディストリクトだった。<br>・地方自治体に関して共通する要求には、ユニタリーへの変更*16、内部の再編成、イノベーションの同時進行が含まれた。地方自治体が同時に3つのイノベーション・プロジェクトを進めている事例がある。 |
| **効果的なリーダーシップと戦略的投資の欠如**<br>・トップレベルによるコミットメントの欠如は、イノベーションの主要な失敗要因であった。つまり、プロジェクトで、リーダーシップと方針を幹部職員が示さなかったのである。幹部職員は、目標を誤って定義したり、非現実的な目標を設定したり、あるいは、見込まれる便益の非現実的な評価を行ったりしていた。<br>・ある事例では、サービス要求に沿った投資でなかったり、他の主要なプロジェクトの評価から学習することを怠っていた。 |
| **組織内部と幹部職員間のコミュニケーションの不十分さ**<br>・幹部職員の間で共有している情報が不十分であった。一つの事例として、コミュニケーションが不足しているため、法令の遵守が損なわれていた。<br>・また、有効なプロジェクト構造を提供できない管理体制が明らかだった。一つの事例として、献身的でないプロジェクト・チームと不十分な人的資源配分があり、役割と責任が不明確であった。 |

### 品質プロジェクト管理の不十分さ
- 5つの報告書が、品質プロジェクト管理の不十分さを明らかにしている。そのうち一つの事例では、品質プロジェクト管理が決定的な問題であった。
- 別の事例では、業務履行の遅滞や誤解、ダンピングにもかかわらず、地方自治体はプロジェクト管理の契約上の役割すべてを達成する必要性はないと考えていた。

### 議員への不十分な報告
- 5つの報告書では、議員への報告が不十分なことが明らかとなっている。その不十分さには、報告の遅れ、不十分な報告、報告内容の誤り、不正確な報告、誤解を招く報告、限定的な報告（少数の議員にのみ報告）があった。
- 報告体制における議員の確認作業の欠如、提供された情報の的外れなアプローチが明らかとなっている。

### 外部からの助言の活用による失敗
- 報告書のうち4つでは、外部の助言が必要なところで求められていない、重大な決定がなされた後になってはじめて要求していることが明らかにされた。さらに、有用な助言のために必要な情報をアドバイザーに提供していないことも明らかにされた。
- 3つの事例では、外部アドバイザーの意見を疑いなく信用していた。アドバイザーの楽観的な報告に対して質問したり、疑問を呈しようとはしなかった。

### 契約先の不十分な管理
- 契約行為の複雑さは、3つの報告書で示された失敗要因であり、不十分な契約行為が100万ポンドの損失を招いた。契約者の選定手続が明らかに不十分であり、法律問題が絡む事案での事務弁護士や独立した専門家との手続の不十分さが明らかになった事例もある。
- 別の事例として、複雑に分けられた条項（契約者が契約するまでに達することが求められる合意事項）の数が多いために、契約の締結に至る行為自体が、本来管理をしなければならない実質的なプロジェクトの内容となってしまっていた。

### 不十分な調達の取組
- 報告書のうちの4つでは、財産とサービスの調達が不十分であることが明らかになった。そのうちの一つの報告書では、プロジェクトの資本コストで11％（約23.5万ポンド）の過剰支出が指摘された。
- 入札やプロジェクト評価に関して、自由競争の確保や法令遵守の確認といった調達プロセスが上手く管理されていない問題があった。地方自治体における財政アドバイスの委託では、欧州調達規則を遵守していなかった事例も見受けられた。

出典：自治体監査委員会

98　地方自治体は、これらの課題を解決するために、いくつかの重要な解決手段が必要である（図8）。地方自治体は、幹部職員とリーダーの支援、効果的な管理方法、議員とサービス利用者の関与を重視する。しかし、すべての自治体は、これらの解決手段を講じていないと報告している。

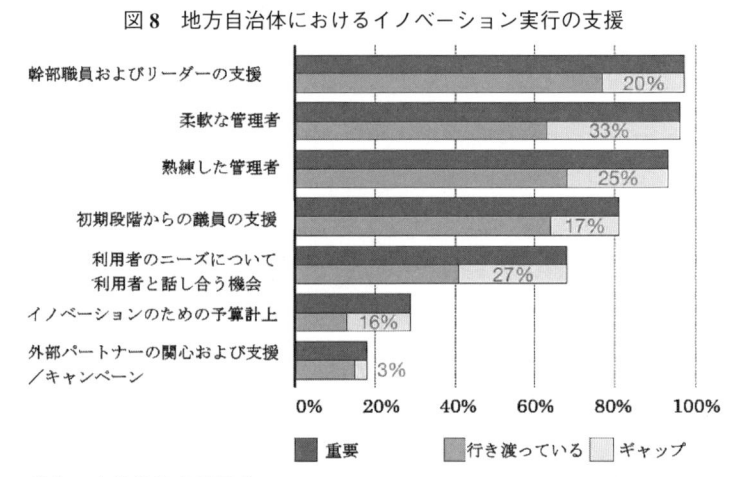

図8 地方自治体におけるイノベーション実行の支援

| 項目 | 重要 | 行き渡っている | ギャップ |
|---|---|---|---|
| 幹部職員およびリーダーの支援 | | | 20% |
| 柔軟な管理者 | | | 33% |
| 熟練した管理者 | | | 25% |
| 初期段階からの職員の支援 | | | 17% |
| 利用者のニーズについて利用者と話し合う機会 | | | 27% |
| イノベーションのための予算計上 | | | 16% |
| 外部パートナーの関心および支援/キャンペーン | | | 3% |

出典：自治体監査委員会

## イノベーションの管理

99　イノベーション・プロジェクトの成功は、トップのリーダーシップと支援、柔軟な姿勢をもった幹部職員の支持によって影響を受ける。このどちらか一方が不十分であると、イノベーション・プロジェクトの成功は危うくなる。現場職員の能力と理解力の不十分さは、効果的なイノベーション実行にとって大きな障壁である。

100　地方自治体にとって、幹部職員のリーダーシップは、イノベーション・プロジェクトの成功を確実にする最も重要な要因の一つである。特に、イノベーション実行の初期段階で事務総長が積極的に支援し、自治体内部や外部のパートナー、利害関係者にアイデアを理解してもらうことは、成功を確実なものとするために重要である。4分の3の地方自治体は、イノベーション・プロジェクトの要所にリーダーシップが必要であると指摘している。

101　イノベーション・プロジェクトを達成するために柔軟な姿勢をもつ幹部職員

を任命することで、プロジェクト成功への見通しが明らかに高まる。特に、変革への幹部職員の支援と政治的なリーダーシップを確保し、さらに、運営スタッフの関与を確実にすることで、中間管理職がイノベーションにつながる重要な役割を果たす。しかし、イノベーション・プロジェクトを導く管理者の有用性と能力は、効果的に実行する上での潜在的な課題として残っている。

102 また、効果的なリスク評価は、イノベーション・プロジェクトを順調に維持するために重要である。自治体監査委員会による資源活用の判断は、重要な事業リスクの管理に関する具体的な重要調査項目（Key Line of Enquiry：以下、KLOE とする）*17 を含んでいる。広域自治体と基礎自治体における 2005 年の資源活用の評価では、多くの地方自治体（広域自治体の 58％、基礎自治体の 60％）が KLOE で要求される最低限の業績水準しか達成していなかったことが分かった。しかし、この領域で効果的な取組を行った自治体が半数以上であったため、2006 年における広域自治体の評価が向上していることが示されている。

103 自治体監査委員会によって支援される公共部門におけるリスク管理の国家フォーラム（The National Forum for Risk Management in the Public Sector）が行った公共機関におけるリスク管理の実態調査では、リスク管理がイノベーション・プロジェクトの実行に重要であると地方自治体が考えていることを示している。2006 年に行われた調査では、リスク管理の整備がここ 2 年でイノベーション・プロジェクト実行に寄与していることが、地方自治体の 60％ で報告された（2003 年の 41％ から 60％ に向上した）。

## パートナーシップによるイノベーションの実行

104 今日、パートナーシップは、公共サービス提供のビジョンとして重要な役割を果たしている。パートナーシップの発展は、国家政策と法制度だけでなく、公共機関自身でも推進されてきた[14]。パートナーシップによる利点の一つと

して、複雑な問題や組織横断的な問題に取り組む際の柔軟性があげられる。そのため、パートナーシップは、革新的な改善プロジェクトを提供する有用な仕組みとなる。パートナーシップは、以下を包含する。地方自治体の組織階層を超えてあるいは地域機関の間における関連性の強い業務、2つあるいはそれ以上の地方自治体によるシェアード・サービスの提供に向けた連携体制、外部組織と連携している地方自治体である。

105 意外にも、調査に応じた地方自治体はパートナーシップの要素を重要とは認識していなかった。ほとんどの地方自治体がパートナーシップを構築していたが、効果的なイノベーションにとって、外部パートナーの利益や支援が極めて重要であると考えていたのは、比較的少数の地方自治体であった。また、イノベーションの利益や支援を定期的に得ていると報告する地方自治体もある。

106 しかし、多くの場合、地域パートナーシップと連携する能力が、イノベーション・プロジェクトの実行にとって重要であることを、本調査は明らかにしている。組織評価の分析と調査した自治体の経験から、ほとんどのイノベーション・プロジェクトはパートナーシップを結ぶことによって提供されており、特に、利用者への新たなサービス提供に関連したところで顕著に示されている。地方自治体の事例研究では、本調査で得た示唆よりも、パートナーシップを通した革新的なサービス提供事例の方が多くの示唆をもたらしている（表3）。これは、地方自治体が効果的に意図した便益を提供しようとするためには、公共機関（たとえば、警察や住宅供給機構）、民間部門、地域のボランティア団体と密接に連携する必要性があることを示している。

107 パートナー組織との連携や協働なしでは、サービス・イノベーションの実行は、ますます困難になるだろう。特に地方自治白書で述べられているように、地方自治体が地域づくりといった自らの役割を発揮するようなイノベーションは難しくなる[1]。

第Ⅰ部　輝く未来：地方公共サービスのイノベーション　51

表3　パートナーシップによるイノベーションの実行

| |
|---|
| **他の地方自治体とのパートナーシップ**<br>　サウス・ヨークシャーのイージーコネクト情報ハブ*18 は、4つの地方自治体（バーンズリー市、ドンカスター市、ロザラム市、シェフィールド市）における情報公開と住民サービスの利用手段を提供している（ウェブ事例1）。<br>**ボランティア部門とのパートナーシップ**<br>　ブリストル市は、BME地区からの住民の政治参加を促進するために、黒人投票促進機関と協力して議員シャドーイング・スキームを行っている。<br>**他の公共機関とのパートナーシップ**<br>　マージサイド市の消防機関は、地域の学校と連携して、放火や火災関係の反社会的行動の根本的な原因解決に取り組んだ。マージサイド市の消防士は、7つの学校で週に1日従事している（ウェブ事例4）。<br>**地方自治体の組織階層を超えたパートナーシップ**<br>　ウィルトシャー県における地域計画アプローチでは、地方政府の3つの階層全体（カウンティー、4つのディストリクト、260のタウンおよびパリッシュ）を統合する取組を行っている（ウェブ事例8）。<br>**民間部門とのパートナーシップ**<br>　テムズウェイ・エネルギー社は、テムズウェイ社（ワーキング市が所有するエネルギー環境サービス会社）が90％出資し、デンマークの企業であるゼルジィ社が10％出資するエネルギーサービスの共同事業体であり、一般顧客や民間顧客のために熱電併給（CHP）エネルギーステーションを建設し、運営している（ウェブ事例9）。|

## 政治的支援の確保

108　効果的なイノベーションの実行は、管理者だけの問題ではない。議員と事務職員の間にある良好かつ開かれた関係、党派を超えた支持、プロジェクト・チャンピオン*19 として活動する議員などすべて、プロジェクトに重要な貢献をしている。

109　重要な変革プロジェクトを政治的な問題としないように、党派を超えた政治家から支援を得ることで、地方自治体は地域レベルの政治的な干渉を防ぐことができる。これらは、初期段階での議員の関与、定期的なポートフォリオ保有者との会合、一般議員が定期的に関与する検査・監視制度の活用が含まれる。

110　特に地方自治体では、初期段階から議員の協力がイノベーションを支援する

ために重要である。たとえ有力な事例があるとしても、管理者の間では、政治がイノベーション・プロジェクトを妨げるかもしれないといった強い認識がある。それにもかかわらず、回答者は、地方自治体のイノベーション・プロジェクトに議員を関与させることに積極的である。3分の2の回答者は、イノベーションを実行しているときに議員の一貫した支援が期待できると報告している。

## サービス利用者の関与

111 利用者と住民との関わり合いにおいて核心となるのは、サービス・イノベーションを提供することにある。地方自治体は、利用者がイノベーションの設計や開発に関与する機会を実行段階で設けるべきである。しかし、半数以上の地方自治体は、利用者の要求について直接話し合う機会がほとんどないと報告している。定期的に、あるいはイノベーション・プロセスを通して、そのような機会を設定することがなかったことを意味している。

112 イノベーション・プロジェクトの設計段階や開発段階に利用者や住民を参加させることは、イノベーション・プロジェクトが地域社会への意図した便益を効果的に提供することに役立つ。また、地方自治体が特定団体の必要性を理解し、サービスをその必要性に合致させることにもつながる。いくつかの地方自治体は、より創造的な地域の関わり合いの新たな形が、住民との協議といった既存のチャンネルを超えてなされていることを理解している。地域計画イベント、電子会議、携帯型投票技術によって、地方自治体は住民をより理解することができ、特定個人あるいは特定団体の必要性や期待に対応できることを理解している。

## イノベーションの財源

113 イノベーション・プロジェクトへの十分かつ継続的な資金提供は、明らかに効果的なアウトカムを実現する要因である。しかしながら、外部組織からの資

金を利用することによって、イノベーション・プロジェクトの実行は助長されるが、外部資金が成功するための重要な要素ではない。イノベーションのための資金は、多くの場合、従来の内部チャンネルを通して確保される。追加的な資源が不足することは、イノベーションへの重大な障壁ではない。

114　イノベーション・プロジェクトによって地域社会への便益が広範囲に及ぶことが明らかな領域では、実施コストを共有し、あるいは他の組織からの資金提供を活用するために、地方自治体は地域パートナーと連携することがますます注目されている。また、地方自治体は、積極的に地方政府や中央政府のイニシアティブ（たとえば、財務省の予算削減、コミュニティ・地方自治省の電子イノベーション・プログラム）にも関心をもっている。しかしながら、一般的なイノベーション・プログラムの多くは、外部資金を調達する必要はなかった。革新的な提案、あるいは、別の提案をしっかり検討することで、地方自治体の通常予算から財政的な同意を得ることができると一般的に考えられた。さらに、特定の外部組織からの資金提供、あるいはマッチングファンド[*20]による資金調達が成功している地方自治体では、これらの活動を既存の予算に組み入れることで自治体はイノベーション実行を継続することができた。

115　イノベーションに充てられた資金の利用が、イノベーションを生み出す能力にとって重要なものではないと、地方自治体は報告している。しかし、30％の地方自治体は、特にイノベーションのための予算計上が不可欠であり、非常に重要であると考えている。13％の地方自治体は、そのような資金を利用していると報告している。

# 第6章 イノベーションの普及

116 イノベーションのさらなる重要な便益は、イノベーションの起点となった地方自治体という枠組みを超えて採用されることである。多くの公共機関は、さまざまな課題に直面している。機会を認識し、アイデアを組織間で共有し、潜在するリスクを明らかにすることで、公共機関は互いに支援し合うことができる。民間部門の場合、市場における顕著な立場から競合者に知識を伝えることはない。しかし、公共部門の場合、組織間における共同作業や知識の伝達によって改善が導かれることがある。

## 広範囲にわたる改善の推進

117 それゆえ、地方自治体を通した、そしてパートナー組織間におけるイノベーションは、業績向上にとって重要な役割を果たす。効果的なイノベーションがどのように普及し、組織内でどのようにして既存の取組となるかは、図9のように説明できる。

118 また、イノベーションにおける失敗は、組織に学習の機会をもたらす。時代を先取りしている組織は、効果的な代替アプローチを導くことになるか、あるいは、一連の無駄な開発に終始するかに分かれる。イノベーション当初にアイデアを実行できなかった組織では、学習によって二次的なイノベーション(第二のうねり)を導くことができる。また、イノベーションから十分な便益を実現できるように当初の理念を継続して適用する組織もある。

119 第2章で言及したように、イノベーションの事例は非常に良い影響を与える。地方自治体は、他の組織から効果的なイノベーションを学ぶことが不足し

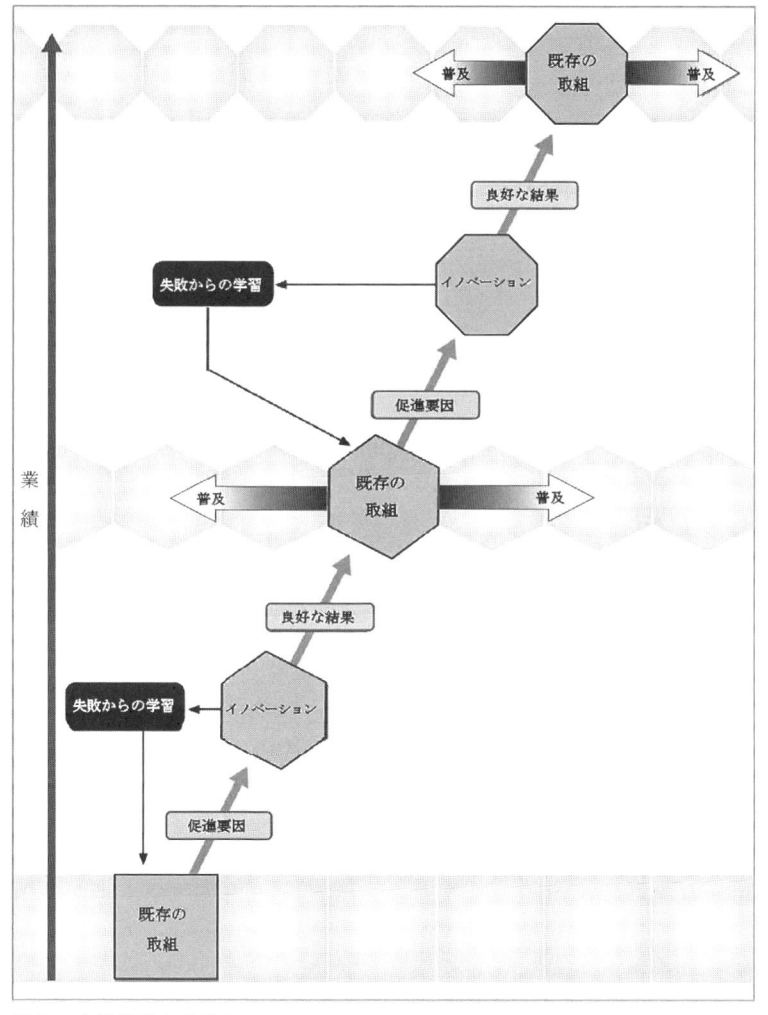

図9　イノベーション普及のメカニズム

出典：自治体監査委員会

ている。特に類似した組織では顕著である。地方自治体は、効果的なイノベーションの事例を十分に利用できていない。4分の1の地方自治体は、目的にあった事例を必要とするときだけ、他の組織の事例を活用しているにすぎない。

## イノベーションの共有

120　イノベーションの実行を十分に共有できていない原因の一つとして、地方自治体自身が地方政府機関に共通する普遍的知識に十分寄与していないことがあげられる。ちょうど60%の地方自治体が、他の組織と連携してイノベーションからの知識を共有する仕組みを適所に有していると主張している。

121　先見的にイノベーションの取組が伝播している地方自治体は、多くの場合、より広範な業績改善に寄与するだけでなく、地方自治体の成功が国家政策に影響を与えることを期待している。地方自治体は、自治体の業務を公表することによって、組織の存在をアピールし、職員のモチベーション向上に資するため、組織風土に積極的な影響を与えることが分かった。

122　今日、これらの地方自治体は、イノベーションについて他の組織と教え合う多種多様な仕組みを活用している（図10）。一般的に用いられる上位4つの方法は、すべて対人コミュニケーションによる相互作用を伴う。しかし、一般的

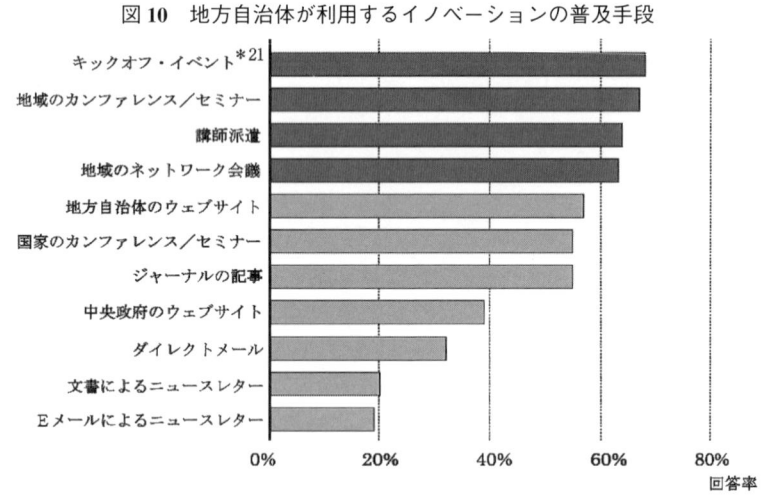

図10　地方自治体が利用するイノベーションの普及手段

- キックオフ・イベント[21]
- 地域のカンファレンス／セミナー
- 講師派遣
- 地域のネットワーク会議
- 地方自治体のウェブサイト
- 国家のカンファレンス／セミナー
- ジャーナルの記事
- 中央政府のウェブサイト
- ダイレクトメール
- 文書によるニュースレター
- Eメールによるニュースレター

出典：自治体監査委員会

に用いられる方法のうち、下位の5つは、文書による方法を利用する。これは、ビーコン・スキームによる顕著な取組の普及を調査した最近の研究結果と一致している。この調査結果では、組織を共有し学ぶことが、受益者団体の必要性と環境に適合するために重要であると分かる[15]。イノベーションに取り組む経験は、組織の状況や暗黙知に大きく依拠している。それゆえ、多くの場合、直接的に共有されることが最良の方法である。

123 イノベーションについての学習を普及する機会を求めることに加えて、事務総長やリーダーレベルの交流を含む地方自治体間ネットワークを通して、地方自治体は知見を広めている。

124 この調査から、学習を広く普及させるために利用する手段は、地方自治体が学習するために用いている手段と一致することが分かる。対人コミュニケーションは、最も一般的な普及手段であり、電子媒体によるコミュニケーションよりも通常好まれる。電子媒体によるコミュニケーションは書面によるコミュニ

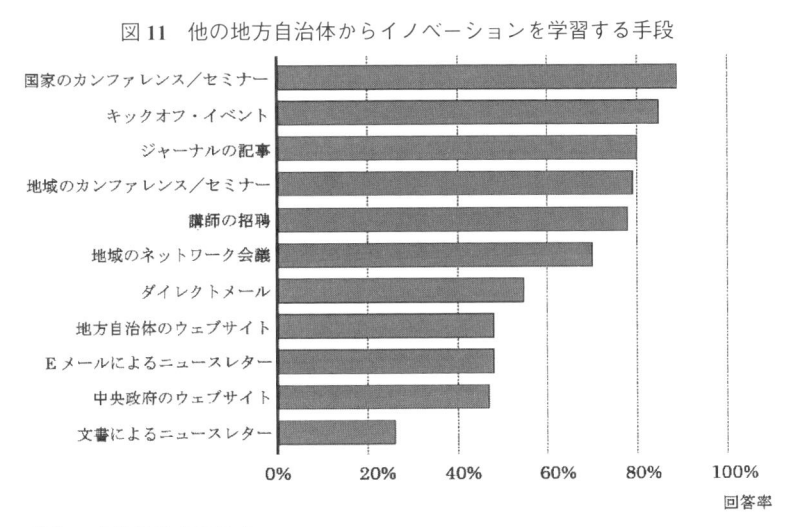

図11　他の地方自治体からイノベーションを学習する手段

| 手段 | 回答率 |
|---|---|
| 国家のカンファレンス／セミナー | ~88% |
| キックオフ・イベント | ~83% |
| ジャーナルの記事 | ~78% |
| 地域のカンファレンス／セミナー | ~77% |
| 講師の招聘 | ~75% |
| 地域のネットワーク会議 | ~68% |
| ダイレクトメール | ~53% |
| 地方自治体のウェブサイト | ~47% |
| Eメールによるニュースレター | ~45% |
| 中央政府のウェブサイト | ~45% |
| 文書によるニュースレター | ~23% |

出典：自治体監査委員会

ケーションよりも好まれている（図11）。

125 また、本調査では、将来的にどのように学習することが望ましいかを地方自治体に尋ねた。イノベーション・プロジェクトのキックオフ・イベントは、現在、最も一般的な普及手段である（3分の2の地方自治体が活用しており、4分の3以上の地方自治体が参加した）。しかし、おおよそ5分の2の地方自治体だけが、将来的にそのようなイベントへの参加を希望すると言及した（現在は、ほぼ半数の地方自治体となっている）。

### イノベーションの取組を共有することの障壁

126 広範かつ効果的にイノベーションからの学習を広める上で、次に示す3つの障壁がある。
　①イノベーションを評価することの難しさ
　②失敗を公表することへの躊躇
　③普及にかかる負担

### イノベーションを評価することの難しさ

127 現地調査した地方自治体の多くでは、外部資金提供の条件あるいは資金調達審査規程に基づいて、イノベーション・プロジェクトを評価した。いくつかの事例では、プロジェクト・グループが集まって、イノベーション・プロジェクトの影響や学習の共有方法を考察した。これは、イノベーションから得られる知識が、自治体活動のさまざまな領域にとって潜在的な価値を有するかどうか評価することができる。4分の3の地方自治体は、地方自治体内部のサービス領域を通して、イノベーションから得られた知識を共有する仕組みがあると報告している。

128 イノベーションの評価に際して、地方自治体は、望ましいアウトカムかどうか、財政的なアウトカム、もしくは質的なアウトカムが達成されているかどう

か、そして、改善が持続可能なものかどうかを考慮すべきである。イノベーションの便益が明確かつ測定可能になるためには、時間がかかることを考慮しておく必要がある。一般的に、イノベーションでは非常に少数の考え方が効果的となるため、革新的なアイデアを評価するだけでなく、革新的なアイデアからの学びが新たなアイデアやプロジェクトに適応できるように、開発プロセスや実行プロセスも評価すべきである。このような事例はいくつか見られるものの、正式な費用便益分析をイノベーションに適用した広範囲にわたる根拠、あるいはイノベーションによってもたらされたVFM評価の明確な根拠は明らかとされていない。

129　詳細な評価では、得られた知識が類似団体、すべての地方自治体および公共機関といった組織に、より広範囲に伝達可能かどうかを重視すべきである。しかし、地方自治体が他の組織の潜在的な便益を評価することは困難である。多くのイノベーションは地域の状況によって異なるため、多くの地方自治体が外部の組織に目を向けるようになるまで、草分けとなる取組が行われていることに気づかない。多くの場合、地方自治体は革新的な取組として位置づけることに慎重である。利用者が取組そのものを一般的な取組にすぎないと見なすと地方自治体は考えている、あるいは、取組の有効性が明らかになる前に活動を公表することで、利用者の期待が高まるリスクがあることをその理由にあげることができる。

## 失敗からの学び

130　多くあってはいけないが、地方自治体は成功ばかりでなく、失敗からより多くのことを学ぶことを理解している。そして、失敗経験の共有が、失敗の再発防止に役立つことを理解している。4分の3の地方自治体は、成功だけでなく、失敗からも地方自治体が学習する仕組みが適所にあると考えている。しかし、「名誉な失敗」を認めるような組織文化を有する地方自治体でさえ、職員は外部に自らの失敗を明らかにすることを当然のことながら好ましいとは考え

ていない。他の地方自治体職員と安心して失敗からの教訓を話し合うような機会が今のところないと考えられている。

## 普及にかかる負担

131　多くの革新的な地方自治体にとって、他の地方自治体、中央政府および海外からの視察の対応は、地方自治体業務を進める上での平常業務の一部になっている。いくつかの事例では、視察先の決定には外部評価が参考にされていた。たとえば、外部評価としてビーコン・ステータス賞があり、顕著な成功を収めた地方自治体は、その取組を公表するために資金が提供されている。そのような活動は、相互的な便益を有する。つまり、成功を収めた地方自治体が他の地方自治体に影響を与えるように、他の地方自治体からも多くの有益な知識を得るとされている。

132　しかし、視察の受け入れや普及イベントの主催は、地方自治体にとって機会費用を負担させることになる。地方自治体にとって、新たな政策課題に向けた最前線の取組への投資、あるいは公的な賞賛を受けるような取組への投資は、資源を消耗する特に深刻な問題である。1年間に73団体の視察を受け入れた地方自治体がある。この負担は、知識共有の阻害要因として作用する可能性がある。複数の地方自治体が一緒に訪問することによって、視察による負担を軽減している地方自治体もあった。調査した地方自治体の一つでは、視察に訪れた団体に料金を課していた。

133　将来的に見ると、共有すべき革新的な取組を有する地方自治体は、キックオフ・イベントを主催したり、視察を受け入れることをあまり望んでなく、むしろ次のように希望している。

・複数の組織において取り組まれたさまざまなイノベーション事例を取り上げた地域別のカンファレンスやセミナーへの参加

・地域で開催される定期的な連絡会議への参加（イノベーションに取り組んで

いる地方自治体やイノベーションに取り組もうとしている地方自治体のための会議）

・組織自らのウェブサイトおよび情報集約されたウェブサイトによるイノベーションの推進

## 中央政府の役割

134　地方自治体は、改善を担当する中央政府がイノベーションの普及に関して、より大きな責任を有すると考えている。

135　特に、地方自治体は、支援が必要であったり、もっと効果的な学習が必要とされる組織として特定されることを快く考えていない。それよりも、一般的には、利害関係を有するパートナーからアプローチされることを地方自治体は望んでいる。しかし、学習から多くの便益を得ることができるとしても、変革への必要性を依然として認めない組織もある。

136　地方自治体がイノベーションの普及に活用し有用だったと考えている組織には、自治体監査委員会、地方自治体協議会（Local Government Association）、改善開発庁、新地方自治体ネットワーク（New Local Government Network）、ロンドンカウンシル協議会がある。また、政党による地方自治体カンファレンスで特定の地方自治体における取組を紹介することで、政治的なチャンネルを通したイノベーションの普及が行われた。そして、ローカル・ガバメント・クロニクル誌、地方自治ジャーナル、ビーコン・スキームによって運用される表彰会への参加を通して、イノベーションの普及が行われた。

137　ビーコン・ステータスを与えられた地方自治体は、ステータスの獲得が有用な普及手段となることを認識した。このような普及の仕組みがなければ、一つの地方自治体におけるイノベーション普及に要するコストが、期待される便益を超えるかもしれないという問題に直接対処しなければならない。そのため、

顕著な取組を広めるといったインセンティブは限定的である。ビーコン・ステータス賞の受賞は、地方自治体職員にとって十分な動機づけになると考えられた。同様に、改善開発庁によって構築されたサポート・ネットワーク（たとえば地域社会の取組）は、電子媒体や対人コミュニケーションを可能とし、複数の地方自治体で有効であることが明らかになった。

138 しかし、地方政府、地域研究センター、地域開発機構のような地域機関だけでなく、自治体監査委員会や改善開発庁、ビーコン・スキームといった外部機関は、イノベーションを特定し、他の組織への情報伝達を促進する重要な役割を果たすことを可能にしている。また、これらの機関は、中央政府が地域レベルにおける広範に潜在するイノベーションの重要性を認識しなければならないと考えた。

139 調査した複数の地方自治体は、イノベーション・フォーラムのグループメンバーであり、包括的業績評価の評価では「優秀*22」の評価を得ている。イノベーション・フォーラムは、課題や問題に対する新たなアプローチを検討するために有用なフォーラムであることが知られている。現在に至るまでのイノベーション・フォーラムの任務は、より効果的な取組を行っている地方自治体と中央政府との対話を橋渡しすることである。しかし、このフォーラムでは、イノベーションの取組から学習の可能性を最大限に引き出すことが難しい。共有できる効果的なイノベーション事例を有するにもかかわらず、地方自治体の経験を活用する仕組みが弱いからである。

140 現地調査した地方自治体では、専門的な連絡会議や個々の連絡以外でも、改善開発庁のような組織やビーコン・スキームを通して、イノベーションを自ら認識している。また、地方自治体は、国民医療サービス（NHS）、ボランティア団体、民間部門のような他の組織の事例にも目を向けている（民間部門の科学技術には、特に目を向けた）。表4には、地方自治体がイノベーションの情

報源や事例として活用し有益だったオンライン情報を掲載している。

表4　地方自治体で活用されたオンライン情報

| | |
|---|---|
| 地方自治体監査委員会 | http : //www.audit-commission.gov.uk |
| ビーコン・カウンシル・スキーム | http : //beacons.idea.gov.uk |
| Eイノベーション・プログラム | http : //www.exploringinnovation.org.uk |
| 改善開発庁 | http : //www.idea.gov.uk |
| 改善ネットワーク | http : //www.improvementnetwork.gov.uk |
| 地方自治体協議会 | http : //www.lga.gov.uk/ |
| 内務省関連部門 | http : //www.respect.gov.uk/ |
| 国民医療サービス・革新改善機構 | http : //www.institute.nhs.uk/ |
| イノベーション・ユニット | http : //www.innovationunit.org/ |

出典：自治体監査委員会

141　また、国際比較の活用によって、地方自治体の知識を広げ、諸外国における公共サービス提供者の経験から学ぼうとすることは、有効な強みである。そのような例によって、地方自治体は実務に対する見識を得ることができ、同じような誤りの再発防止につなげることができる。専門ネットワークおよび、欧州防犯ネットワーク、地方自治体協議会の欧州部門や国際部門、公認環境衛生協会のようなオンラインによる意見交換や公開討論は、非常に貴重な情報源である。政府の社会調査部門によって開発された政策ハブ（ウェブサイト）は、公共政策を形成し提供する方法を向上させることが意図されており、国際比較ツールを構築している。このツールのオンライン情報は、諸外国における取組に関心を示す政策担当者の学習を支援することを意図されている。

142　自治体監査委員会は、イノベーションの取組からの学びを促進させる役割を担う。自治体監査委員会は、改善開発庁や英国勅許公共財務会計協会（Chartered Institute of Public Financial and Accountancy）、地方自治体リーダーシップ・センターとともに改善ネットワークのパートナーである。自治体監査委員会は、地方自治体の管理者を実務的に支援し、地方自治体の改善プロセスを支援するツールを提供する。イノベーションからの学習は、監査機能や検査機能を通し

て認識され、イノベーション・ネットワークを通じて、地方自治体間の共有が確保される。自治体監査委員会は、現地調査から得られたイノベーションの詳細な 10 の事例研究をウェブサイトで公開している。

【注】
(1) Department for Communities and Local Government, *Strong and Prosperous Communities ; The Local Government White Paper,* 2006.
(2) Department for Communities and Local Government, *Strong and Prosperous Communities ; The Local Government White Paper, Making it Happen : The Implementation Plan,* 2007.
(3) Prime Minister's Strategy Unit, *Building on Progress : Public Services,* Cabinet Office, 2007.
(4) Duffy B, Robey R, *Ratings of Economic and Public Policy from the Ipsos MORI International Social Trends Monitor in Britain, the US, France, Germany, Spain and Italy,* 2006.
(5) Mulgan G, Albury D, *Innovation in the Public Sector,* Cabinet Office, 2003.
(6) Hartley J, *Innovation and Its Contribution to Improvement,* Department for Communities and Local Government, 2006.
(7) Public Audit Forum, *Implications for Audit of the Modernising Government Agenda,* 1999.
(8) Sir Michael Lyons, *Place-shaping : A Shared Ambition for the Future of Local Government,* Lyons Inquiry into Local Government, 2007.
(9) Newman J, Raine J, Skelcher C, *Innovation and Best Practice in Local Government : A Research Report,* Institute of Local Government Studies, University of Birmingham, 2000.
(10) Brannan T, Durose C, John P, Wolman H, *Assessing Best Practice as a Means of Innovation,* Paper to the Annual Conference of the Urban Affairs Association, Montreal, Canada, 2006.
(11) Sir Peter Gershon, *Releasing Resources to the Front Line : Independent Review of Public Sector Efficiency,* HMSO, 2004.
(12) Borins S, *The Challenge of Innovating in Government,* PricewaterhouseCoopers Endowment for the Business of Government, 2001.
(13) Osborne S, Chew C, 'The once and future pioneers? The Innovative Capacity of Voluntary Organisations and the Provision of Public Services : A Longitudinal Approach',

*Public Management Review* Vol.10, No.1, pp.51-70, 2008.
⑭ Audit Commission, *Governing Partnerships : Bridging the Accountability Gap,* 2005.
⑮ Hartley J, Rashman L., 'How is Knowledge Transferred Between Organizations Involved in Change?', in Wallace M, Fertig M, Schneller E（eds）, *Managing Change in the Public Services,* Blackwell, pp.173-192, 2007.

【訳者注】
＊1　VFM とは、最少の経費で最大の効果をあげることを示す。
＊2　包括的業績評価とは、2002 年度に導入された包括的な自治体の業績を評価する制度である。
＊3　ビーコン・スキームとは、1999 年に中央政府が優れた業績を達成している地方自治体を「ビーコン・カウンシル」と認定し、その先進的な取組を他の地方自治体に普及させることを目的とした制度である。包括業績評価の廃止に伴い、2009 年 3 月までの 10 ラウンドでビーコン・スキームは廃止され、2010 年からローカル・イノベーション・アワード・スキームとして引き継がれている。新制度では、ベスト・バリュー制度の対象となっている自治体を表彰するだけでなく、警察や消防といった機関、地域組織や自治体間のパートナーシップの取組にもその対象を拡大している。
＊4　改善開発庁は、地方自治体協議会の下部組織であり、1998 年に地方自治体管理委員会に代わる組織として設置された機関である。その目的は、中央政府や地方政府の公共サービスの改善や業績向上に向けた助言や支援を行うことである。しかし、改善開発庁は、コスト削減を目的として 2011 年 6 月に地方自治体協議会に統合されている。
＊5　公監査フォーラムとは、1998 年から英国会計検査院によって開催されている公監査の開発作業に焦点をあてたフォーラムである。このフォーラムは、イングランド、スコットランド、ウェールズおよび北アイルランドの監査機関で構成されている。このフォーラムの主要な役割は、公共部門を対象とした協議や助言を行うことで、公共部門における妥当性およびガバナンスの課題に関して支援を行っている。
＊6　社会学でいう個人化とは、社会における個人の位置づけを示し、権利上の自立を意味する。
　　澤井敦『個人化社会』青弓社、2008 年、197-200 頁。
＊7　シェアード・サービスとは、複数の組織で共通している業務を統合させることで業務効率化を図る手法である。英国では、2004 年に財務省により公表されたガーション報告書（'Releasing Resources to the Front Line'）において、契約や購買

手続などの共同モデルを複数組織で活用することで、事務部門の効率化を図ることが示された。

*8　コミットメントとは、献身、義務に対する責任、果すべき約束を意味する経営用語である。

*9　イングランドの地方自治体構成では、一層制と二層制が混在している。一層制は大都市圏に存在するメトロポリタンと非大都市圏に存在するユニタリーがある。二層制はカウンティーとディストリクトであり、カウンティーは日本の都道府県に相当する広域自治体であり、ディストリクトは基礎自治体に相当する。ロンドンは、グレーター・ロンドン・オーソリティーと32のロンドン特別区と一つのシティで構成されている。

*10　ポジショニングとは、顧客の視点から組織の立ち位置を見直すことを意味するマーケティング用語である。

*11　ベスト・バリューは、2000年4月に公共サービスのコスト削減と品質向上を経済的、効率的に達成することを目的とした制度である。ベスト・バリュー・レビューでは、5年ごとに設定する業績指標に基づき、ベスト・バリュー事業計画を作成し、挑戦（Challenge）、比較（Compare）、協議（Consult）、競合（Compete）の4Cの視点で毎年見直しを行っていた。

*12　BPRは、組織改革のために既存の作業方法やルールを抜本的に見直し、プロセスの視点で職務、業務フロー、管理機構、情報システムを再設計するという概念である。

*13　緑のごみ制度とは、庭園の廃棄物処理計画である。

*14　気候変動税とは、2001年に中央政府によって温暖化ガス排出削減戦略の一環として導入された環境税である。温暖化ガス排出削減の地域目標を達成することによって気候変動税が免除される。

*15　議員シャドーイング・スキームとは、少数派議員を増加させることで議会での意思決定に、黒人や少数民族の少数派の意見を反映させる制度である。イングランドでは、ブリストル市が初めてこの制度を導入した。その背景には、ブリストル市には、多くの黒人や少数民族が在住しているため、彼らの意見を公共サービスに反映させることが意図されている。

*16　2009年4月にイングランドの地方自治体再編が行われ、9つのユニタリー（チェシャー県、ベッドフォードシャー県、コーンウォール県、ノーザンバーランド県、ダーラム県、シュロップシャー県、ウィルトシャー県の県内で合併）が誕生している。このユニタリー化は、二層制で生じる公共サービスの提供主体の不明瞭さの解消と地方自治体規模の適正化を目的としたものである。

Department for Communities and Local Government, *Strong and Prosperous Communi-*

*ties ; The Local Government White Paper,* 2006, pp.62-65 を参考。

* 17　KLOE は、自治体監査委員会によって住宅供給サービスの検査で 2004 年に導入された判断規準であり、効率性と有効性の観点から評価するために一貫した判断規準を示す。
* 18　イージーコネクト情報ハブとは、バーンズリー市、ドンカスター市、ロザラム市、シェフィールド市の 4 つの地方自治体で共同して構築したウェブサイトである。情報拠点として、これらの地域における地方自治体、医療機関、消防機関、ボランティア団体などが提供する情報を共有する。イージーコネクトの目的は、地域住民や企業に情報とサービスを容易かつ革新的な利用手段で提供することである。
* 19　優れた改善実績を有するチャンピオンが、改善活動を先導するリーダーの役割を担う。
* 20　マッチングファンドとは、新規事業を始めるに際して、複数の組織あるいは住民がパートナーとして資金をもち寄ることにより、活動を進めていくことである。
* 21　キックオフ・イベントとは、新たなプロジェクトを立ち上げる際に行うイベントである。
* 22　包括的業績評価では、「優秀（excellent）」「良好（good）」「普通（fair）」「非弱（weak）」「劣悪（poor）」の 5 段階で自治体の評価を行っており、「優秀」と評価された自治体は、優れた業績を有していることが示される。

# 付録 1　方法論

　この研究は、1998年地方自治体監査委員会法第33条に基づき行われたものである。第33条は、地方自治体のサービス提供における経済性、効率性および有効性の向上のための勧告を支える研究に取り組むことを自治体監査委員会に委ねている。

　利害関係者との議論や既存の文献レビュー、継続中の調査に基づき、本調査では13の地方自治体に現地調査を実施した。これらの地方自治体との意見交換は、効果的なイノベーションにとって極めて重要となる要因を特定することに有益であった。

　これらの調査では、アンケート調査によって、地方自治体および消防・救助機関のすべてを検証した（すべての地方自治体の事務総長388人、すべての消防・救助機関の長47人にアンケート調査を行った）。当初、担当職員に連絡をとったが、他の職員の方が回答者としてより適切な場合には、その者を回答者として認めた。

　2006年6月12日から7月13日の期間に274の質問票を回収し、回答率は63％であった。地方自治体の区分、地域、政治的影響および包括的業績評価の評価に関して、事例の分析結果は、総人口のデータを十分に考慮しており、この情報をそのまま活用することができる。

　本調査研究は、Alastair Evansによってなされたものである。プロジェクト事業部長であるJohn Kirkpatrick、外部のアドバイザリー・グループには、継続中の調査フレームワークや調査結果を支援していただいた。自治体監査委員会は、本調査にご協力いただいた方々すべてに感謝を申し上げたい（**付録2**に掲載）。しかし、この報告で示した考えは、自治体監査委員会独自の考え方である。

# 付録2　本研究で取り上げた組織

## 現地調査

Barnsley Metropolitan District Council（バーンズリー市）

Basingstoke and Deane Borough Council
　　（ベージングストーク・アンド・ディーン市）

Breckland District Council（ブリックランド市）

Bristol City Council（ブリストル市）

Forest Heath District Council（フォレスト・ハース市）

Merseyside Fire and Rescue Authority（マージーサイド消防機関）

Middlesbrough Council（ミドルズブラ市）

New Forest District Council（ニューフォレスト市）

London Borough of Sutton（サットンロンドン特別区）

Test Valley Borough Council（テスト・バレイ市）

Wiltshire County Council（ウィルトシャー県）

Woking Borough Council（ワーキング市）

Wolverhampton City Council（ウォルヴァーハンプトン市）

## アドバイザリー・グループ

Adrian Barker（エイドリアン・バーカー）改善開発庁

Tony Bovaird（トニー・ボベール）バーミンガム大学地方自治研究所

Stephen Dodson（スティーブン・ドッドソン）コミュニティ・地方自治省

Helen Goulden（ヘレン・ゴールデン）コミュニティ・地方自治省

Jean Hartley（ジェーン・ハートリー）ウォーリック大学

Peter John（ピーター・ジョン）マンチェスター大学

Ingrid Koehler（イングリッド・ケーラー）改善開発庁
Paul Rigg（ポール・リグ）イノベーション・フォーラム
Chris Skelcher（クリス・スケルチャー）バーミンガム大学地方自治研究所

第 **II** 部

# 情報への精通
優れた意思決定のための情報利用
（討議資料）

In the Know
Using Information to Make Better Decisions
a Discussion Paper

地方自治体監査委員会
Audit Commission

# 要旨

**意思決定者が情報を有効に利用したとき、地方公共サービスは改善される。**
・地方公共サービスの質とコストは、多くの人々の意思決定に委ねられている。たとえば、利用者による選択、専門職の判断、管理職による優先順位の設定、政治家による資源の配分があげられる。
・意思決定に情報を有効利用することによって、より優れた地方公共サービスを提供することができる。ニート（教育・雇用・訓練を受けない若者）の減少や、到着する救急車の早さまで、さまざまな事例があげられる。改善事例として、違法チラシを90％削減させた事例や、図書館の会員数を58％増加させた事例が取りあげられている。
・CPAの格付けが、3つ星または4つ星である地方自治体の3分の2が情報を効果的に利用しているのに対して、1つ星または2つ星の地方自治体は10分の1しか効果的に利用できていない。

**情報は意思決定に関する目的適合性を必要とする。**
・異なる意思決定にはそれぞれ異なった情報を必要とし、どのような情報が意思決定の目的に適合しているか判断することは容易ではない。
・業績指標だけでは重要な意思決定に適応できない。
・情報の集計（たとえば地理的、時間的）、さまざまな情報源からの情報利用、情報共有は、より優れた全体像を映しだす。

**良質のデータが良質の情報の基礎となる。**
・一度入手されたデータは、繰り返し利用されるべきである。
・データは意図する目的に対して十分な正確性をもったものでなければならな

い。しかしながら、必要以上に正確性をもったデータは、コスト面で効率的でないだけでなく、その他の意思決定に利用できない。
・意思決定者は、必要な情報をいかに早く、どれだけ集めるかを判断する必要がある。情報によっては更新する必要があり、リアルタイムに利用可能なものもある。しかしながら、多くの政治的、財政的、および、戦略的問題では、即時性よりゆっくりと時間をかけて傾向（トレンド）を理解することが重要となる。

**情報の提供には正確な説明が重要である。**
・目的適合性が高く、良質の情報であっても、提供された情報を意思決定者が理解できなければ有用でない。
・どのように情報が提供されるか、また、どのように説明されるかが、情報に基づく意思決定に影響を与える。
・それゆえ、情報の提供方法は、聞き手と意思決定の両方について考慮する必要がある。

**優れた情報を利用するためには、意思決定者と分析者に特有の専門能力が必要である。**
・意思決定者は、必要とする情報を特定しなければならず、情報を正確に理解しなければならない。
・情報の供給には、優れた分析と提供に関する専門能力を必要とする。
・優れた分析と提供に関する専門能力が不足していると指摘されている。

**いかなる意思決定を行う場合にも、人々は常に情報を注意深く考慮しなければならない。**
・地方公共サービスに関する重要な意思決定を行う者は、より適切かつ明瞭な情報を求めるべきである。
・公共団体は、情報が目的に適合し、効果的に利用されているかを評価しなけ

ればならない。
- RQP（Relevance, Quality, Presentation）として取りまとめられる目的適合性、品質、および、提供方法は、有効な情報利用にとって重要な特質である。

情報の利用方法の改善を求める者のために、本報告書の公表に引き続いて、地方自治休監査委員会は新たな調査を実施し、公表する予定である。

# 公共サービスを提供する管理職のためのチェックリスト

組織は、目的に適合した必要情報をもっているか。
・上層部の意思決定者が必要としている情報を、どのようにして判断するか。彼らは、どのようにしていかなる情報が必要であると判断するか。必要な情報が有効に提供されているか、そうではないか。
・地域に影響する意思決定を、その地域の情報を基に行っているか。
・業績に関する評価指標や目標だけでなく、コスト傾向、競争者、および、世論といった情報を意思決定のための資料に含んでいるか。
・組織内で、またはパートナーと、安全かつ生産性が向上できる形でデータの共有が図られているか。

組織の情報は、良質なデータに基づいているか。
・意思決定者は、近年の重要な意思決定に関して、情報の基礎となるデータ品質に、どれほどの確信をもっているか。
・意思決定者は、必要とされる情報の正確性や適時性の程度をどのように判断しているか。

組織情報をうまく提供できているか。
・上層部の意思決定者が容易に理解、解釈できる方法で情報を提供しているか。
・どのようにして提供方法を改善するか。上層部の意思決定者は、提供情報に対する有益なフィードバックを行っているか。

**組織は、十分な専門能力をもっているか。**
・情報を理解するうえで、上層部の意思決定者にはどのような専門能力が必要か。どのようにして専門能力を向上することができるか。
・情報を分析し提供する時、どのような専門能力が不足しているか。どうすれば専門能力の不足に対処していけるか。

**組織はどの程度情報を評価しているか。**
・組織が正しい情報をもち、有効に利用していることを、どのくらいの頻度で検証するべきか。また、その検証から、何を学ぶべきか。

## 1　はじめに

1　本報告書は、地方自治体監査委員会の他の研究とは性質が異なるものである。問題を分析し解決策を提示するのではなく、本報告書の目的は、意思決定を行う際に利用する情報について、検討する機会を提供するものである。人々は異なる役割、専門能力、および、背景をもっているため、すべての事柄に適合する統一された方法はない。

2　議論の中心はシンプルなものである。公共サービスの質とコストは、非常に多くの意思決定者に委ねられている。市民、専門職、管理職、および、政治家は、すべて公共サービスに影響を与える意思決定を行っている。公共サービスの意思決定において、情報をより有効的に利用すれば、サービスは改善される。

3　本報告書は、公共サービスの改善において、情報が活用された多くの事例を提示する。たとえば、違法チラシの90％削減、ニートの減少、図書館を利用する会員数の58％増加などがある。

4　情報活用によって、競争優位性を発展させた民間企業の事例は多くある。たとえば、テスコ[*1]は、英国においてクラブカードを利用した1,300万以上におよぶ世帯の購買行動を10年以上追跡し、顧客とその行動に関する多くのデータを有効に利用している（参考文献1参照）。

5　政府やその他の機関においても、このシンプルな議論は広く認識されている。たとえば、2006年地方自治白書（参考文献2参照）では、新たな業績評価

制度の提供について以下のように示されている。

「明瞭な情報 – それは、市民、地方自治体、パートナー、および、政府という当事者にその地域に関する情報を提供し、他地域の業績との比較可能性を有している」。

6　しかし、このシンプルな議論の背景には、複雑な真実がある。意思決定を行うときに入手できる情報は、期待されるような、目的適合性があり、完全かつ正確で、タイムリーなものでは決してないだろう。意思決定者は、利用可能であればどのような情報でも受け取ってしまうため、適切な結論を導きだすには不十分であることが多い。その結果、情報は意思決定者を誤った方向に導く。中央政府が業績評価に関して情報を求めることは、地方政府レベルでは意図しない批判的な結論を生む可能性がある。

7　情報にはコストがかかる。基礎となるデータは、目的に照らして十分な正確性をもつものでなければならない。データは、収集・保存・利用・分析されて、有益な情報として提供される。迅速性、正確性、および、完全性、そして、情報共有は、情報を利用する者にとってすべて望ましいことである。しかしながら、すべてコストがかかる。公共サービスを経済的、効率的、かつ、有効的に提供するためには、情報が必要であると広く認識されている。その一方で、それほど利用されていなかったり、十分に理解されていないデータや情報の収集のために、あまりにも多くの公金が浪費されている。

8　本報告書は、公共サービスの意思決定者がより良く明瞭な情報を求めることに、役立つことを目的としている。その背景にある原則は、公共サービスの運営、フレームワークの設定、他者への説明責任など、重要な意思決定を行う人々を対象としたものである。それは、公共サービスを利用し、その対価を負担する者にとって明確な根拠を示すものである。実際、民間企業の財務や経営の担当者、規制を実施する者、および、商品の購入者に対しても、この原則は

通用するものである。したがって、本報告書の事例には意図的に多くの異なる情報源からの事例が記載されている。

9 本報告書の主要なテーマは、意思決定の目的を達成するために必要な情報をより有効的に活用することが、公共サービスを改善するということである。したがって、公共部門のどのような立場においても、受け取った情報に注意深く接するべきであり、常に敏感に対応していくべきである。

10 地方自治体監査委員会は、公共サービスの改善を支援するための研究を常に行っており、公共サービスの改善のため、情報利用の方法に長期的視点から関心をもち続けている。近年は、監査人による地方レポートや地方自治体監査委員会の報告書において、意思決定に利用される情報の基となるデータ品質を保証する監査手法の整備に関する研究について報告している。地方自治体監査委員会は、公共部門におけるデータの質的な改善に役立つフレームワーク[1]をすでに公表している（参考文献3参照）。

11 情報が作り出され、提供され、意思決定に利用される過程について、地方自治体監査委員会はどのように検査するか、ということについて本報告書で示している。現在のところ、それは依然として理論的なものであったり、体験に過ぎなかったり、研究途上の段階にある。地方自治体監査委員会は、読者からの意見とフィードバックを求めている（パラグラフ95参照）。

12 本報告書が公表された後、地方自治体監査委員会は、より詳細な調査を実施し、情報利用方法の改善に役立つ実務書を発刊する予定である。

## 2 優れた情報とは、優れた意思決定とは、そして優れた業績とは

13 優れた情報は、意思決定の改善に役立つこととなり、結果的に公共サービスの改善を導く。優れた情報は、不確実性を減少させるため、意思決定に関連するリスクを減少させる。多くの事例で、優れた情報利用が、どのように優れた地方公共サービスを導くか示されている。

a) ロンドン特別区における 2004 年から 2007 年にかけてのニート状態である若者の減少率は、国全体の平均を超えるものであった。大ロンドン市こども・若年世代担当部（the Children and Young People's Unit at the Greater London Authority）のために実施された研究が、いくつかの手法を生み出した。「ニート状態である若者をとりまく環境やニートとなってしまう要因に関する分析、観察、および、理解」に利用される情報の改善を行った。さらに、ニートとなる危険性のある生徒の授業への出席率、授業への参加態度、学校の成績についての情報や、地域の学校がこうした生徒に果たすべき貢献についての報告が行われた。測定されたこれらの数値が、ニートとなる危険性のある若者に対して、学校が力を入れて実施すべき支援策の決定に明らかな違いをもたらしている、と報告書は示している。この報告書に基づく「脱落しそうな」若者への適切な一連の支援およびその発展が、ロンドンにおけるニートである若者の大幅な減少に貢献し続けている（参考文献 4 参照）。

b) ミドルズブラ[*2] では、警察の犯罪発生データを分析し、反社会的行動の多発地域を特定した。犯罪発生データには、落書きや違法チラシ、放置されたバイクや監視カメラ映像が含まれている。多発地域へ集中的に展開し、目標化を行うことによって、犯罪の可能性や反社会的行動を減少させた。たとえば違法チラシは 90% 以上減少した（参考文献 5 参照）。

c) サットン・ロンドン特別区では、来館者と借りる本についての情報分析を

行い、図書館利用者のニーズの把握に取り組んだ。調査の結果、図書館訪問者の平均滞在時間は、わずか9分から13分であることがわかった。利用者がセルフサービスで本を借りることができるように改善し、人気のある本のほとんどを複数冊書架に置くことによって、利用者が本を利用しやすくなるよう改善した。これによって、国の全体的な傾向をもろともせず、15%の貸出量と58%の会員数を増加させた。(出典：地方自治体監査委員会)

d) ロザラム大都市圏市では、7つの戦略的コミュニティの特徴と優位性を表した地域プロファイルを作成した。フォーカス・グループ調査や住民会議による定性的な情報と、国勢調査、政府による地域統計、県や他のパートナーが作成した業績管理データベースといった定量的情報を組み合わせた。地域のパートナーは、政策とサービスの実施を知らせるために、プロファイルを利用した。その結果、住宅サービス、地域監視員とソーシャルワーカー間の関係が改善され、英語を母国語としない子どもたちへの追加的支援を実施した。(出典：地方自治体監査委員会)

e) ウェールズの救急NHS信託では、カテゴリーA[*3]への8分以内の対応を55%から64%へと向上させ、マージー・地域救急サービス・NHS信託では、70%から75%へと向上させた。管理職会議において、業績情報の問題を検討し、業績課題に対して最新の業績情報を利用するという業績管理の改善アプローチを行った結果であった。(出典：参考文献6およびランドマーク・コンサルティング（未出版）)

14 民間企業の競争優位を獲得するための活動については、多くの事例がある。そのうちのいくつかを付録2で示している。

## 情報の不適切な利用

15 情報の不適切な利用とは、改善機会をとらえられなかったり、最悪の場合、非常に困難な状況を招いてしまうことである。ここでは、情報が利用されなかった事例や、効果的でない利用の事例をいくつか示す。本報告書の他の事例に

おいても、情報の不適切な利用事例を示している。

16　ソーハム殺人事件[*4]に対するビチャード調査（参考文献7参照）の結果は、厳しい内容であった。

　「失敗の大きな原因は、ハンバーサイド警察と社会福祉組織が、ハントレーの行動パターンをすぐに特定することができなかったことである。双方が各々の解決策を講じようとし、社会福祉組織と警察は、情報を共有することがなかった。ハンバーサイドの警察長官が、その事実を認めたように、ハンバーサイド警察が運営する情報システムにおいて『組織的・協力的』な失敗があった」。

17　地方自治体監査委員会が公表した2002年度における41のNHS信託に関するレビューでは、次のとおり示されている。

　「3つのNHS信託において、待ち時間に関する情報に意図的な報告ミスを発見した。多くの場合において、それらのミスの程度は個々の患者に重要な影響を与えるものではない。しかしながら、NHS信託は患者本位でない診療を行う可能性がある。たとえば、急患窓口に回るように促したり、患者が来なかった時には、順序を入れ替えたりすることがあった」（参考文献8参照）。

18　業績指標の不適切な利用方法として、事例1のような歪んだ動機によるものがあげられる。

　**事例1. 開発許可申請に関する業績指標**
　　開発許可申請における可否決定の速さは、地方自治体の業績指標に含まれている。地方自治体の業務の進捗速度を示す指標は、申請者が受けるサービスに非常に良い影響を与えるものである。しかしながら、不適切な結果を生んでいる事例が散見される。開発許可申請にかかる時間を減らす方法の1つとして、事前協議の際に開発許可申請自体を拒否する方法があげられる。また他の方法として、8〜13週に設定された（許可に要する日数

の）目標が達成可能でない場合に、地方自治体が申請者に申請を取り下げるように促すことがあげられる。どちらも、申請者にとっても、制度の効率性向上にとっても有益でない。しかしながら、地方自治体監査委員会は、こうした2つの取り扱いが実際に行われ、かつ増加している証拠を発見している。一部の地方自治体においては、近年行われてきた迅速さを求める業績指標の傾向が、結果的に利用者に対するサービス水準を低下させていると、地方自治体監査委員会は再度指摘している（参考文献9参照）。

出典：地方自治体監査委員会

## より効果的な情報利用

19　情報利用は、もっと改善することができる。2006年の包括的業績評価では、優れた業績をあげたと評価された地方自治体は、評価が低い地方自治体よりも、情報利用が有効に行われていた。一層制や県[2]の地方自治体に関するコーポレート・アセスメント[3]において、45%の地方自治体で、良好もしくは優秀な情報利用が明らかとなった。しかしながら、良好もしくは優秀な情報利用の地方自治体は、4つ星を獲得した地方自治体においては70%、3つ星の地方自治体においては61%であるのに対して、1つまたは2つ星の地方自治体に

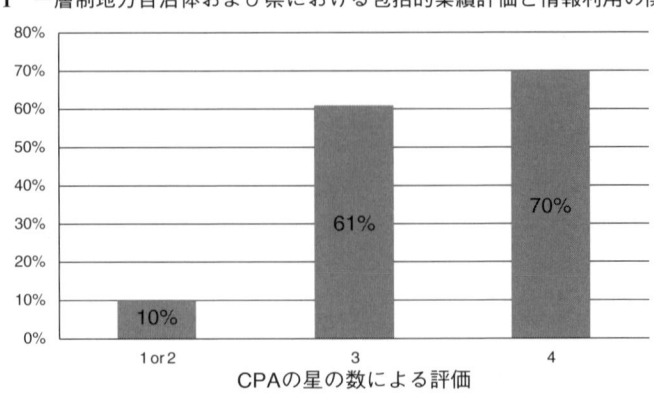

図1　一層制地方自治体および県における包括的業績評価と情報利用の関係

| CPAの星の数による評価 | 割合 |
| --- | --- |
| 1 or 2 | 10% |
| 3 | 61% |
| 4 | 70% |

おいてはわずか 10% だった（図 1 参照）。

20　コーポレート・アセスメントでは、半数を超える地方自治体において、不適切、または、（目的に）適合しない情報の利用方法があることも示された。組織の中枢を支援する優れた情報利用の例は、評価全体のわずか 8% であった。その一方で、70% を超える地方自治体が共有する優先事項として、情報改革への前向きな取り組みを選択しており、多くの地方自治体において情報利用を改善する展望があることが示唆された。

21　情報利用の変化は、コーポレート・アセスメントにおける情報利用の優れた事例および良くない事例として、図 2 に示されているとおりである。

22　地方自治体監査委員会では、情報の効果的な利用を促進することに着目したさまざまな内容の報告を行っている。2007 年だけでも、中心テーマとして取り扱ったものには次のようなものがある。
・移住してきた人々が地域に与える影響への対応（参考文献 10 参照）
・道路の維持管理（参考文献 11 参照）
・特別な教育を必要とする子どもたち（参考文献 12 参照）
・財政運営への医師の参加（参考文献 13 参照）
・子どもの不慮の事故防止（参考文献 14 参照）
・ボランタリー部門からのサービス委託（参考文献 15 参照）
・地方公共サービスの改善を目的とした競争と競争可能性（参考文献 16 参照）

23　本報告書で示されている事例は、もし地方自治体が正しい情報をもち、それを最大限に利用すれば、多くのことが達成されることを示している。本報告書の後に行われる調査では、それをどのように実施すべきかという点についてより明らかにする予定である。

図2　コーポレート・アセスメントにおける情報活用の優れた事例または良くない事例

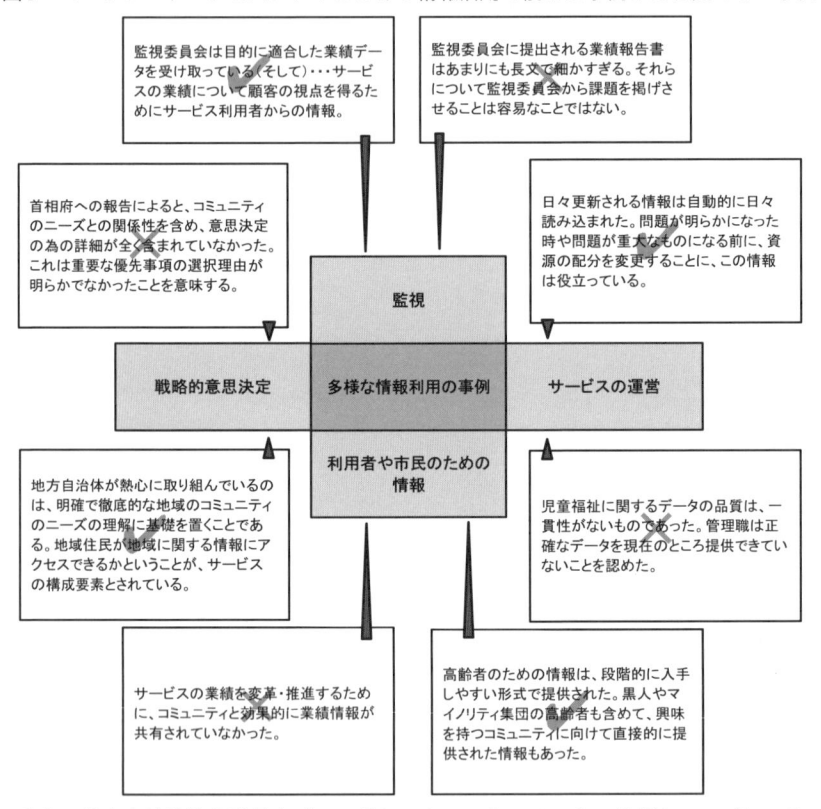

- 監視委員会は目的に適合した業績データを受け取っている（そして）…サービスの業績について顧客の視点を得るためにサービス利用者からの情報。
- 監視委員会に提出される業績報告書はあまりにも長文で細かすぎる。それらについて監視委員会から課題を掲げさせることは容易なことではない。
- 首相府への報告によると、コミュニティのニーズとの関係性を含め、意思決定の為の詳細が全く含まれていなかった。これは重要な優先事項の選択理由が明らかでなかったことを意味する。
- 日々更新される情報は自動的に日々読み込まれた。問題が明らかになった時や問題が重大なものになる前に、資源の配分を変更することに、この情報は役立っている。

【中央図】
監視
戦略的意思決定　多様な情報利用の事例　サービスの運営
利用者や市民のための情報

- 地方自治体が熱心に取り組んでいるのは、明確で徹底的な地域のコミュニティのニーズの理解に基礎を置くことである。地域住民が地域に関する情報にアクセスできるかということが、サービスの構成要素とされている。
- 児童福祉に関するデータの品質は、一貫性がないものであった。管理職は正確なデータを現在のところ提供できていないことを認めた。
- サービスの業績を変革・推進するために、コミュニティと効果的に業績情報が共有されていなかった。
- 高齢者のための情報は、段階的に入手しやすい形式で提供された。黒人やマイノリティ集団の高齢者も含めて、興味を持つコミュニティに向けて直接的に提供された情報もあった。

出典：地方自治体監査委員会『コーポレート・アセスメントの分析』2005年12月〜2007年6月。

## 3　意思決定

24　地方公共サービスにおける多くの意思決定は、良い影響または悪い影響をサービスに与える。意思決定には、利用者が行う選択、専門職が行う判断、管理職によるプロセスの改善、および、政治家による資源配分があげられる。

25　異なる意思決定は、それぞれ特有の要素をもち、意思決定を行う個人・組織と同じく、意思決定が行われる環境からも影響を受ける。たとえば、どのような社会福祉サービスを提供するかについて議員が意思決定を行い、ソーシャル・ケア・ワーカーや管理職がどのようにサービスを提供するかの意思決定を行い、市民はどのサービスを利用するかの意思決定を行う。異なるそれぞれの立場において必要とされる情報は、必然的に異なったものとなる。

26　行われた意思決定の透明性は、意思決定において適切な情報が利用されることを確実にする第一歩となる。表1は、完全なものではないが、地方自治体における意思決定の多様性と求められる情報を示している。表中の諸点は、地方自治体を対象としているが、その原則は、幅広く適用可能である。

27　表1のフレームワークは、単独でサービスを提供する組織に関する記述が中心となっている。しかしながら、多くの意思決定は、パートナーシップを形成する過程で、または、それを通じて行われている。2007年地方自治・保健サービスへの住民関与法（*Local Government and Public Involvement in Health Act 2007*）を受けて、地域協定（LAA）の発展や地域との協働の必要性が強化されることとなった。これは意思決定のプロセスをより複雑なものにする。
a）　パートナーの問題、異なった戦略、さらに、使用される用語さえも理解す

る
   b) パートナーのもつ異なる仕事の進め方やガバナンスについて調整を図る
   c) 優先事項に関する見解の相違を調整し、それらの中から最優先事項を決定する
   d) パートナーとの情報を共有し、ともに分析する
   e) 利用者は誰から必要とする情報を得ればいいのか
28 すなわち、多様な意思決定にはそれぞれに適した情報が必要であり、適切な情報提供を行うための第一歩は、意思決定自体を理解することである。

表1 地方公共サービスについての意思決定の例

| 意思決定のタイプ | 例 | 意思決定者 | 意思決定の例 | 必要とされる情報の例 |
|---|---|---|---|---|
| 戦略 | 権限の付与 | 選出議員 | 地域サービスが適正であるかについての決定 | ニーズにあったサービスの業績に関するデータ |
| | 優先事項の決定 | 選出議員 | サービスに対する予算の決定 | 地域住民の優先事項を示す証拠 |
| | 歳入の増加 | 選出議員 | カウンシル税と受益者負担金のバランスの設定 | 歳入増加を見込める受益者負担金に関する情報 |
| | サービスの配置 | 地域の管理職 | 地域ニーズに合った配置方法の検討 | それぞれのサービスモデルの内容と供給者の種類に関する情報 |
| 監視 | 選挙における説明責任 | 有権者 | 地方選挙での投票 | 地方自治体が提供した業績についてのこれまでの経験 |
| | 業績に対する説明の持続 | 監視委員会 | 解決困難な問題へのレビュー | 指摘と改善要望 |
| | 業績評価 | 検査人と規制監督者 | 地方自治体監査委員会のコーポレート・アセスメント | 業績情報 |
| | 保証の提供 | 内部または外部監査人 | 会計に関する監査人の判断 | 会計情報 |
| 経営 | 業績評価 | 管理職 | （VFMを含め）望まれるアウトプット／アウトカムをサービスが提供しているかの評価 | 目標や期待値に対する業績 |
| | 業績改善 | 管理職 | サービス改善のための資源の配分方法 | 業績の比較 |
| | サービスの設計と提供 | 専門職 | 利用する個人または集団に対する提供方法の選択 | コミュニティ内の多様な集団におけるニーズの把握 |
| | 運営 | 運営管理者 | 現場でのサービス提供方法 | 比較業績情報 |
| 取り組みとサービスの利用 | サービス提供への参加(不参加) | 市民 | 学校評議員になるかどうか | 役割の詳細な内容と必要時間 |
| | サービスの利用 | 利用者 | 任意のサービスを利用するかどうか（たとえば、運輸、娯楽、図書館サービス） | サービス利用時の負担金額 |
| | サービスの選択 | 利用者 | 学校の選択 | OfSTED報告書 |
| | サービスの利用方法 | 利用者 | 利用するサービス・チャネルの選択 | 地方自治体が発行するサービス要覧 |
| | サービスの乱用 | 市民 | 資源の浪費（たとえば予約の取り消し） | サービス乱用に対する罰則 |

出典：地方自治体監査委員会

## 4　情報の特質：目的適合性、品質、提供方法

29　第3章で述べたように、意思決定にはそれに適した情報を入手する必要がある。意思決定によって大きな変化が起こる場合に、情報が重要となる。たとえば、背景や個々のサービス利用者、マネジメント・プロセス、コスト、インプット、アウトプット、業績といった情報が適した情報になる可能性がある。情報やその基となるデータは、定性的なものと定量的なもの、測定可能なものと感覚的なもの、リアルタイムなものと過去のもの、加工されていないものと解釈されたもの、分離されたものと集合されたものなど、多様な形を取る。業績指標や測定、目標、マネジメント情報、データ、アウトカム、および、基準は、たびたび同じような意味で用いられる[4]。いかなる意思決定であっても、適切な情報を選択することは容易でなく、注意深く検討する必要がある。

30　しかしながら、意思決定に必要な情報は、いくつか共通した事柄をもつ。データの収集や情報の作成、意思決定のために情報を使用するといった主要なプロセスは、図3に簡単に示されている。

31　意思決定の改善のために、どのように情報を利用すべきかということについて、本報告書は焦点を当てている。図3が示すように、データと関連する問題を詳細に取り扱うものではなく、またデータを収集し、蓄積し、それを伝達するために必要な情報システムを対象とするものではない。同様に、民主主義における意思決定プロセスに関連した複雑な問題に言及するものでもない。これらはすべて、それぞれの領域において議論が行われるべき問題である。

32　ウェンズベリ原則（1940年代後半の判例から作られた公共部門による法的

な意思決定の原則）の下では、行政上の意思決定は、すべての関連する要因に注意を向けるべきであるが、しかし、関連しない要因については考慮してはならないとしている。「合理性」のテストを通過する必要があり、非合理的な意思決定者が決定を行うといった非合理さがあってはならないとされている。必要とする情報を検討する時には、意思決定者はこの原則を適用すべきであり、利用可能な情報をどのように確認するか、容易に解釈可能な方法で正しい情報が提供されているかを検討すべきである。つまり、事例 2 が示しているように、情報を提供する者に、さらに要求する必要がある。

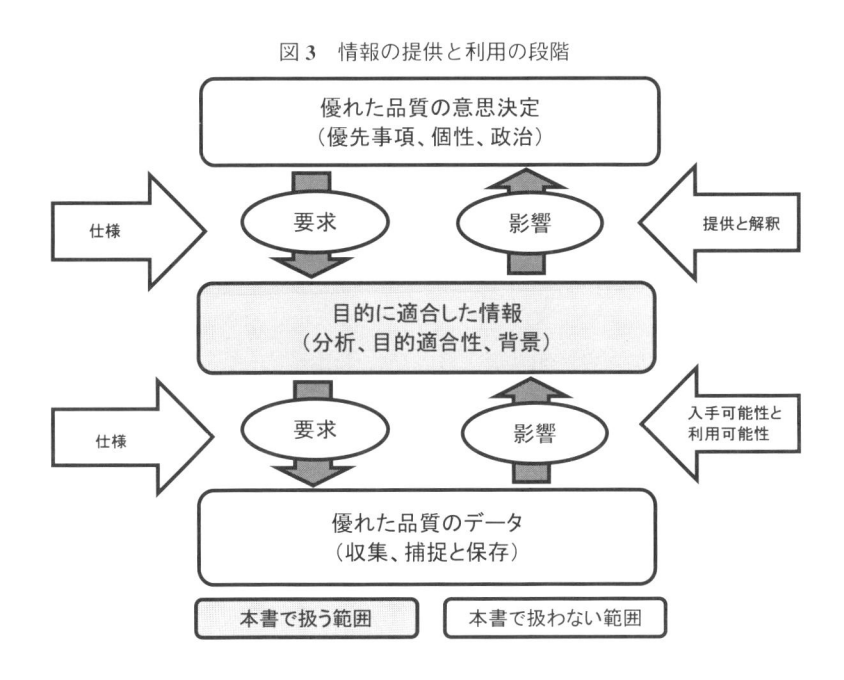

図3　情報の提供と利用の段階

```
                    優れた品質の意思決定
                    （優先事項、個性、政治）

  仕様 →    要求       影響      ← 提供と解釈

                    目的に適合した情報
                    （分析、目的適合性、背景）

  仕様 →    要求       影響      ← 入手可能性と
                                   利用可能性

                    優れた品質のデータ
                    （収集、捕捉と保存）

              本書で扱う範囲   本書で扱わない範囲
```

**事例 2.** 政治家は情報の乏しさに寛容であるが、本当は情報提供者に情報を求めるべきである。

　　パブリック・インタレスト・リポート（PIR）は、任命された監査人が、監査において注意を示した重要な事柄についてのレポートである。い

くつかの PIR では、重要な意思決定の前に議員に提供される情報は、不十分、限定的、または、時機を逸したものであると強調されている。ある事例では、議員がプロジェクトの刷新や構築に内在するリスクを適切に認識することが困難な簡易な情報に基づいた意思決定が行われており、150万ポンドを超える浪費の原因となった。

他の PIR では、議員への不十分で不完全な報告を記載している。その中には、47 の付属書類のついた 31 ページの報告書を読むために、議員に 1 時間しか与えられていない事例があった。これらは、提供された情報に対して議員が検討や批判的な取り組みを行うことを妨げる要因となった。この事例では、このことが、県と民間パートナーとの合弁事業において、200 万ポンドを超える浪費という結果の原因となった。

出典：地方自治体監査委員会

33 意思決定に使用される情報は、明確に示された意思決定の内容に適合するものでなくてはならない。これは、意思決定に関連していて、十分な質を有するものでなければならないことを意味している。情報は、意思決定者が理解できるような方法で、個人の優先事項、および、専門能力、ならびに、利用可能な時間を考慮して、常に提供されなければならない。目的適合性、品質、および、提供方法は、有用な情報の特質である。

## 目的適合性のある情報

34 情報は、意思決定に関する目的適合性を必要とする。理想的には、アウトカムに影響する可能性のある重要な要素をすべて網羅すべきである。しかしながら、実際は部分的または不完全な情報であるかもしれない。このような情報を利用するリスクを、意思決定者は理解する必要がある。その一方で、意思決定者は、選択肢を限定したり、提案されるいくつかの行動方法の潜在的な意味を誤って判断したりするかもしれない。目的適合性のない情報は、混乱や判断誤

りの原因となる。

35　目的に適合した情報とは何かを判断することは、容易なことではない。地方自治体監査委員会は、判断がどのように行われるべきかについての事例を含む報告書を提供している。しかしながら、次のことに留意しなければならない。つまり、どのレベル（地理的、時間的、情報のタイプ）で集計するかということ、すべての状況を表すためにどの程度の範囲の情報を収集するかということ、業績指標だけに頼らないこと、公共団体とその他の団体の間で情報を共有すること、という諸点である。

**目的適合性を得るために集計された情報**

36　意思決定には、地域情報を基に行われるものもあるが、地域特性とは関連しない情報に基づく意思決定もある。情報は適切なレベルに集計される必要性がある。委員会の『近隣犯罪と反社会的行動（*Neighbourhood Crime and Anti-Social Behaviour*）』（参考文献 18 参照）によると、軽犯罪と反社会的行動は地理的に非常に広範囲で発生しており、近隣地域における犯罪の行動パターンを理解することや、効果的に犯罪を予防することを困難にしている。事例 3 は異なった地理的レベルにおける情報利用の効果的な活用例である。

**事例 3．地理的情報の運用と使用**

　　マンチェスター・サルフォード共同住宅市場再生協議会（Manchester Salford Partnership Housing Market Renewal Pathfinder）は、異なった地理的レベルでの不動産市場を監視し、理解する分析手法をもっている。地理的情報システムを利用した近隣地域状況変化モデルは、各地域における計画や投資状況を監視する別のシステムである近隣地域投資状況地図と関連づけることにより、近隣地域における状況を指標として記録する。

　　出典：参考文献 19

37 データから意味のある情報を作成するためには、時間を軸とした集計が必要とされる場合がある。長期のトレンド・レベルは、長い期間をかけて形成され、新たなサービス形成の意思決定に役立つ。意思決定者は、どのような期間に及ぶ情報を必要とするかを考慮しなければならない。目的適合性と重要な予見を導くような傾向を分析した事例として、事例4のドクター・ハロルド・シップマン[5]とブリストル王立病院[6]の事例を紹介する。

### 事例4. シップマンとブリストル王立病院

調査では、シップマンとブリストル王立病院のケースにおいて、長期的な傾向を検討することによって、異常警告を示すことが可能であったことを明らかにしている。1979年から1997年にハロルド・シップマンの治療を受けた65歳以上の患者と、1984年から1995年にブリストル王立病院で小児科の心臓外科手術を受けた乳児の患者（参考文献20参照）は、医学的に見て合理的でない結果となっていた。調査が明らかにしていることは、合理的な区切りとして1年単位および月単位での死亡率のモニタリングが設定されていれば、ブリストルのケースでは1991年のデータ公表後に警告を発することが可能であった。1985年または1997年のシップマンのケースでも、データを比較対照することによって警告することが可能であった。

出典：参考文献20

38 情報は地理的または時間を通じた方法以外でも集計できる。一般的に、あらゆる問題において、異なるタイプの情報を比較し、分析することが望ましいとされる。

39 すべての種類の情報が、意思決定と目的適合性をもつ可能性がある。有用な情報が、常に数値として表されるとは限らない。意思決定者にとって有用な情報の潜在的要素には、調査結果、整理された経営情報、定性的な報告（サービ

ス品質についてのフォーカス・グループ・インタビュー調査結果など)、地域の文化や習慣についての知識、最先端の知識、予算と決算数値、評価とモニタリング(フィードバックによって提供される情報、意思決定者に判断を許す情報、意思決定後に発生が予想される影響)、監査および検査による報告書がある。目的に合った情報が欠如していることが明らかになるたびに、今までの選択が台無しになることもある。

40　民主主義では、政治は常に正当なものであり、地方公共サービスの形成と運営について判断を示す。支持者の視点を日々調査し、支持者が求めるもの、または、受け入れ可能なことが、議員にとってもっとも重要なことであるかもしれない。しかしながら、議員は競合する事柄を比較して優先順位を決定し、彼らの意思決定において必然となる妥協点の判断に役立つ、目的に適合した客観的な情報を求めている。

**より完全な状況を提供する多様な情報の利用**

41　目的に適合した情報が利用できないことは、たびたび発生する。たとえば、地方自治体監査委員会の『特別な教育を必要とする把握されていない子どもたち(Out of Authority Placements for Children with Special Educational Needs)』(参考文献12参照)の研究では、多くの地方自治体において、ケースファイルから子どもたちの現状を追跡することができないと報告されている。ケースファイルには、法定の調査プロセスに基づく情報が含まれている。しかしながら、他のサービスと子どもとの関わりや民族的な背景について示されていることはまずなく、アウトカム情報とつながっていることもほぼない。同様の例として、公共部門によるスポーツ振興やレクリエーション施策についての意思決定は、十分な情報が欠如したままに行われていることが多い。それらは財務指標のみに注目し、参加の程度や顧客満足といったその他の関連情報を無視している場合がある。

42 これらの問題は、優れた情報の入手や発見、情報の改善によって解決することができる。それが不可能であっても、事例5のように、公共部門は、不完全な一連の情報を創造的に使用することによって、意思決定に役立たせる必要がある。事例が示すように、個々の情報では全体の状況を映しだすことが不可能であっても、それらを同時に見ることによって、意思決定の基礎となる有益な情報に発展させることができる。

**事例 5. 移民労働者の情報**
地方自治体監査委員会の『2007年移民に関する全国調査（*Crossing Boarders national study in 2007*）』（参考文献 10 参照）より

「地方における政策策定の基礎として使用するには、国レベルでのデータでは不十分である。現在の地域における人口予測や多様なデータは、近年の移民労働者の増加を完全には反映していない。誰がどこに居住し、またどれぐらいの期間にわたって滞在しているかについての証拠がなく、特に最近の（EU）新加盟国を中心とする移住労働者の動向について、その傾向が強い」。

「国のデータが充実していないため、適切に対応するために、地方のパートナーは新たな移民の調査を必要とする。しかし、これは一筋縄ではいかない。地方の運営記録は、短期移動者の人口を追跡するには貧弱である。地方自治体のあらゆるデータベースに記録されない移民も存在する。たとえ権利を与えても、彼らは家庭医（**GPs**）[7] または電子記録に、すべて記録されるとはかぎらない。教育サービスを利用するものだけが、例外なく記録されるだろう。地方で何が起きているか理解するために、行政機関は、あらゆる地方の情報源からの情報を使用する必要がある。主要な雇用主や就業斡旋業者、民間の家主などが情報源に含まれる」。

出典：地方自治体監査委員会

43 サービス利用者が意思決定を行う場合にも、同様に考慮すべき点がある。子

どものために学校を選択する保護者は、政府によって収集された学校で実施された公式の試験結果を手に入れることができる。しかし、専門家や政治家によって、その試験結果から導き出された事柄について熱心な議論が行われる。校風や力を入れている分野などを紹介している学校案内が、学校に関する価値ある情報として提供されるが、それらはもっとも良い点に光を当てたものである。OfSTED 評価*8 は、国レベルの基準に対する指導や学習の品質について、独立的かつ一般的に信頼できる見解を提供し、さらに比較を提供している。それぞれの情報源は、特徴的な価値をもつが、その一方でこれら3つの情報を統合することが、情報を利用する保護者の意思決定に役立つ。しかしながら、友達、教師、他の保護者の意見が重要かもしれず、家庭と学校間のバスの頻度やスポーツ、語学、科学、および、演劇に対する学校の方針が重要になることもある。

**業績指標だけに頼らない**

44　歴代の政府は、業績についての情報を集め報告することを地方自治体に求めている。たとえば、地方自治体の業績情報は、市民憲章（1992 年）の下で公表され、近年では 1998 年の公共サービス協定（PSAs）（参考文献 22 参照）や 2000 年のベスト・バリュー業績指標（参考文献 23 参照）の下で公表されている。PSAs では、中央政府の機関に、資源を提供する見返りとして公共サービスの改善目標を設定していた。これは徐々に、地方の運営するサービスにも適用されてきている。

45　地方自治体に業績指標（PIs）を公表させることによって、中央政府が改善すべきと判断した領域における優先項目や設定アプローチに取り組ませ、地方自治体の業績マネジメントが改善されることを求めていた。たとえば、中央政府が当初において改善すべきと考えていた公共サービスは、小学校の基準や健康サービスの待ち時間であった。命令と統制(5)の要素を強く打ち出すことによって、政府が指定した PIs や目標に、明らかに管理職と専門職両者の注意を当てるようにした。命じられた PIs や目標は、ともに地方自治体監査委員会など

の組織からの強制を伴う性格を備えており、その結果多くのサービス改善や公共部門にまたがる有効な情報利用が促進された（参考文献25参照）。

46 しかしながら、強制的に命じられたPIsや目標は、常に問題を含んでいる。以下のような問題があげられる。
  ・正しい指標を得ることが困難である。アウトカム指標がたとえ設定できても、正しい達成度を示す適切な指標は、周知のように設定困難である。
  ・トップダウンの指標や目的は、地域の実状を反映させる余地をまったく与えない。
  ・専門家が考える価値との潜在的相違が存在する場合がある。政府の目標について、行政管理特別委員会（Public Administration Select Committee）（PASC）[9]は医科大学、校長協会、他の専門的基準に係わる団体から、「委員会の設定した目標は、特定の専門的知識や判断についての説明責任を全うできていない」との指摘を受けている（参考文献17参照）。
  ・優先事項の歪曲など、意図とは異なった結果が発生する可能性がある。PASCは「いくつかのケースでは、サービスを改善させることよりも、明らかに外見が良くなるように実施されている」と報告している（参考文献17参照）。

47 2007年包括的歳出見直し（CSR 2007）（参考文献26参照）は、アウトカム達成に必要な優先事項に焦点を当てるPIsの利点を損なうことなく、これまでの手法への批判を改善する方法を検討した。新たな業績評価手法では、地方自治体が198の地域指標を中央政府に報告すると同時に、地域に設定された優先順位に沿って、地域改善指標としてそれらの中から最大35指標だけ（加えて教育と若年世代の法的な目標）を地域協定（LAA）として承認するものである。

48 定義上では、業績指標は対象となる業績だけを評価するものであり、どの業績指標も組織全体の状況を示すものではない。それにもかかわらず、あまりにも業績指標に重点を置いた運営がなされている。地域、中央のどちらで設定し

たとしても、PIs や目標は、サービスの理解や運営、組織改善に必要なすべての情報を提供するわけではない。意思決定者には、他の情報や知識から、業績レベルの詳細な原因について質問したり答えたりする能力が必要である。たとえば、企業は直接的な影響を及ぼすプロセスに関係する経営情報を必要とし、これは利益や業績見通しを資金提供者に提供するための説明情報とはまったく性格が異なる。このことは、どこに注意を向けるべきかについて、いくつかの興味深い論点を導きだす。公共サービスをアウトソーシングされたある民間部門は、積極的にスタッフの勤務状況を管理する。これは収益性に影響を与えるものであり、直接的に管理が可能なものである。地方自治体は進捗管理のためのPIsと同様に、意思決定を行うために必要な経営情報をもつことを望むようになるだろう。このことは、地域戦略パートナーシップにおいて他の公共サービスを担う主体とともに目的を達成するという協働的責任が増していく中で、今後ますます複雑化していくと考えられる。

49 これらの論点はすべて、誰かに指示されたり、地域で設定したりした業績評価情報に、意思決定者は安易に頼るべきではないということを示している。PIs の変化を理解し、改善するためには、他の情報が必要である。意思決定者は目的のために適切な測定基準を必要とし、適切な結果を求めることができる他の情報を強化しなければならない。意思決定に影響を与える利用可能な情報の目的適合性と品質とはどのようなものであるかについて、理解することが重要である。

## データと情報の共有

50 2007 年地方自治・保健サービスへの住民関与法は、地域戦略パートナーシップ（local strategic partnerships）を通じて、地域における協働を推進することを目的としている。2007 年地方自治・保健サービスへの住民関与法は、公共団体の情報共有を推進し、またデータ保護やその他の規制に応じることを定めている。

51 もし組織がデータと情報の共有に失敗したならば、ビチャード調査（参考文献7参照）で示されたように、組織内部もパートナーも問題を十分に理解できないだろう。個人情報の適切な保護とともに、情報共有が公共サービスを全体的に向上させることに貢献する（参考文献27参照）。

52 他部門と連携を行わない業務の実施が、いまだ一般的に行われている。いくつかの地方自治体では、組織内部でも情報は共有されておらず、パートナーである組織は、情報から孤立している。情報が共有されないことがパートナーに及ぼす悪影響は、事例6および事例7で示されている。

### 事例6. 犯罪と反社会的行動においてデータが共有されなかった事例

地方自治体監査委員会による『近隣犯罪と反社会的行動』によると、犯罪と反社会的行動を減少させるための地域施策を確立するためには、日々更新される情報が必要である。しかしながら、地域パートナーは、近隣社会における問題についての全体像を必ずしも把握していないと指摘している。

3分の2を超える地域犯罪減少協議会と管轄警察部隊（Basic Command Unit：BCU）が、それぞれ反社会的行動を記録している。しかしながら、他の情報源から情報を得ることが不完全である。たとえば、近隣の刑務所長からの情報はわずか60％、住宅担当官（housing officer）からの情報はわずか46％しか使用されていない。たとえ情報が共有されていても、その情報はリスク分析ができない形で提供されていることもある。

出典：地方自治体監査委員会

### 事例7. 不慮の事故の防止においてデータが共有されなかった事例

地方自治体監査委員会と保健医療委員会（Healthcare Commission）の子どもの不慮の事故防止に関する報告書である『後悔するよりも安全を（Better Safe than Story）』は、どのようなデータが利用可能で、どの組織がそ

のデータを所有しているのかということを、意思決定者がはっきりと理解していないことを報告した。データは、NHS・警察・地方自治体を含めた多くの地方行政機関で収集され保持されており、結果的にそれらの努力は重複したものとなっていた。行政機関は、それが匿名であっても、パートナーが情報を共有したがらないことを認めた。したがって、行政機関は個別で情報をもっており、地域を横断した不慮の事故防止という目的に向けた効果的な戦略が生みだされることを困難にしていると報告された。

出典：地方自治体監査委員会

53 情報収集が適切に行われた場合、すでに収集、集計された情報の共有は、コスト削減、組織支援、労力の重複の回避、および、対立する考えの解決に良い影響を与える。個人や地域の問題にかかわらず、これは多くの問題においてより優れた状況を提供する。パラグラフ13（b）のミドルズブラの事例は、さまざまな情報源からの情報が利用され共有された時に、どれほどサービスが改善されるかを示している。69の地方自治体（イングランドの人口の半分近くに提供する）が、経済の再生を支援する地域情報システムを導入したと最近の調査は報告している（参考文献28参照）。整備されたデータと情報の利用は、何を使用しどのように行うかについて優れた判断を行うことにもっとも重点が置かれ、広範囲の地域にわたった情報活用のより効果的な機会を生みだす。

## 情報の品質はデータの品質に依拠する

54 情報は、その意味を生みだす過程において、データが組み合わされて提供される。また、背景を表す情報とともにたびたび提供される。優れた情報の品質は、優れたデータ品質に依拠する。ここでは、データ品質に関する重要な特質を概観し、正確性の問題を特に詳細に検討する。また、望ましい正確性をもたない情報を、優れた決定に役立てるためには、どのように情報の集合体を利用するべきかを検討する。また、適時性に関する課題と一つの情報源をさまざ

な方法で利用する場合における潜在性に関する課題について示す。

**データ品質の定義**

55 公共団体が自主的に採用できるように、地方自治体監査委員会はデータ品質基準を公表している（参考文献3参照）。報告書では、優れたデータ品質のための6つの重要な特質を示している。概略は以下のとおりである。
- 正確性－データは意図する目的のために十分に正確でなければならない。
- 正当性－データは目的に適合した形式で記録され、使用されなければならない。
- 信頼性－データは収集の要点を押さえた、長期間安定し、一貫したデータ収集プロセスを反映したものでなければならない。
- 適時性－データは、発生・活動後できる限り早く捕捉されなければならず、適切な期間内に意図する目的に活用可能でなければならない。また、データは情報ニーズに役立ち、サービスやマネージャーの意思決定に影響を与えるために十分な早さと頻度をもつものでなければならない。
- 目的適合性－捕捉されるデータは設定される目的に関連するものでなければならない。
- 完全性－データの必要要件は、情報ニーズに適合し、要請に適合した収集プロセスに基づいて、明確に特定されなければならない。

56 情報の効果的使用がデータ品質に影響を及ぼすと理解することが、重要である。地方自治体監査委員会の『意思決定を支援する情報の改善：高品質データの基準（*Improving Information to Support Decision Making : Standards for Better Quality Data*）』（参考文献3参照）において、以下のように記述されている。

「データ品質を常に高く保つ上で、一般的に支障となる要因は、この業務が重要な仕事の一部と認識されないことである。データを記録する職員は、データ品質を保つ彼らの努力に対して、何らかの便益を享受する必要がある。たとえば、見返りとして、適切なレベルに集計された目的に適合した業績情報を受

け取ることが考えられる」。

### 目的に合った正確性

57 地方自治体監査委員会が策定したデータの品質基準が示しているように、データは意図した目的に役立つために、一定以上の正確性をもつものでなければならない。しかしながら、必要以上に高い正確性をもつデータは、ただコストがかかるだけでなく、多くの意思決定に使用することができない。その一方で、高い正確性は財務報告書や医療行為の提供にとって非常に重要である。見通しなどの仮定に基づく情報は、正確なものとは限らない場合もある。一定以上の正確性をもっていることに価値があり、優れた推測は、制約を提供し、意思決定に指針を与える。

58 意思決定者は、考慮すべき情報の正確性に目を向ける必要がある。意思決定者は、目的に適合しているかを判断する必要があり、改善することができるかまたはすべきかを決定しなければならない。

59 完全な正確性を達成しようとすると非常に時間がかかるため、情報の効果的な利用に間に合わない場合がある。意思決定には非常に早く行わなければならないものもあり、それゆえ、不正確な情報や分析を経ない情報に頼らなければならない場合がある。つまり、正確性と適時性は、しばしばトレード・オフの関係にあるということである。たとえば、以下のような例があげられる。

・月末の会計情報は、当初の経営管理目的のために迅速に作成される方が良い。しかし、長期の意思決定のために、よりしっかりとした情報に修正されるべきである。

・警察にとって、日々の犯罪容疑の状況は、適時的に短期間で処理されるべきである。しかし、調査が進行するにつれ、後々の証拠が犯罪の真実の結果に影響を及ぼす。特定の地域への対応や長期間の資源配分の意思決定といった犯罪を管理するための計画など、他の目的へ有効に利用するために、正確に

記録されたリアルタイムのデータは、経験から得た知識に基づいて修正される必要がある。

・英国国家統計局（ONS）では、多くの統計速報を発刊している。たとえば、GDP の成長率についてのタイムリーなデータを得ることは、ONS の顧客にとって大切なことである。四半期 GDP 第一回報告書は四半期の最終日から 25 日前後で発表されており、全データの 44％ を対象に作成されている。この四半期 GDP 第一回報告書は、平均して最終報告書を 0.18％ 下回るだけである。これは統計的には十分なものといえる（参考文献 29 参照）。確定版は、よりデータが入手できるようになってから公表されている。

60  不正確な情報は、重大な結果を引き起こすことがある。意思決定者は、これに対応するために何ができるかに目を向けなければならない。たとえば、地方自治体の財政は、地域における人口とある程度関連している。ウェストミンスター議会では、2001 年の統計調査（参考文献 30 参照）において、記録される人口規模の把握という課題を克服した。地方自治体監査委員会の報告書は、たとえば、警察において業績指標の向上の妨げとなっていた犯罪を記録する上での問題点を明らかにした（参考文献 31 参照）。

### 正確性を改善するための情報集合体の利用

61  証拠が明確ではっきりとした結論を示しているかどうか意思決定者が疑問をもつことは、当然のことながらたびたび発生する。ある程度のあいまいさは避けられないことであり、その上で結論に達するためには、異なった多くの情報源から得られる証拠に重点を置くべきである。多くの事例では、異なった複数の情報を使用することによって、情報の不正確が原因となる誤った結論を選択するというリスクを減少させている。

62  情報の多くが他者によって作成され、その中に正確性を疑うものが含まれていても、意思決定者は、他の情報源から類似した情報を入手し、比較すること

で、見通しを得ることができる。2つの情報源が、まったく同じ問題について扱うことがめったになかったとしても、異なった場所から判断材料となる情報が得られ、異なる視点からの情報に合致する点があれば、合致する点についての信用性は高まる。

どの程度の適時性が情報には必要か

63　リアルタイムの情報（更新され、事象が発生したときに即座に入手できる情報）を必要とする意思決定もあるが、それ以外の意思決定にこのレベルの迅速さは必要ない。情報は、意思決定に適時的であるべきである。どのような意思決定においても、どのくらい迅速かつ頻繁に情報を入手するべきかを意思決定者は明確に理解する必要があり、データ収集と情報システムからの情報提供を確実にする必要がある。

64　リアルタイム情報は、リアルタイムに進捗を管理するために必要である。食料雑貨の小売店において、管理責任者は、腐りやすい商品に関連するリアルタイムな売り上げ情報を、顧客の需要に合わせ、商品の廃棄を少なくし、利益を上げていくために必要とする。多くの公共サービスでは、リアルタイム、または、限りなくリアルタイムに近い情報を常に必要とする。たとえば、救急サービスは、火事、犯罪、救急のリアルタイム情報を必要とする。警察は、窃盗が多発した場合、できる限り早く認知する必要がある。住宅供給サービスの管理者は、未解決の修繕要望の数を知る必要がある。病院の管理者は、輸血に使用できる血液在庫量のリアルタイム情報を必要とする。

65　リアルタイム情報が提供する迅速なフィードバックは、優れた効果を生みだす。1998年に出版された委員会の VFM のナショナル・レポート（参考文献32参照）は、救急サービスの「行動的待機（dynamic standby）」の実行により、レスポンスタイムが改善されることを示している（通信指令室が、直近データを分析し、入手可能な1時間ごとの類似パターンを比較することによって、数

時間後の緊急通報のパターンを予測し、待機すべき人数を指示する)。

66　リアルタイム情報は、管理職にとって有益なだけではない。サービス利用者にとっても役立つものである。たとえば、営業時間と待ち時間の情報は、特定のサービスを利用する時やどう利用するかを決める際に有効である。

67　『緑書イギリスの統治（*Ministry of Justice Green Paper The Governance of Britain*）』(参考文献33参照)では、政府は地方自治体や公共サービス提供団体と協力し、利用可能で、地域的な、リアルタイムのデータ利用を増やしていくことを表明した。その狙いは以下のとおりである。
　「地方自治体についての正確で利用可能な情報を市民に提供することは、サービス提供者が提供するサービスの効率性を判断するのに役立ち、業績についての証拠を提供するという役割を担う」。

68　しかしながら、すべての情報がリアルタイムで必要とされているわけではない。検査の結果は、基本的にリアルタイム情報を獲得していないし、多くの政治的意思決定もそうである。財務省の『先進的な意思決定に関するレビュー』(参考文献34参照)は、以下のように報告している。
　「犯罪と救急では、ほとんどの地域の日次、週次のデータが入手可能である。その一方で、教育現場のベスト・プラクティスでは、生徒の成果についての半期ごとの更新が必要とされている」。

69　有効性の高い情報とともに、適時の評価とモニタリングの実施は、より有効性を高める。早期の調整が求められるプロセスでは、ほぼリアルタイムのフィードバックとモニタリングが求められる。これに対して、大きなプロジェクトでは、長期間かけた正式な調査結果が求められることがある。

70　つまり、リアルタイム情報が利用者と管理職のリアルタイムな判断を支援す

る一方で、戦略上の意思決定や業績の判断は、基本的に、これまでの経緯を踏まえた長期間にわたって分析された情報を必要とする。

## 獲得したデータの複数利用

71　さまざまな情報は、汎用的なデータ集積物から導きだすことができる。汎用的なデータ集積物は、サービスが実際に提供されている場所で一度に集められるのが理想的である。そして、それぞれの利用者によって、共有され、目的に合わせて何度も利用される（参考文献35参照）。たとえば、利用者とともに働く専門職が収集し使用する運営データは、管理職にとっても資源配分や戦略的意思決定に役立つように分析や集計することが可能なデータであり、また、組織の業績について市民と対話する上での基礎としても利用できる。

72　一度獲得したデータを何度も利用するというCOUNT（Capture Once – Use Numerous Times）原則は、情報処理システムに示唆を与える。情報処理システムは、正確性とともに、十分に適時的にデータを伝達し、さまざまな意思決定に役立つ情報へと変化させ、さらにデータ保護と他の法規則に準拠しなければならない。

## 理解に役立つ情報提供

73　もし、情報提供の方法が悪く、理解を妨げるものであった場合、目的適合性があり良質な情報であっても、情報は意思決定者に役立つものとならない。情報がどのように提供されるかは、意思決定に影響を与える。提供される情報は、多様な潜在的利用者に対して、伝えようとしていることを正確に提供したり効果的に伝えたりするため、どのようにすればよいか考慮されなければならない。ここでは、利用者や意思決定のために調整された情報提供の重要性について示す。

74　利用者によって情報を取り入れて理解する方法は異なる。つまり、利用者の

専門能力、文化的な背景（参考文献36参照）、嗜好や学習方法、および、情報を検討することが可能な時間に配慮した方法で、情報提供は行われなければならない。そうしなければ、重要な情報が無視されたり、誤解されたり、または、不親切な情報が意味のない行動を生じさせることがある。情報量が多すぎることはよくあることである。重要なポイントを総合的にまとめることが、情報提供の重要な能力である。情報量が多いことが重要なわけではない。

75　同様に、情報提供の方法は、それぞれの意思決定の性質に合わせて行われなければならない。もし居住者のグループが住宅やその環境について、公的な住宅供給者に要求をする場合、住宅周辺における状況を見せることがもっとも効果的である。しかしながら、修復のための予算が検討される場合、やや異なった情報提供の方法が求められるだろう。そして、設定された予算にまた違った関心をもつサービスの利用者として、居住者は、たとえば彼らの家賃と関連した利用可能な財務情報を必要とするだろう。

76　説得力があり理解可能な方法でメッセージをどう伝えるかという点において、言葉には幅広い多様性が存在する[6]。説得力のある表現方法によって情報を提供することは、常に聞き手を引き込む有益な方法である。このことは、本報告書の参考文献（参考文献36および37参照）が示している。物語風の表現方法は、受け手がより容易にメッセージを理解することに役立ち、自身の結論を導くことに役立つ。しかしながら、物語風の表現方法を作成する際には、作成者は中核となる情報を解釈する作業に従事していると、十分意識して行う必要がある。

77　数値情報に基づくメッセージは、事例8や事例9のような図によって、有効に提供することが可能である。しかしながら、利用者の一部にとって優れた提供方法が、すべての利用者にとって必ずしも優れた提供方法でないこともある。多くの人々が図から数値情報を十分に取り入れる一方で、利用者によって

第Ⅱ部　情報への精通　109

は表を好む。記述的な文章を通じた方がより良く情報を取り入れる利用者もいれば、ダイアグラムによって関係を見ることで情報を取り入れる利用者もいる。歴史的な文脈で説明した方が問題を理解する利用者もいれば、そのような事柄は添付書類で良いとする利用者もいる。しかしながら、どのように情報を提供するかは、基本的に情報自体の性質に依存する。図は関連性や時間の流れによる変化を表し、棒グラフは比較を表すのに優れており、表は正確な数値が重要な時に役立つ。

78　意思決定者に適した説明方法という点で、的を射た方法を選択することは、情報が何を伝えようとしているかを人々が理解するのに役立つ。それは、文書の必要性を減らし、会議をより生産的なものにする。

**事例 8.　レスターシャー県庁の提供した情報**

　　レスターシャー県庁は、地域における意思決定を支援するための地理的

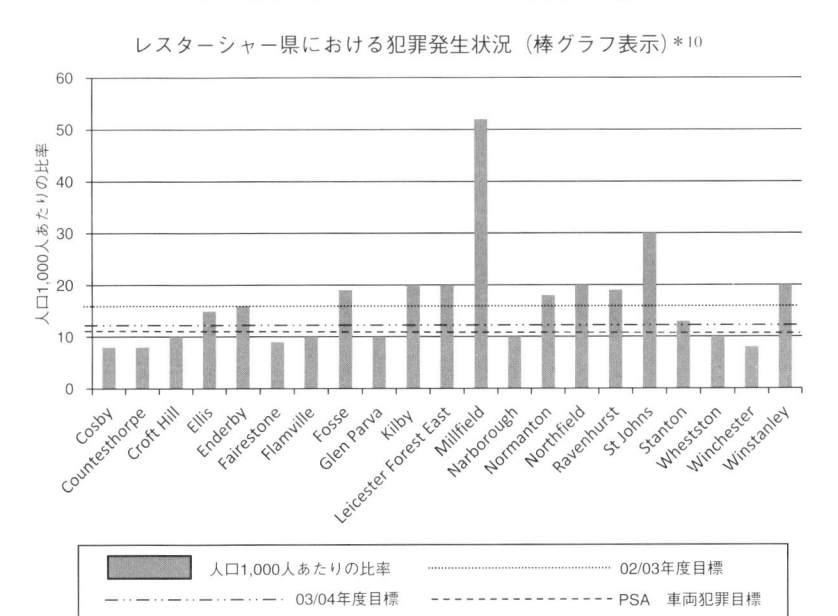

レスターシャー県における犯罪発生状況（棒グラフ表示）[10]

人口1,000人あたりの比率　　　　　　　02/03年度目標
03/04年度目標　　　　　　　PSA　車両犯罪目標

情報の提供方法を改善させた。犯罪データは主に行政区分ごとの棒グラフで提供されていた。2つの非常に高い棒グラフを見つけることが容易である一方で、データが示すその他のことについてはあまり明らかでない。つまり、この情報は1年間における1種類の犯罪しか示すことができていない。

レスターシャー県における犯罪発生状況（ドット・グラフ表示）*11

| | ● | – | 平均をはるかに超える（+40％以上） |
|---|---|---|---|
| | ⊙ | – | 平均を超える（+21％から39％） |
| | ◎ | – | 平均（+/- 20％） |
| | ○ | – | 平均を下回る（-21％から-39％） |
| | ○ | – | 平均をはるかに下回る（-40％以上） |

出典：地方自治体監査委員会／レスターシャー県庁
　　（訳者追記）原著ではグラフのドットがオレンジ色で示されている。

レスターシャー県庁は「ドット」を使用したグラフに変更し、15 の地区における過去 3 年間の 6 つの犯罪のタイプの状況を比較できるように提供した。1 枚の紙に 270 の図柄を示した。非常に豊富なデータを示し、過去との意味ある比較を行うことができる。重要なこととして、利用者はオレンジ色であればあるほど犯罪が多い[*12]ということを理解する必要がある。

　情報は、利用者のニーズに合った形式で提供されなければならない。レスターシャー地域犯罪減少協議会会議（Leicestershire's Crime and Disorder Reduction Partnership meetings）の議論では、現在この情報に焦点が当てられている。地区ごとの犯罪の状況を表すことによって、逆に意思決定者は全体の傾向や異常値について議論することができる。このことは、何を優先的に行うかについての議論へとつながっている。

79　2007 年の洪水[*13]が財務に与える影響についての地方自治体監査委員会の報告書（参考文献 38 参照）で示されている 2 つの表は、図がいかに力強く物語るかを示している。イースト・ライディング市役所は 2007 年の夏の洪水でもっとも被害が大きかった地方自治体の 1 つである（図 4 参照）。しかしながら、

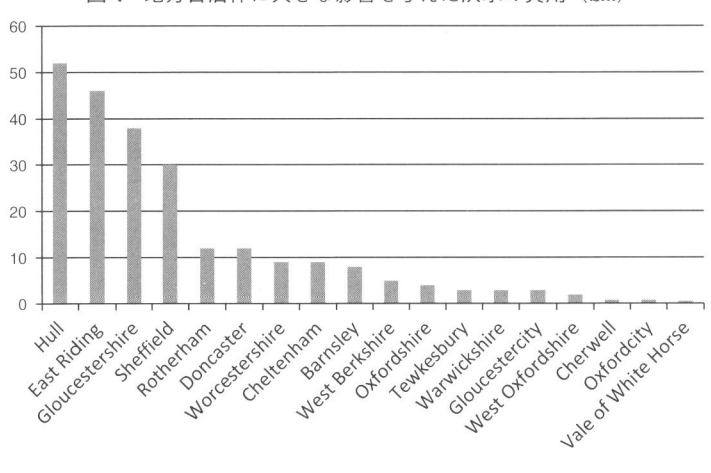

図 4　地方自治体に大きな影響を与えた洪水の費用（£m）

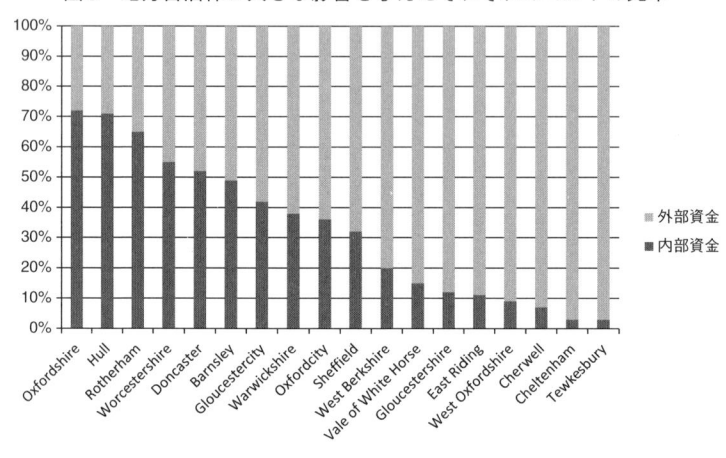

図5　地方自治体に大きな影響を与えたそれぞれのコストの比率

その費用のほとんどが内部資金でなく、中央政府または外部の保険による外部資金で賄われていることが図からわかる（図5参照）。

**事例9．洪水の費用についての情報の提供**

地域に大きな影響を与えた洪水に要した全費用の70％が、4つ（ハル、イースト・ライディング、グロスターシャー、シェフィールド）の地方自治体によって占められている。

地方自治体が内部資金で支出したコストは、地方自治体によって3％から73％と異なっている。

## バランスをとる行動

80　目的適合性があり、十分な品質をもち、適切に提供される情報を得ることは、簡単な課題ではない。データの収集、有益な情報を見いだすためには多くの段階があり、いかなる意思決定に対してもそれぞれ妥当性に影響を与える選

択がある[7]。実際、理想的な特質が備わった情報はほとんど存在せず、情報が利用できるのであれば、意思決定者は不完全性を甘んじて受けなければならない。

81　情報は、本質的にコストがかかる。情報を収集、保存、集計、分析、および、提供するのに投資される資源は、それがもたらす利益に見合ったものでなければならない（参考文献39参照）。分析の速さ、量、正確性、および、深度は、すべてコストを発生させる要素である。したがって地方自治体は、どの程度の情報を収集するかについての選択を行わなければならず、また十分であると判断する時期を見極めなければならない。どの程度情報にコストを費やし、金銭に見合った価値を手に入れるかについて、厳しく自ら確認しなければならない。

## 専門能力

### 意思決定に対する専門能力

82　情報を利用する場合、意思決定者には重要な専門能力が求められる。何が目的に適合したものであるか、どのような品質が必要かを判断する能力、提供された情報を解釈する能力があげられる。どのような情報が求められるかを判断する専門能力は、この章の最初に検討を行った。ここでは簡単にその解釈について検討する。

83　目的に適合し、十分に提供された情報であっても、それだけではほとんど役に立たない。利用者による分析や解釈といった領域の専門能力を用いて、検討される必要がある。多くの意思決定者は、専門能力の一部またはすべてが欠けている。ニュージーランドの公共部門で実施された研究は次のように報告している。

「利用可能な情報に関して、調査し、理解し、解釈を行う、いわば聡明な顧

客として行動するのに必要な専門能力をもった人材が不足している」(参考文献40参照)。

　直感やこれまでの経験、または、運に頼らずに、情報を利用して意思決定を行うという意識が、意思決定者に欠けている可能性がある。

84　たとえ、優れた情報が利用可能であったとしても、利用者の情報処理能力や検討時間には限りがある（参考文献41参照）。組織は異なったプロセスに関しての情報を大量にもつことが可能である。しかしながら、利用可能なものすべてを獲得し比較することは困難であるということに、全階層の職員が気づくだろう（参考文献37参照）。したがって、意思決定者は情報を大まかに解釈したり、または選択的に解釈したりすることとなる。これは特に情報が溢れている場合や（参考文献37参照）、すでにもっている見解の背景とするために情報を利用する場合に見られるケースである。

**正しい分析と情報提供能力**

85　提供される情報は、2つの特有の専門能力を必要とする。情報の中から重要なメッセージを識別するために分析する能力と、人々が容易に解釈する方法でどのように情報を提供するかについて理解する能力である。

86　分析能力は、以下の2つの目的において不可欠である。つまり、意思決定者に正しい情報を提供するという目的と、事例10にあるように行動前の意思決定者にとってまだ明らかでなかったり、重要で利用者を驚かせる洞察をデータや情報から抽出するという目的である。テクノロジーのより優れた利用とは、正しい分析能力を用いて意思決定者からのより多くの質問に答えることを意味している。

　**事例10. データからの驚くべき洞察の抽出**
　　情報の分析によって、従業員の満足、顧客満足、および、財務業績の関

第Ⅱ部　情報への精通　115

連性について説明するモデルの開発に英国航空は成功した。このモデルは、客室乗務員のサービスが顧客満足度にとって重要なものであることを示し、英国航空に対する顧客の支持に重要であることがわかった。航空機の出発が遅れた場合であっても、優れた客室乗務員のサービスは、高水準の顧客満足度を生みだした。そのような予想外の相関関係の発見は、顧客満足度を何が維持し、どのように英国航空が対応するかという課題に対して、管理職に貴重な学習機会を与えた。

出典：地方自治体監査委員会　参考文献42および36

87　公共部門では、分析的能力が欠けていることが多い。コミュニティ・地方自治省（The Department for Communities and Local Government）の調査では、近隣再生協議会の管理職の80％が、分析的能力が欠けていることを認めており、協議会があげる業績の障害になると管理職の40％が考えていると報告した。

「協議会の多くは、データを収集し、データ品質問題を選別し、業績報告を行うことに時間を費やしている。しかし、改善を進めるための高い価値を付加する分析作業は、行われていなかった」。(参考文献43参照)

88　不慮の事故の防止に関する地方自治体監査委員会の研究書である『後悔するよりも安全を』(参考文献14参照)は、専門能力が不足していると示した。緊急病院（A&E）に行く5歳以下の子どもが21％減少したことが、けがの防止活動によるものかどうかはっきりと示すことができなかった。専門能力の不足やさまざまなケースを伴う複雑領域における因果関係をはっきりと見つけることが困難であることをその理由としてあげた。しかし、管理職が、評価とモニタリング・プロジェクトを実行するために地域の大学と連携する方法を示した。

89　理解可能な方法による情報提供は、それ自体が専門能力であり、不足している能力の1つである。特に、データの分析と優れたコミュニケーション・スキルを結びつける取組が広まっていない(参考文献36参照)。

## 5 着手にあたって

### 評価と改善

90 本報告書の目的は、公共サービスを改善する責任を持つ者が、情報をより完全な形でいかに効果的に利用するか検討することに、役立つことである。情報が最大限に利用されていない現状を示し、情報をより効果的に利用することによって、公共部門・民間部門の組織はともに着実に改善することができると報告書は示している。

91 公共部門は、正しい情報を保有し、より効果的に利用することについて、もっと積極的に検討しなければならない。そのためには、主要な意思決定後に行われる公的な評価とともに、継続的学習を確立するフィードバック・ループを確保しなければならない。そして、評価では、意思決定時に利用可能な情報が目的に適合しているかについて検証を含むべきである。

### 本報告書における複数の要素

92 本報告書は、問題のすべての側面を対象とするものではない。むしろ、他の組織によって実施されている研究を補うものである。本報告書が地方自治体の意思決定を目的とした情報利用の改善に着目している一方で、国立公文書館と会計検査院の出版物である『情報が重要な理由（*Why Information Matters*）』は、中央政府の視点で情報マネジメントにおける改善の重要性を検討している。他の例として、内閣府に対するエド・メイヨーとトム・スタインバーグによる『情報の力（*the Power of Information Report*）』（参考文献44参照）や英国法

務局の共有しているデータについて進められている研究が含まれる。地方自治白書（参考文献2参照）は、地域や市民に関するデータの収集と分析についての地域情報システムの発展に言及している。

93　2000年情報公開法（*the Freedom of Information*（FOI）*Act 2000*）は、公共部門が情報を有効的に利用することを強く推し進めている。地方自治体監査委員会による研究の一部では、情報公開法を背景としたグッド・プラクティスの発展について、地方自治体を支援する報告書の作成をロンドン大学に依頼している（参考文献45参照－地方自治体監査委員会のウェブサイトより入手可能）。この報告書では以下のように述べられている。

　「意思決定の基礎を形成する証拠を入手する方法が、情報公開法によって拡大されたことを意思決定者は認識しなければならない。このことは、これまで以上に情報が公開されることを意味している。したがって、意思決定は、より精密な調査と詳細な評価を受けることとなる」。

## 地方自治体監査委員会の次のステップ

94　情報利用の改善は、地方自治体監査委員会の5つの戦略的目標の一つである。本報告書は、地方自治体監査委員会が既存の業務を補完する研究に取り組む場合に適用する原則について説明している。包括的地域評価（CAA）における情報の利用を含む、一連のプログラムが推進され強化される予定である。そこでは、国と地域における改善に向けた目標について情報提供するために、地域の情報利用の評価がリスク・マネジメントに含まれている。地方自治体監査委員会は今後、全国的な研究の実施を予定している。この研究では、公共部門のサービスの改善に役立たせるためには、どのように情報が利用されるべきかについて調査する予定である。調査の目的は、意思決定者が意思決定に関連する情報と、必要とされる優れた品質の情報を特定できるように支援することである。加えて、意思決定者に優れた情報を提供することが求められる者に役

立つことも、その目的としている。

95 本報告書について意見がある場合、または共有すべきと考える素晴らしい実践事例がある場合は下記まで情報提供されたい。

  アレステア・エバンス

 alastair-evans@audit-commission.gov.uk.

## 付録1　定義

### 業績評価で使用される言葉－用語集

**Inputs**（インプット）：組織によって使用される資源。

**Outputs**（アウトプット）：インプットを使用して組織が生産するサービス、商品、製品。

**Outcomes**（アウトカム）：組織の活動によって生みだされる便益や価値。

**Performance Indicators**（**PIs**）（業績指標）：業績を監視するためや公表するために用いられる定量的指標。

**Management Information**（経営情報）：業績を監視し理解するための数的または非数的な情報の両方を通常含む。

**Performance Management**（パフォーマンス・マネジメント）：幅広い意味で利用されるが、少なくとも、目的の明確化、それらを個人やチームに割り当てること、進捗状況の監視が含まれる。

**Targets**（目標）：業績指標に基づく一般的に要求または約束される業績の水準。業績水準の最低限、または、改善が期待される部分に限定して設定される。

**League Tables**（リーグ・テーブル）：複数の異なる供給者間の成果を比較することを意図して作られるもの。

**Public Service Agreements**（**PSAs**）（公共サービス協定）：1998年の包括的歳出見直し（Comprehensive Spending Review：CSR）によってはじめて導入された政府の支出計画の一部。主要な各政府機関は、達成すべき組織の目的と目標を設定する。

**Service Delivery Agreements**（**SDAs**）（サービス提供協定）：2000年の歳出見

直しで紹介された。PSAs に基づく最低レベルのアウトプットの目標と区切りごとの達成目標を設定する。

**Standards**（基準）：さまざまな意味で使用されるが、公共部門によって提供されると期待される最低限のサービス水準や、サービス提供者にとって達成すべき基準。目標は、基準に基づいて設定される。たとえば、常に最低限の基準を達成し、基準が達成されるように改善し続けること。

**Benchmark**（ベンチマーク）：よく似た 2 つの主体間にある差異を特定するための業績比較の詳細な分析を一般的に示す。

出典：行政管理特別委員会、2003 年 7 月 10 日、第 5 次報告書（地方自治体監査委員会 PST31A に一部基づいて作成される）

## データ、情報、知識で用いられる定義

**Data**（データ）：特定の質問に答えるための結合や分析がまだ行われていない数値、言葉、イメージ。

**Information**（情報）：プロセスを通じて、質問に答えるために処理され、集計されたデータ。受け手の知識を増やすために提供される。

**Knowledge**（知識）：個人や人々によって理解されていること。受け取った情報の解釈を含み、情報が含む見通しを明らかにするため、関連する事柄や背景を追加する。

出典：地方自治体監査委員会

# 付録2　民間部門における情報の有効利用の事例

1　クランフィールド大学の文献調査（参考文献 36 参照－地方自治体監査委員会のウェブサイトで入手可能）では、民間企業における先進的な事例が示されている。クランフィールド大学は DHL [14] と EDF エナジー [15] の情報の利用方法に注目している。

「両社は業績評価システムの利用方法に大きな変革を行った」。

2　クランフィールド大学の調査では、次の事案が優れた実践例として紹介されている。
a)　適切な業績マネジメント構造を構築しており、分析能力だけでなく、組織の意欲を向上させる専門能力も備えたアナリストのチームが存在していた。
b)　分析の品質について確認したり、より多くの情報を基にした意思決定を行うように上級管理職たちに働きかけたりして、上級管理職の役割を変化させていた。
c)　データの共有や基本的なテンプレートへの落とし込みに努力の多くを費やすのではなく、価値を付加するデータの分析や情報の提供が行われていた。

3　民間企業のマネジメントに関する文献には、情報の有効利用を主とする業績改善事例が数多く存在している。一般的に有名な事例として次のものがあげられる。
a)　テスコクラブカードは、10 年以上かけて、英国における 1,300 万世帯の購買行動を記録し続けた。テスコの顧客とその行動を記録したクラブカードのデータは、店舗の小型化やインターネット店舗の設立など、一連の戦略的な意思決定に情報を提供した（参考文献 1 参照）。
b)　エクスペリアン [16] は、顧客と企業の与信に関する情報の収集と管理を行っている。そして、顧客企業が潜在的顧客の信用情報を評価するために行う

意思決定に役立つ分析ツールとして、エクスペリアンは使用している。エクスペリアンの 2007 年の年次報告書によると、5 期連続で 2 桁の増益実現に成功している（参考文献 46 および 47 参照）。

c) キャピタル・ワン*17 は 1 年間に 30,000 件以上の実験的取組を行っている。利率の変更、インセンティブ、ダイレクト・メールやその他、さまざまな取組を行っている。アナリストは、実験的取組の結果の分析に基づいて、クレジット・カードや顧客への金融の案内を行っている。2006 年において、キャピタル・ワンは、株式の上場以降、毎年 1 株当たり 20％ の増益を続けている（参考文献 48 参照）。

d) UPS*18 は利用実績やクレームの分析によって、潜在的な顧客の脱会を予測し、営業担当職員が特定された問題を解決するために交渉できるよう役立てている。これは顧客の減少を劇的に防いでいる。

## 付録3 参考文献

1. Rigby E, *Eyes in the Till,* Financial Times, November 11 2006.
2. Department for Communities and Local Government, *Strong and Prosperous Communities The Local Government White Paper,* 2006.
3. Audit Commission, *Improving Information to Support Decision Making : Standards for Better Quality Data,* November 2007.
4. Greater London Authority / Research as Evidence, *What Works in Preventing and Reengaging Young People NEET in London,* 2007, www.london.gov.uk/mayor/children/index.jsp.
5. Audit Commission, *Seeing the Light : Innovation in Local Public Services,* 2007.
6. Meekings A and Povey S, *'Plumbed − In Performance Improvement' : Accelerating Improvement and Adaptation in Organisations,* Fourth International Conference on Performance Measurement and Management, PMA, July 2006.
7. Bichard, Sir Michael, *The Bichard Inquiry Report,* House of Commons, 2004.
8. Audit Commission, *Waiting List Accuracy,* 2003.
9. Audit Commission, *The Planning System,* February 2006.
10. Audit Commission, *Crossing Borders,* 2007.
11. Audit Commission, *Changing Lanes,* February 2007.
12. Audit Commission, *Out of Authority Placements for Special Educational Needs,* 2007.
13. Audit Commission, *A Prescription for Partnership : Engaging Clinicians in Financial Management,* December 2007.
14. Audit Commission, *Better Safe Than Sorry,* February 2007.

15. Audit Commission, *Hearts and Minds : Commissioning from the Voluntary Sector,* July 2007.
16. Audit Commission, *Healthy Competition,* November 2007.
17. Public Administration Select Committee, *On Target? Government by Measurement,* HC 62–1, 22 July 2003. In the know | Appendix 3 45
18. Audit Commission, *Neighbourhood Crime and Anti-social Behaviour : Making Places Safer Through Improved Local Working,* May 2006.
19. Audit Commission, *Housing Market Renewal Annual Review 2005/06,* 2006.
20. Spiegelhalter D et al, *'Risk adjusted sequential probability ratio tests : applications to Bristol, Shipman and adult cardiac surgery',* International Journal for Quality in Health Care, Volume 15, Number 1, 2003.
21. Audit Commission, *Public Sports and Recreation Services,* 2006.
22. Modern Public Services for Britain : Investing in Reform, *Comprehensive Spending Review : New Public Spending Plans 1999–2002,* HMSO, 1998.
23. *Local Government Act,* TSO, 1999.
24. Barber, Sir Michael, *Three Paradigms of Public Sector Reform,* McKinsey & Company, 2006.
25. Audit Commission, *Targets in the Public Sector,* 2003.
26. HM Treasury, *Meeting the Aspirations of the British People : 2007 Pre-Budget Report and Comprehensive Spending Review,* 2007.
27. Office of the Deputy Prime Minister, *Data Sharing for Neighbourhood Renewal : Lessons from the North West,* 2005.
28. Foley P, Alfonso X, Wiseman I, *Local Information Systems : A Review of Their Role, Characteristics and Benefits,* Department for Communities and Local Government, 2007.
29. David Obuwa and Heather Robinson, *Revisions to Quarterly GDP Growth and its Production (output), Expenditure and Income Components,* Economic Trends 637, Office for National Statistics, December 2006.

30. Office for National Statistics, *2001 Census : Manchester and Westminster : Matching Studies Summary Report,* July 2004.
31. Audit Commission, *Crime Recording 2005 : Improving the Quality of Crime Records in Police Authorities and Forces in England and Wales,* 2006.
32. Audit Commission, *Life in the Fast Lane,* 1998.
33. Ministry of Justice, *The Governance of Britain,* CM 7170, TSO, 2007.
34. HM Treasury, *Devolving Decision Making 1 − Delivering Better Public Services : Refining Targets and Performance Management,* 2004.
35. Audit Commission, *Delivering Efficiently : Strengthening the Links in Public Service Delivery Chains,* 2006.
36. Kennerley M and Mason S, *The Use of Information in Decision Making, Literature Review for the Audit Commission, Centre for Business Performance,* Cranfield School of Management, 2007.
37. Van de Walle S, Bovaird T, *Making Better Use of Information to Drive Improvement in Local Public Services : A Report for the Audit Commission,* Institute of Local Government Studies, School of Public Policy, University of Birmingham, 2007.
38. Audit Commission, *Staying Afloat − Financing Emergencies,* 2007.
39. Royal Statistical Society Working Party on Performance Monitoring in the Public Services, *Performance Monitoring in the Public Services : Performance Indicators : Good, Bad and Ugly,* 2003.
40. Cabinet Office, *Professional Policy Making for the Twenty First Century : Report by the Strategic Policy Making Team,* 1999.
41. Walsh J P, *Selectivity and Selective Perception : An Investigation of Managers' Belief Structures and Information Processing,* Academy of Management Journal, 31(4), 1988.
42. Neely A and Al Najjar M, *Management Learning not Management Control,* California Management Review, May 2006.

43. Johnstone D et al, *Supporting Evidence for Local Delivery National Research and Evaluation : Key Findings and Recommendations,* Department for Communities and Local Government, (forthcoming)
44. Mayo E, Steinberg T, *The Power of Information : An Independent Review,* Cabinet Office, 2007.
45. University College London, *Report for the Audit Commission, Improving Access to and Use of Public Sector Information, Helping Local Authorities to Develop Good Practice in the Context of the Freedom of Information Act 2000,* 2002.
46. Hagel III J, and Rayport J, *The New Infomediaries,* The McKinsey Quarterly, Number 4, 1997.
47. Experian Ltd, *Annual Report 2007,* 2007.
48. Davenport T, *'Competing on Analytics',* Harvard Business Review, January 2006.

## 付録4　本報告書の位置づけ

　本研究は、意思決定における情報の有効利用に関する研究の一部として、1998年地方自治体監査委員会法第33条および第34条に基づいて実施されている。同法第33条は、地方自治体が提供するサービスの経済的、効率的、および、有効的な改善に役立つ提案を行うという地方自治体監査委員会の責務について定めている。同法第34条は、地方自治体の経済的、効率的、および、有効的なサービス提供に関連する規制、政府の指示、および、ガイダンスに関する運営上の影響についての報告を地方自治体監査委員会が実施できることを定めている。

これまでの調査には、以下のものがあった。
- 5つの地方自治体でフィールドワークを行い、12以上の地方自治体に電話による調査を行った。
- バーミンガム大学公共政策学部地方自治研究所（参考文献37参照）およびクランフィールド大学が行った公共部門および民間部門それぞれの情報に関する文献の調査（参考文献36参照）を実施した（両文献とも地方自治体監査委員会のウェブサイトから入手可能である）。
- 先端経営調査研究所（AIM）による協力のもと、先進的な研究分野について助言することができる著名な研究者や実務家によるセミナーを開催した。

　2005年12月から2007年6月までコーポレート・アセスメントの分析を行った。コーポレート・アセスメントにおいて、地方自治体監査委員会は、地域住民に対するアウトカムやサービスの改善に関し、1つ星または2つ星の低い

評価となった地方自治体がどのように情報を利用するかについて、以下の点を調査した。

a) 地方自治体とパートナーの間でデータの必要要件について合意し、地域のニーズを互いに把握するために情報が共有されているか。

b) 関連する業績評価情報を改善や検討を行うために、情報の供給者と協働して取り組みをおこなっているか。また、時系列の傾向や類似地域および国の状況との比較が含まれているか。

c) データの分析と収集において、不利益を被る危険性のある特定の集団への配慮や地域的なニーズに留意がなされているか。

本研究のリサーチ・マネージャーはアレステア・エバンス、責任者はサイモン・マホニー、プロジェクト・ディレクターはジョン・カークパトリックである。

## セミナー参加者

　地方自治体監査委員会はセミナーに参加されたすべての方に感謝する。もとより、本報告書で示された見解は、地方自治体監査委員会が独自に報告したものである。セミナーは 2007 年 3 月に実施され、以下に示されている役職は、セミナー開催日におけるものである。

Adrian Barker（エイドリアン・バーカー）
　英国改善開発庁
Alan Meekings（アラン・ミーキングス）
　ランドマーク・コンサルティング最高経営責任者
Andrew Collinge（アンドリュー・コリンジ）
　MORI 社会調査研究所研究部長
Andy Neely（アンディ・ニーリ）
　クランフィールド大学経営管理大学院先端経営調査研究所（AIM）副所長
Christopher Hood（クリストファー・フッド）
　オックスフォード大学オール・ソウルズ・カレッジ教授・経済社会研究協議会（ESRC）公共サービスプログラム理事
Denise Lievesley（デニス・リーブスリー）
　英国保健福祉情報センター事務総長
Mike Kennerley（マイク・ケネリー）
　クランフィールド大学経営管理大学院主任研究員
Neil Prime（ニール・プライム）
　英国ヘルスケア委員会解析支援部長
Nick Sloan（ニック・スローン）

英国会計検査院業績評価部長
Paul Aliyn（ポール・アイリーン）
インペリアル大学臨床専任講師
Rosalyn Harper（ロザリン・ハーパー）
英国統計委員会統計研究員
Simon Jones（サイモン・ジョーンズ）
ドクター・フォスター分析サービス部長
Stephen Curtis（ステファン・カーティス）
レスターシャー県情報戦略部長
Sue Sylvester（スー・シルベスター）
ハンプシャー県政策業績部門職員
Tim Allen（ティム・アレン）
英国地方自治体協会調査情報管理部長
Tony Bovaird（トニー・ボベール）
バーミンガム大学地方自治研究所教授
Tony O'Connor（トニー・オコーナー）
首相支援機関主任分析官
Zoë Radnor（ゾイ・ラドナー）
ウォーリック・ビジネス・スクール上級講師
John Barradell（ジョン・バラデル）
ウェストミンスター市副事務総長
Robin Wensley（ロビン・ウェンスリー）
先端経営調査研究所（AIM）所長

【注】
(1) 地方自治体監査委員会、スコットランド監査局、北アイルランド監査事務局、ウェールズ監査事務局、および、英国勅許公共財務会計協会に承認されている。
(2) この期間に実施されたコーポレート・アセスメントでは、二層制下位の地方自治体の数は、情報利用について調査するにはあまりにも少数であったことから対象

としていない。
(3) より詳細については付録4を参照。
(4) 各々の言葉の意味については、多くの異なる見解があり、語義について議論することは有益でないと考えられる。より詳細な情報については、行政管理特別委員会の報告書（参考文献17参照）が優れた用語集を提供している。用語集の内容は、付録1に掲載している。また、本報告書で使用しているデータ、情報、知識についての定義も記載されている。本質的には、データとは事実であり、情報とはデータによって構築され、知識とは情報から作り出される結論である。
(5) 命令と統制は、改善の過程において、導入期では適切であるかもしれないが、その他の期間では適切でないと論じられている（参考文献24参照）。
(6) 例として次の文献があげられる。
Tuft E, *The Visual Display of Quantitative Information, Second Edition,* Graphics Press, 2001.
(7) すべての段階において、複雑な問題が含まれるものの、それらの多くは本報告書の扱う範囲外である。たとえば、組織はデータや情報の蓄積を行ったり、比較的少ない情報の集合体である場合には集計表を利用したりするために、ITに投資を行なっている。ITと情報経営については、本報告書では触れていない。

【訳者注】
＊1　スーパーマーケットを中心とした英国の大手小売業者のこと。
＊2　ミドルズブラは一層制地方自治体（ユニタリー）である。
＊3　救急出動のうち、すぐに救命処置が必要なケースをいう。
＊4　2003年にソーハムで起きた殺人事件のこと。学校の管理人であったイアン・ハントレーによって、2人の小学生の女子が殺害された。ハントレーには性犯罪で告訴された経歴があったが、その情報が正しく管理されていなかったため問題となった。
＊5　英国で起きた殺人事件のこと。開業医であったハロルド・シップマンは、患者に対して大量のモルヒネを投与することによって、少なくとも200名を超える患者を殺害したとされる。
＊6　ブリストル王立病院で起きた医療ミスの隠蔽事件のこと。心臓手術を受けた小児53人のうち29人が死亡していたことが判明していたにもかかわらず、そのことを隠蔽していた。内部告発により発覚し、大きな社会問題となった。
＊7　英国では、一般開業医を家庭医（General Practitioner：GP）として登録する制度がとられている。GPで受診後、専門医療機関を紹介され、専門治療を受ける。
＊8　英国で1990年代から実施されている学校評価のこと。独立の評価機関である

OfSTED（Office for Standards in Education）が実施している。
*9 英国議会に設置される行政サービス等を検討する委員会のこと。
*10 グラフの表題については訳者作成。
*11 グラフの表題については訳者作成。
*12 本報告書で紹介されているレスターシャー県庁のグラフのドットは、原著ではオレンジ色で示されており、犯罪発生率が高い地域ほどオレンジ色が強調して見えるように工夫されている。
*13 2007年6月、英国では平年の2倍を超える歴史的な降水量を記録し、各地で発生した洪水が大きな被害をもたらした。
*14 アメリカ・ドイツの大手物流会社のこと。
*15 フランス系大手ガス・電力供給会社のこと。
*16 アイルランドに本社を置く国際的情報サービス企業のこと。
*17 アメリカ系の大手金融会社のこと。
*18 アメリカ系の大手物流会社のこと。

# 第 III 部

# 地方自治体における
# 最高財務責任者の役割

The Role of the Chief Financial Officer in Local Government

英国勅許公共財務会計協会
Chartered Institute of Public Finance and Accountancy

# 序文

　本意見書は、地方自治体における最高財務責任者（Chief Financial Officer：CFO）の役割と責任について説明している。それは、CIPFA の『公共部門における CFO の役割[1]』に関する意見書を基礎とし、その意見書のなかで示された原則と役割を地方自治体に適用している。

　CFO は、業務における財務統制を確保し、資源を適切に活用して良い成果を生み出すために、それぞれの組織において重要な位置を占めている。グローバルな財務危機と経済不況の影響によって、多くの課題が CFO に突きつけられているが、このことは CFO の役割が基本的に重要なものであることを強調している。支出に見合う価値（Value for Money：VFM）を達成し、スチュワードシップ[*1]を確保することが、公共サービス組織における CFO の役割であり、地方自治体の CFO を規定する法的な責任の重要な要素なのである。

　CIPFA は、それらの責務を履行する CFO を支援し、かつ地方自治体に最高水準の有効な財務的助言を提供するために、年次会計報告書の要請でもある「遵守せよ、さもなくば説明せよ」ということを推進している。

CIPFA
『行政組織における財務部門責任者[*2]の役割』検討委員会
委員長
ジョン・ピッタム

CIPFA　事務総長
スティーブ・フリーア

# 用語の定義

公共サービスにはさまざまな組織構造やガバナンス環境が存在する。それは議員を含む場合もある一方で、それ以外の場合は常勤職員により構成されている。次の用語は、一般的な意味で意見書全体にわたって使用されている。意見書、支援指針、必要条件は、これらの用語にしたがって解釈されることになる。異なる公共サービス分野で使用される用語は、ここで使用される一般的な用語に置き換えられる場合がある。

| | |
|---|---|
| 最高財務責任者（CFO） | 財務戦略と財務運営を指揮・監督する役割を担う組織の最高幹部 |
| リーダーシップ・チーム | 理事者会とマネジメント・チームで構成される組織 |
| 理事者会 | 組織戦略の方向性を決定し、その達成に責任を有する人々のグループ |
| マネジメント・チーム | 組織戦略の実行を担う上級管理職などで構成される幹部職員のグループ |
| 事務総長 | 組織の最高幹部 |
| マネージャー | 組織のサービスや事業の目的の達成、クライアントや顧客に対するサービス提供に責任を負う一般職員 |
| 財務部門 | 本庁や各所管課内における財政問題に関する主要な責任をもつ一般職員の所属する部門（外部委託される場合もある） |
| ガバナンス[1] | 組織が全体として目的を達成し、市民とサービス利用者が期待している利益を享受できるように、経済性・効率性・有効性を重視し、倫理的にも問題なく運営されていることを保証するためのさまざまな取組 |
| 財務管理[2] | 行政が組織の目的を達成するために、事業の財政的側面を方向付け、統制し、影響を及ぼすシステム |

| 監査委員会 | リスク管理フレームワークの妥当性、内部統制環境の適切性と財務報告の完全性について、独立した立場から保証を提供することを担うガバナンスグループ |
|---|---|
| 内部監査 | 組織目的を達成しようとする時に、その有効性を評価することによって独立した立場から統制環境に関する客観的意見を組織に提供する保証機能 |
| 会計専門員 | 組織内に専門的基準を浸透させる役割を担う、優れた専門的資格を持つ会計士 |
| 年次ガバナンス報告書 | 組織が毎年、そのガバナンス環境について一般に公表する報告書 |
| 公共サービス組織 | 公共あるいは公益のために資金提供を受け、私的主体に所有されない1つまたは複数の法人であり、市民社会の社会的便益を提供するために財やサービスを供給するという主要な目的をもち、管理・運営される実体 |

[1] The Good Governance Standard for Public Services 2004
[2] CIPFA FM Model 2009

# 本意見書を公表するにあたって

　地方自治体における CFO の役割に関する本意見書は、地方自治体に対して公共部門に関する意見書の包括的な適用方法について、詳細に助言することを目的としている。地方自治体における CFO は、専門的基準によって制約を受けるばかりか、特定の法的責任も負っている。

　「財務管理者（Treasurer）」の役割および責任は、イングランドとウェールズにおいて判例法によって成立した。1906 年の法務長官対デ・ウィントンの判決によって、「財務管理者は、単なる地方自治体の職員ではなく、地域の納税者に対する受託者責任を持つ」ことが確立された。地方自治体における適切な財務管理のための体制を整備し、その体制に関する責任を有する CFO が、1972 年地方自治法第 151 条によって規定された[2]。

　1973 年地方自治法（スコットランド）第 95 条は、地方自治体における適切な財務の管理体制を整備し、その管理責任をもつ CFO を設置するよう定めている。北アイルランドでは、1972 年地方自治法（北アイルランド）第 54 条が、地方自治体の収入と支出について、CFO の監督下でそれらの適正で効率的な体制を作ることを定めている。

　本意見書は、CFO の役割を果たすうえで、法令と専門的基準の必要条件をどう満たすかについて示している。本意見書は、厳密に適用することを意図しておらず、CFO がすべての専門的基準および法的要請に準拠するにあたって、財務の専門家としての個人的責任を免れるものではない。それは、地方自治体における CFO の重要な責務を明文化し、なおかつ CFO が重要な個人の責任を果たすよう求められた場合に、その役割を果たすことを支援するよう意図している。本意見書は、CIPFA の全会員が遵守するよう要求される専門実務に関する CIPFA 意見書を参照している。他の会計団体の会員に対して本意見書

は、公共部門内のベスト・プラクティスを示している。すべての職業会計士は、国際会計士連盟（IFAC）を代表する国際会計士倫理基準審議会（IESBA）が策定した倫理規範と自ら所属する団体の倫理規範に注意を払うべきである。

　法的なフレームワークに関する説明は、本意見書の付録に収録されている。

# 本意見書を活用するにあたって

## 意見書のアプローチおよび構成

　本意見書は、行政組織における CFO の役割や、それらを支援するために必要とされる組織的な環境に付随する重要な活動と、行動を定義する 5 つの原則について示している。各原則を確実に実現するために、以下に掲げる要素を満たすことが求められている。

■組織
■役割
■個人

　意見書では各原則において、CFO が有効に機能し、CFO の重要な責務を果たすために必要な組織内のガバナンス環境について記している。本意見書では、さらに組織内の CFO の役割のうち重要な責任についても示している。日々の業務の多くは、実際には下位の職員に委任される場合もあれば、外部委託されている場合もあるが、CFO には監視と統制を維持することが求められている。

　個人の技能と専門的基準について説明した後、組織が CFO に期待する技術的助言やリーダーシップ技能について詳述する。これらは、CIPFA の重要な必要条件や他の会計団体の倫理規範、CFO が資格を持つ専門職として準拠すべき専門的基準を含んでいる。個人の技能に関する記述は、最適な原則と関連付けられているが、多くの場合、他の原則も支援している。

## 公共部門における最高財務責任者の役割に関する CIPFA 意見書

### 公共部門の CFO とは

1 　リーダーシップ・チームの主要メンバーとして、戦略を策定・立案し、それを実践することで、公共サービスの提供を通じて地方自治体の戦略目的を持続可能なかたちで達成しなければならない。
2 　短期や長期の予測、機会とリスクを十分に考慮し、地方自治体の全体的な財務戦略を調整するために、重要な経営的意思決定すべてに影響を与え、積極的に関与しなければならない。
3 　公金が常に保全され、適切に、経済性・効率性・有効性を重視して使用するよう、地方自治体全体の良好な財務管理を推進し、自治体のサービスを遂行しなければならない。

### 上記の責務を果たすために、CFO は

4 　目的を達成するために組織に資源を割り当て、財務部門を指揮・命令しなければならない。
5 　専門的な資格を有し、十分な経験がなければならない。

## 第1原則

　地方自治体のCFOは、リーダーシップ・チームの主要メンバーとして、戦略を策定・立案し、それを実践することで、公共サービスの提供を通じて地方自治体の戦略目的を持続可能なかたちで達成しなければならない。

### リーダーシップ・チームの主要メンバー

　公共サービス組織のリーダーシップ・チームは、執行部・非執行部[*3]のメンバーおよびその他議会議員を構成要素として、多様な組織形態を採っている。リーダーシップ・チームは、総合的な組織戦略の方向性を決定し、その戦略の実行や公共サービスの提供に関して責任を有している。英国政府は、組織が成功するために財務問題が重要であるという認識のなかで、全政府省庁が、省庁の委員会に出席する権限をもち、他の委員会委員と同等の地位を有する事務次官に対して直接報告する役目をもつ専門性をもったCFOを設置すべきであるという政策をとっている。

　英国財務省は「CFOの設置は、同じ基準を運用し、かつ同じ業務を実施している他のすべての公共部門にとっての成功事例である」と勧告している。CIPFAはこうした財務省の勧告を全面的に支持している。

　地方自治体はさまざまな執行部体制を採用・運用している。したがって、地方自治体におけるリーダーシップ・チームの概念は、執行委員会、公選市長、権限を委任されたサービスのポートフォリオ保有者[*4]および地方自治体のその他の重要な委員会を含んでいる。CFOは、全議員に助言するために、彼らの責任の均衡を保つとともに、リーダーシップ・チーム内で重要な役割を果たすことを求められる。

　地方自治体は、責任と権限を明確にし、正式な資格を有するCFOを設置す

ることを求められている。本意見書におけるガバナンス上の必要条件としては、CFO が専門的な資格を有し、財務について事務総長（Chief Executive : CE）に対し直接報告する役目を負い、リーダーシップ・チームのメンバーとして他のメンバーと同等以上の地位をもつことが求められている。本意見書では、一般的な組織体制と異なる場合、地方自治体の年次ガバナンス報告書においてその理由を公表する必要があり、それとともにどのような影響力を行使するかについて説明することを求めている。

**組織的な戦略の策定と実践**

　すべての地方自治体は、わずかな地方財源の獲得競争に直面し、地方税の負担に見合ったサービス提供を検討しなければならない。多くの地方自治体は歳出抑制を行い、あるいは増税することで対応する自治体もある。法的権限に基づいてリスクの適切な評価を行うとともに、外部補助金、使用料・手数料などの収入、あるいは商業活動など、歳入機会の強化に努めている。戦略計画は、外部の政治的環境、自治体における需要とコストの要因、長期債務の持続可能な管理、長期債務の借換えの必要性などを考慮する必要がある。財務は、自治体全体に関する方針と目標を示している。したがって CFO は、リーダーシップ・チームが有する戦略策定や実行の責任を共有しなければならない。この責任には、適切なガバナンス環境の影響を受ける議員に対する支援も含んでいる。また CFO は、それらの意思決定を通知するために議員に対して自由に助言ができる立場でなければならない。さらにリーダーシップ・チームのメンバーが、自らの役割を効果的に実行するために、CFO は必要な財務管理能力を確保しなければならない。

　CFO は、誠実性と財務統制に基本的な関心をもつことに加えて、地方自治体が最高水準のサービスを提供できるように、継続的な改善と改革を推進しなければならない。CFO は、先見の明をもって積極的に変化とリスクに対応し、アウトカムに焦点を当て、提供する公共サービスの変革や改革のために自治体計画の準備を支援しなければならない。CFO は、リーダーシップ・チームの

主要メンバーとしてだけでなく、地方自治体の価値や目的と合致する方法で行動しなければならない。

**資源の配分と組織の目的達成を支援すること**

　財務以外のサービスを管理すること、あるいは計画変更を先導することなど、CFOの担う責任が、財務を越えるさまざまな領域へ拡大する傾向にある。

　これらの責任はそれぞれ経営者としてCFO自身が対応することができる一方、地方自治体はCFOの守備範囲を拡大しすぎて、財務というCFOの最も重要な責任を軽視してはならない。CFOの役割を軽減したり、過負荷をかけたりすることは、結果的に自治体財務の脆弱化という結果をもたらすことになる。本意見書でCFOの中心的な責任を示すことで、地方自治体とCFOが適切に自治体財務の中心的な責任を果たすために、CFOの職務記述書（職務内容を明らかにした文書）の査定を可能にすることを意図している。

　地方自治体は、自らの組織目的を実現するために一連の協力関係、あるいは事業委託等で権限を委任した関係先と協働する必要がある。パートナーとの協働やコミュニティのアウトカムに焦点を当てることは、自治体に対する影響やパートナーシップの経営的意思決定への関与といった財政リスクや潜在的な負債について、CFOが理解しなければならないことを意味している。したがって、CFOは、パートナーとなる組織における重要な意思決定者と、建設的でしっかりとした協働関係の強化に努めなければならない。

**地方自治体の戦略目的を持続可能なかたちで公益のために実現すること**

　地方自治体は、利用可能な資源を活用する責任、あるいは短期・中期・長期における財務の健全性を維持する責任を有している。公共の福祉を最大化することは、サービス利用者のニーズや期待、選好と密接に関わっている。また、戦略の策定プロセスでは、自治体の関与と影響を考慮しなければならない。その際に公共サービスの優先事項を決定する内部プロセスでは、現在と将来の便益だけでなくさまざまなサービス利用者間の難しい利害調整とサービス配分と

いった課題に取り組む必要がある。

　住民に対する負担を抑制することが困難ななかで、財務管理に関するスチュワードシップを負うことは市民や納税者に対する説明責任を果たし、CFOが自治体の目的達成や政策実現に伴う財源と自治体全体の長期的需要の一致が求められている。このことは、CFOが組織全体の課題と意思決定を、自治体の目的達成のための財源と一致させるよう積極的に寄与しなければならないことを意味している。

　地方財政は複雑で、強い規制を受けている。そして、CFOには専門家としての技術的な助言と解釈で財務に寄与することが求められている。組織的な利益と公益が相反する場合には、CFOは公益のために行動しなければならない。

　地方自治体をはじめとする公共サービス組織では、このような専門職の責任は法令によって定められている。また、CFOの信託義務は判例法のなかで確立されている。法務長官対デ・ウィントン（1906年）の判決において、財務管理者は単なる地方自治体の職員ではなく、地域の納税者に対して受託者責任が存在することが確認された。これはCFOに対してもそのまま適用される。

　1972年地方自治法第151条は、イングランドおよびウェールズのすべての地方自治体が「…財務を適切に管理する体制を構築し、その管理のために幹部1人をその事務の管理の責任者として置くものとする」ことを要請している。

　1973年地方自治法（スコットランド）第95条は、実質的にスコットランドの地方自治体に対して同様のことを定めている。

　北アイルランドでは、1972年地方自治法（北アイルランド）第54条により、「地方自治体は、収入と支出について安全で効率的な体制を構築するために、CFOを指定し、その監督のもとで財務管理を行なうようにしなければならない」ことが求められている。

　1988年地方財政法第114条では、違法な支出あるいは赤字予算の場合、CFOによって監視責任者（Monitoring Officer: MO）[*5]と行政運営責任者（Head of paid service）[*6]と協議のうえ、全議員に対する報告書を作成することが規定され、イングランドとウェールズにおけるCFOの責任がさらに拡張された。ス

コットランドについては同条が適用されない代わりに、1973年地方自治法（スコットランド）第108条第2項および1992年地方財政法第93条第3項のなかで、均衡予算を調製するとの規定がなされている。北アイルランドにおける同様の義務は、法律には規定されていないが、1972年地方自治法（北アイルランド）第54条による法的責任と同様に、地方自治体のCFOに責任があるとされている。

例えば、サッカーの審判がレッドカード[6]をもっているように、CFOは、地方自治体が健全な財務状況を維持するように、資源のバランスを維持し、歳出計画に関与するために職業的専門家としての責任をもって介入しなければならない。必要な是正処置を実行するために、CFOは事務総長や他のリーダーシップ・チームメンバー、監査委員会、そして、外部監査に対して直接関与できなければならない。

### ガバナンス上の必要条件　　　　　　　　　　　　　　　　　　第1原則

- リーダーシップ・チームおよび各メンバーの役割と責任を、書面で明示する。
- CFOは事務総長に直接報告する役目をもち、他のリーダーシップ・チームのメンバーと同等以上の地位に位置づけられる。
- 組織体制が異なる場合は、上記と同じ効果があることと、異なる体制を採用する理由を公表する。
- 委任もしくは留保した権限に関する問題（具体的には理事者会による経営者の決定の留保）について、正式な日程などの事業計画を決定する。また、その更新と監視を行う。
- CFOを念頭に置いた地方自治体のガバナンス環境を構築する。
  - すべての重要な経営的意思決定に影響を与える
  - 事務総長、他のリーダーシップ・チームメンバー、議会の監査委員会および外部監査に対して直接連絡がとれる体制をとる
- CFOが財務問題で妥協しないために、財務以外の経営責任の範囲を見直す。

- リーダーシップ・チームが担う役割の実効性を保証するために、CFO が能力開発に関与する。また、CFO はリーダーシップ・チームのメンバーに必要とされる財務技能を評価する。

## CFO の中心的な責任　　　　　　　　　　　　　　　　　　　　第 1 原則

- CFO は、自治体における効果的なリーダーシップの発揮に貢献し、正確な分析と取組を通じて、自治体の目的とビジョンに対して常に目を向ける。
- 戦略の実施や組織全体にわたる問題、業務の統合や資源配分計画、リスク管理、業績管理などの地方自治体の有効な組織運営に対して貢献する。
- 下記の項目において地方自治体の有効なガバナンスの構築を支える。
  - 組織のガバナンス体制、リスク管理および財務報告のフレームワーク
  - 組織の意思決定体制
- 地方自治体における改善計画の変更を指揮・推進する。
- 財務バランスや予算執行を担保するモニタリング・プロセスを実現するために、中期財務戦略の策定や毎年の予算編成プロセスの構築を指揮する。

## 個人の技能および専門的基準　　　　　　　　　　　　　　　　第 1 原則

- CFO にふさわしい模範的な人物として、精力的かつ積極的で、決断力があり、力強く、柔軟性に富んだリーダーシップを持ち、周囲からの信頼と尊敬を集め、かつ高い行動倫理を示す。
- CFO が柔軟なリーダーシップのスタイルを身に付け、必要に応じて課題解決に向けた実施・協働・協議のビジョンを示して、それを実行する。
- 地方自治体の内部と外部の関係者双方に、強力な関係を構築する。
- 政治意識・政治感覚を持った他のリーダーシップ・チームのメンバーと効率的に作業を進める。
- 戦略、リスクおよびサービス提供の共有を応援する。
- 困難な局面において効率的に対処・処理する。
- マネジメントとリーダーシップの変革において、何がベスト・プラクティス

であるかを実現してみせる。
- 短期と長期で相反するような矛盾する圧力やニーズのバランスをとる。
- イノベーションと業績向上に対して強い関与を示す。
- コミュニティの多様な需要を満たす幅広い分野のサービス・ポートフォリオに対応する。
- CFOの役割における財務の専門的な側面と、環境や利害関係者の期待およびニーズを調整する。
- 自治体の規則や会計団体が実施するような、CIPFAやその他会計団体の会員に対して適用される専門職に関する倫理基準だけでなく、職業会計士のためのIFAC倫理規範を遵守する。規範のなかで示された根本原理には完全性、客観性、専門的能力、および、正当な注意義務、機密性や専門職意識の高い行動が挙げられる。また公平性は、これら公共サービスの活動で最も基本的要件となっている。

# 第2原則

　地方自治体のCFOは、短期や長期の予測、機会とリスクを十分に考慮し、地方自治体の全体的な財務戦略を調整するために、重要な経営的意思決定すべてに影響を与え、積極的に関与しなければならない。

**財務戦略に関する責任**

　組織は、その目標を効率的に達成するためには、資源の配分や最適化のための構造が必要となる。財務権限の集中化は、財務計画を自治体のビジョンと戦略目的に合わせることにより、政策大綱を実現する際にCFOがリーダーシップ・チームに助言し支援するという指導的役割を果たさなければならないことを意味している。

　全面的な組織ガバナンスと運営体制のなかで、自治体の戦略目的を継続的に達成するために、CFOには主たる財務戦略の策定や実行に対する直接的な責任がある。自治体財務の健全性のための中長期戦略を策定するために、CFOは意思決定者と密接に業務を遂行しなければならない。

　CFOは、予算の制約や税率上限のなかで、サービスのアウトプットと地域コミュニティの便益を最適化するために、資源配分モデルを開発し、対応しなければならない。このモデルを実行する際に、政治主導から生じる財務とリスクの密接な関連性が分析され、適切に対処されたことをCFOは保証しなければならない。モデルでは、財務目標やベンチマークと同様に、資本投資プログラムと年間の事業も把握しなければならない。それらは地方自治体の財源が持続可能な状態であることを確保するために、将来的な債務負担義務と利用可能な資源、望ましい留保財源の水準を考慮に入れなければならない。

　2000年地方自治法（イングランドおよびウェールズ）に基づき国務大臣に

よって出されたガイダンス[8]では、CFO および MO が必要に応じて会議へ参加し報告書を入手する必要があり、議員は定期的に CFO と協議すべきであると助言している[9]。

　特に以下のことについて、財務部門責任者がもつ自治体経営における重要な役割に関する助言が定められている。

■具体的には、財務に関する専門的な助言を通じて組織運営に貢献する
■財務管理とスチュワードシップに継続して取り組む
■全議員・全幹部職員それぞれの役割に対して助言や補佐をする
■メディアや住民、地域コミュニティに対して財務情報を提供する

　スコットランドまたは北アイルランドにはこれに相当する法的要件は存在しないが、ガイダンスの内容はイングランドと同様に適用される。

**意思決定に影響を及ぼすこと**
　地方自治体は、意思決定において厳格でなければならず、その決定理由を明確にするとともに、補足的情報や期待される効果を示さなければならない。これは、どのような場合でもすべての重要な経営的意思決定において影響力を行使することや、積極的に関与することを、CFO に求めている。
　CFO は、地方自治体の経営状態および長期的政策の実行可能性に関する責任を果たすために、議員を含むリーダーシップ・チームに直接助言するべきである。CFO は、重要な経営的意思決定に影響力を持ち、他の意思決定者と対等な地位や信頼性を備え、説得力と確かな方法でコミュニケーションをとらなければならない。リーダーシップ・チームへの CFO の助言や報告書は、明確・簡潔で、関連性と適時性を備えなければならない。そして、チームが認識しなければならない問題に着目して行動の代替案が示されなければならない。
　CFO は、地方自治体のリーダーシップをもつ執行部・非執行部の双方と相互に尊重することや、効果的なコミュニケーションをとること、そして強力で

前向きな機能的関係を深めるように行動しなければならない。職員と同様に公選議員に情報と助言を提供することは、倫理や、より広い範囲にわたる公益、交渉術についての理解を求めることになる。

2003年地方自治法と2003年スコットランド地方自治法は、財務管理の健全性・有効性がいかに重要であるかを強調している。これらの法令では、健全な財政状況を保持するために、資本会計の借入や投資について健全性規範の範囲内にとどめることを求めている。この責任に関する助言は、CIPFAの「投資に関する健全性規範」[10]のなかで示されている。

イングランドとウェールズでは、予算見積りの確実性および財源留保の妥当性に基づいて予算案を検討し、地方税を設定する際にCFOには地方自治体に対して公的な報告書によって報告するべき法的義務があるとされている。さらに、イングランドの国務大臣あるいはウェールズ議会には、地方自治体が債務超過を改善できない場合、またCFOの助言に反して留保を減少させた場合には、規則によって使用できる留保を法に定める最小限レベルに制限する留保権限がある。しかし、スコットランドまたは北アイルランドにはこれに相当する特別立法は存在しない。

財政逼迫が予算に影響を与えることが予想される場合や、収入に不足が生じる場合には、その年に行われるレビューとそれに対する措置のもとで、地方自治体の財源を維持するために、CFOは法令による要求[11]を満たすうえで重要な役割を果たしている。

**意思決定者のための財務情報**

意思決定を行う自治体の全ての段階において、財務的影響およびリスクを明確に示し、関連性のある、客観的で信頼できる財務分析と助言が提供されなければならない。

CFOは、必要とされる財務情報と助言を、リーダーシップ・チームと自治体各階層の意思決定者に提供するという重要な役割を担っている。

有益な財務分析と信頼性が高く公平な解釈は、業績管理、資産管理、投資の

査定、リスク管理および統制の重要な要素である。

　CFO 単独での特定の責任ではないが、CFO は（MO および最高法務責任者（Chief Legal Officer： CLO）とともに）政策を策定する場合にすべての関連事項が正しく織り込まれているかを重視した「ウェンズベリ」原則[12]に留意しなければならない。

　この場合の判断は、法令の裁量の範囲内での自治体の行動が、不当と見なされる場合、または国会が与えた権限を逸脱する場合、そして以下の場合は無効とされる。

■意思決定において、必要のない問題まで考慮に入れた。
■本来、考慮に入れるべき問題を考慮しなかった。
■たとえ上記の2つの状況に該当しない場合でも、結果的に地方自治体が常に合理的な意思決定ができないという極めて不当な状態にある。

　これらの法則は、政策に関する決定が議員個人、あるいは集団的に行われるかどうかにかかわらず当てはまる。

　これらの法則が遵守されたことを示すために、政策決定および関連する助言が、日常業務の問題として明文化されることが重要である。

　「ウェンズベリ」原則はスコットランドまたは北アイルランドには適用されないが、この原則を重視することは、適切なガバナンスや意思決定を実現するものと考えられている。

| ガバナンス上の必要条件 | 第 2 原則 |
| --- | --- |

■地方自治体の戦略目的を実現するために、中期的事業・財務計画を策定する。
　戦略目的には次の事項が含まれる。
　　－持続可能な財源を保証する中期財務戦略
　　－収支バランスのための信頼性の高い年間予算プロセス

－計画の実行を可能にするモニタリング・プロセス
■前提条件が継続的に関連性を有しているかを確認するために、定期的な見直しを図る。
■財務的影響を有する問題に対して専門的助言を活用し、意思決定に先立って正しく記録し、助言を適切に用いる。
■堅実な予算見積りを行い、適当な引当金を確保することで、CIPFA のガイダンスを遵守する。
■上記の意思決定には、目的に合った情報（関連性や適時性のある財務問題およびそれらの影響について明瞭な説明を与えていること）が提供される。
■自治体の政策とサービス目的を合致させ、意思決定を支援するために、適時性・正確性・公平性に基づく財務に関する助言や情報が提供される。そして公金の執行管理や業務の VFM における効果的なスチュワードシップを提供する。
■地方自治体が継続的に実施する健全性財務フレームワーク、すなわち、利用可能な資源と支払義務の適度なバランスを保つ。このバランスの継続が必要な場合、是正処置をとるために収支の水準を監視する。
■成功事例を導くガイダンスに従い、内部留保と財務バランスの水準に関する助言を提供する。
■CIPFA の地方自治体における資本調達のための健全性フレームワーク基準および CIPFA の資金管理規範[7]を遵守すること。
■財源を定期的・継続的に見直すために、適切な管理会計制度や機能、統制の環境整備をする。これらのシステムや機能、統制は、パートナーシップ協定や外部委託、自治体に関係する組織等の全行動に対して、常に適用される。
■予算管理者および幹部職員に情報提供し報告される自治体予算・財務業績が、条件の明確性、内容の明瞭性、適時性、完全性および正確性を備えている。

## CFO の中心的な責任　　　　　　　　　　　　　　　　第 2 原則

### 財務戦略に対する責任

- 明確な戦略・運用上の判断基準を背景とした、サービスの実施計画と提供体制とともに財務フレームワークを承認する。
- 長期財務戦略を維持するために、自治体内で合意された業績フレームワーク内の実行可能性を保持する。
- 業績を調査し、持続可能で長期的な財政健全性を補強する財務管理政策を実行する。
- 取引の機会および財務目標に関する助言や評価を行う。
- 事業の優先事項を実行するための有効な資源配分モデルを開発し、継続的に運用する。
- 資産管理や貸借対照表を活用した経営の指揮をする。
- 計画立案と予算編成の調整を行う。

### 意思決定への影響

- 機会とリスクを十分考慮し、意思決定を組織全体の財務戦略につなげる。
- 意思決定者が適切な時期に情報に基づく経営的意思決定をすることを可能にし、専門的助言と客観的な財務分析を提供する。
- 効率的な体制が正しく設置され、議員の戦略立案を支援し、正確で完全な助言を提供するための、十分利用可能な資料が確保される。
- 資金計画や予算を決定する際、明確で、タイミング良く、正確な助言を執行部に提供する。
- 資金計画や予算編成の検討にあたって、議会の監視活動に対し助言する。
- 適切な専門的ガイダンスを使用した評価および適切な VFM 分析の後、自治体の資本計画を策定する。
- 革新的な財務アプローチを取り入れる際、法的な要求事項に準拠していることを初期段階でチェックする。

#### 意思決定者のための財務情報
■是正措置の必要性を確認するために、業績情報や戦略目標に関係する財務実績の報告と監視を行う。
■適切な勘定科目を設定する。
■他の団体とのパートナーシップを反映させた、全体像が明らかになるような財務報告の対象範囲を設定する。

### 個人の技能および専門的基準　　　　　　　　　　　　　　　第2原則
■CFO は以下のことを実行するために、常に合理的なプロセスを経ること。
 −予算は、地方自治体における戦略・運用上の管理に不可欠な部分として計画され、組織構造やその責任体系とを整合しなければならない。
 −予算は、将来の資源や支払義務の過去の実績、正確な評価などの信頼できるデータに基づいて調製される。また、予算に計上された政策と優先事項は公開のうえで、一貫性を持った完全な方法で評価される。
 −予算管理と予算統制に関する責任は、正しく債務に支出の許可を与えるために、明確なかたちで分担される。また、予算は、明確な目的とアウトプットに関連付けされる。
 −会計と財務の情報システムは、すべての利用者に対して適切なタイミングで、地方自治体の目的およびその責任のための適切な情報を提供する。

■その他の適切な管理・事業・戦略的計画に関する技術を実践する。
■財務戦略や自治体全体の戦略と連携する。
■CFO は（圧力のもとでも）困難な決定を引き受け、継続して取り組む意欲を示す。
■適切な財務リスクおよび事業リスクの管理権限を得る。
■CFO がもつ情報に関係するすべての経営的意思決定を把握するために、自治体内部で効果的な連携を行う。
■住民をはじめとする組織内外の多くの聞き手に対する説得力があり、簡潔な

コミュニケーションが内部的および外部的に模範となるよう行動する。
■明瞭で、信頼感のある、公平な専門的助言をする。また、複雑な財務状況を客観的に分析し、解釈を提供する。
■個人・組織に関連する法令、規則および専門的基準を適用する。
■イノベーションや付加価値を生み出すという前向きな要求を実現する。
■効果的に課題に取り組み、建設的なフィードバックを相互に与えあう。
■CFO は、政治的な状況のなかにいることを理解したうえで運営を行う。

## 第3原則

　地方自治体のCFOは、公金が常に保全され、適切に、経済性・効率性・有効性を重視して使用するよう、地方自治体全体の良好な財務管理を推進し、自治体のサービスを遂行しなければならない。

### 適切な財務管理の推進と実現

　適切な財務管理は、公共サービスに対する信頼、ならびに、納税者や他の資金提供者との良好な関係を確立するために極めて重要である。リーダーシップ・チームは、財務管理が戦略目的を達成するために重要な役割を果たしており、また公金が正しく支出されているかを実証することをCFOとともに行う必要がある。CFOは、自治体全体で適切な財務管理を実行し維持するための、強いフレームワークを率先して確立しなければならない。CFOは、財務管理に関する既存の組織における取組方法の評価に貢献している。そして改善は、自治体における戦略の方向性を一致させるために必要とされている。

　財務管理は、自治体全体に関わる業務である。リーダーシップ・チーム、マネージャー、財務部門のすべてが自らの財務管理責任を効果的に果たそうとした時、彼らは共同で財政に精通し高い財務能力を持つ地方自治体に作り替える。CFOは、組織全体に対して積極的に財務リテラシーを普及しなければならない。その結果、リーダーシップ・チームやマネージャーは、財務管理の責任を果たすと同時に、リスク管理と業績管理に関する広範な責任を果たすことができる。

### ベスト・バリューとVFM

　CFOは、価値創造と業績によって統制と法令遵守のバランスをとる重要な

役割を担っている。財務に有益な VFM とは、増税することなく、資源をより高い優先順位に活用できるよう投入することである。適切な資金調達は、社会的アウトカムの確保を支援する CFO の中心的役割である。CFO は基礎を整えるとともに、公共サービスに見合う価値を最大化するために、適切な財務管理によって限られた資源を有効活用することに、重点的に取り組むことになる。VFM（経済性、効率性および有効性）は、すべてのマネージャーの関心事とならなければならない。しかし、CFO は、効率性や VFM を追求する文化を率先して育成し、推進する必要がある。

このために、以下のようなアプローチと技術を適用することが考えられる。

■CFO は、地方自治体が VFM を測定し、VFM と業績を効果的に調査する基礎となる情報を備えていることを確認する。
■資産管理、施設等の維持管理のための戦略や、他の資源を効率的に利用するための助言を行う。
■ベンチマーキング、IT、シェアード・サービス、プロセス分析、コスト管理など、より効率性・有効性・経済性の高い民間事業者等との協力や、効率的なツール、技術の活用や開発にリーダーシップを発揮する。
■事業計画の変更や、歳入増加の提案、投資事業の正確な財政査定、財務の監視をする。


**公金の保全**

　CFO は、財務リスクを管理するために、財務の統制と手続のフレームワークの実施および維持管理を指示しなければならない。そして、資源の範囲内で予算を編成し、これを管理することができる会計プロセスを決定し、財務管理手続を監視しなければならない。基礎的な段階において、これはリスク管理と内部統制の信頼性の高いシステムを確保することを意味し、財務の統制が常に実施される。また、地方自治体は、組織の保有する資産を不正行為と損失から保全するための適切な手段を実行する必要がある。

CFO は、スチュワードシップに関して特定の役割を持っている。これは財務に関する説明責任と財務報告のフレームワークを定義するだけでなく、ガバナンスの構造は財務管理、内部統制、リスク管理および保証も含むものである。

　加えて地方自治体における財務部門責任者の責任は、より広く住民に対する責任も負っている。地方自治体は、地域住民が拠出した金銭の受託者とみなされている。また、財務部門責任者には、1906 年のデ・ウィントンの判決で確立されたように、地域住民に代わって地方自治体の資源を適切に管理する、最も重要な法的義務と道徳的義務がある。

　実際には、財務部門責任者がスチュワードシップや公金の適正管理に対する個人的責任を負っており、高い水準の誠実さをもたなければならないことを意味している。したがって、強固な財務管理、正確な財務報告および有効な財務統制が、地方自治体における財務部門責任者の重要な役割である。この役割は、1988 年地方財政法（イングランドおよびウェールズ）によって強化されたものであり、財務部門責任者には不正の発見と同様に不適切な財務管理についても報告することが求められている。

　1988 年法第 114 条は、違法な支出あるいは赤字予算を編成するかその可能性がある場合、CFO は MO および行政運営責任者と協議をして、地方自治体の全議員に報告することが求められている。同条はスコットランドには適用されないが、それに相当するものとして、均衡予算を調製する要求が、1973 年地方自治法（スコットランド）第 108 条第 2 項および 1992 年地方財政法第 93 条第 3 項のなかで規定されている。北アイルランドにおいては、法令には規定されていないものの、同様の義務は 1972 年地方自治法（北アイルランド）第 54 条のもとでの法的義務として地方自治体の CFO に責任があると規定されている。さらに本意見書の付録 C には、第 114 条に基づく報告書が必要となる場合に、補足するための行動計画を推奨する基準書が掲載されている。第 114 条は、スコットランドまたは北アイルランドに対しては適用されないが、その基礎となる法令、および付録 C において示されている行動は、健全な財務管

理に対するCFOの全体的な責任を全うする手段として財務部門責任者に求められている。

　基準の一貫性および財務活動の透明性は不可欠である。本意見書におけるCIPFAの見解は、CFOの法令に基づく役割が地方自治体の区域にとどまらず、地方自治体が権限を有するパートナーシップや権限が委譲された組織、合弁事業および第三セクターへも適用される。

保証と監視

　公金支出に対する説明責任は、地方自治体に求められる重要な要件である。それらは、調査グループ、サービス検査機関および外部監査人のような仲介役となる利害関係者や、市民、サービス利用者、資金提供者および納税者という主要な利害関係者に対する説明責任である。

　CFOの役割において、情報の流れを管理することは、財政問題における地方自治体の「大使」[*8]のような役割を担い、また利害関係者との関係を構築するうえで重要な要素である。CFOは、資金提供者、規制当局、外部監査人、そして地方自治体内部の調査を実施するさまざまなグループといったように、正規に地方自治体の詳細調査を行う人々に、情報を提供し助言をしなければならない。コミュニティや納税者、報道機関はより多くの情報を期待している。

　内部監査は重要な独立した内部監視活動である。CFOは、地方自治体の内部監査体制構築を支援し、（議会の）監査委員会に必要な助言および情報の提供を保証しなければならない。その結果、両方の機能を有効に発揮させることができる。

　公共サービス供給者は、外部に対する財務報告を行うさまざまな必要条件に関する規定および基準を遵守することが求められる。その一方で価値を測定する尺度は、財務・非財務の業績目標で表現されている。外部報告におけるCFOの役割は、自治体に関連する報告要件を満たし、（利用者のニーズを意識した）専門的な先進事例を適用することである。外部に対する財務報告は、分析と情報に裏付けられた高水準なものでなければならず、無限定適正意見を受けなけ

ればならない。このことは、CFOが外部監査人と検査官との建設的かつ専門的な関係を通じて、促進される。

2003年会計・監査規則（イングランドとウェールズ）、1985年地方自治体会計規則（スコットランド）、2006年地方自治体会計および監査規則（北アイルランド）において、会計記録に関係する補足情報、統制体制および決算報告に関する責任が、財務部門責任者に課されている。

イングランドおよびウェールズの規則において最も特徴的なのは、内部監査の要求である。規則第6条は「当該団体は、会計記録および内部統制システムについて、適切で有効な内部監査システムを継続的に運用しなければならない」ことを要求している。同様の規定は、北アイルランドにおいては2006年地方自治体（会計・監査）規則（北アイルランド）第3条aの規定にも存在している。スコットランドの内部監査について具体的な規定はないが、目的達成時における財務部門責任者の説明責任の解除は、有効な内部監査に一部依拠することとなる。

### ガバナンス上の必要条件　　　　　　　　　　　　　　　　第3原則

- ■CFOは、すべての財政問題に対して適切な助言を与え、財務記録や会計記録を保持し、効率的な財務統制のシステムを継続的に運用することに関する責任を有する。
- ■財政運営のためのシステムおよびプロセス、地方自治体の資源および資産の保全および財務統制は、適切な倫理基準と実務の有効性の継続的な監視に適合するように構築される。
- ■地方自治体に対して、明文化されたガイダンスによって規定される内部財務管理、予算制度、監視（監督）、経営見直しとモニタリング、物理的な保全手段、責任の分離、会計手続、情報システム、権限の付与と承認プロセスを導入する。これらの統制は、地方自治体における組織ガバナンスの基本的フレームワークの不可欠な部分として、地方自治体に関する規範に反映される。

■財務統制や内部統制、および年次ガバナンス報告書のリスク管理をするために自治体の体制を整備する。
■地方自治体の活動・成果、その財務状態や財務実績を表す年次会計報告を必要に応じて行う。
■内部監査が有効に機能するように支援する。
■監査委員会の効率性を強化し、継続的に運用する。
■地方自治体が資源利用を最適化し、納税者・サービス利用者にVFMの効果をもたらす。
■人的要件および人事評価のなかに財務知識に関する項目を取り入れる。
■CFOが、マネージャーに求められる財務技能を評価する。また、マネージャーの役割を効果的に果たすために、CFOが能力開発に関与する。
■財務実績・予算管理を監視する議員の役割および責任を明確にする。財務技能を正しく利用し、自らの責任を解除するために、適切な財務知識に関する教育研修を継続的に提供する。

## CFOの中心的な責任　　　　　　　　　　　　　　第3原則

**財務管理の推進**

■自治体戦略の方向性を一致させるために必要な、財務管理の方式と業務改善を決定する。
■地方自治体全体における財務リテラシーの向上を積極的に推進する。
■執行部・非執行部を問わず選挙で選出された議員と、現場の組織・人員を含む財務管理を担当する幹部職員の両方の役割や責任を明確に定めた手順を開発する。

**VFM**

■財務部局の同意に基づく財政政策や財政運営上の提案をすることで、（特に費用対効果やVFMに関して）意思決定者と意見を交換し、支援する。
■財務に関する「重要な」決定を行う初期段階で、CFOが助言を行う。

■適切な資産管理や調達戦略を維持する。
■長期の商業的契約から発生する利益や価値を管理する。

**公金保全**
■財務管理、リスク管理および資産管理のすべてを網羅する強力な内部統制を適用する。
■サービス提供の評価を助けるために予算・財務目標・業績指標を設定する。
■信頼性を保証するために、財務上の指示・運用マニュアル・実務規範の遵守など有効な内部統制システムを整備する。
■CIPFAの実務規範の遵守や、職務基準が求める内部統制のシステムと統制環境について、自治体が有効な内部監査の体制を正しく設置する。
■現場に委任された財務権限を尊重する。
■資産の保全、リスクの軽減および保険などの重要な業務上のリスクを識別し、管理する体制を整備・運用する。
■投資事業および事業完了検査後の事業を監視する。
■財務運営上の職責を適切に分離するとともに、現預金の管理、資金管理、負債およびキャッシュ・フローなどの財務管理に財務に関する規律を適用する。
■地方自治体が管理する自己資金による投資、借入、キャッシュ・フロー、もしくは代行管理する年金や信託基金を効果的に管理する。つまり最適な業績を追求することや、関連したリスクと収益の調和を図る観点から、それらのリスクを有効に管理する。
■不正行為と腐敗を防ぎ、それらを検知する適切な手段を実行する。
■財務プロセスと財務情報のために、バランスの取れた業務の継続的な体制の整備を図る。
■すべてのパートナーシップに、明文化された内部統制を適用する。

保証および調査
- ■CFO は、委員会や野党の要求に応じて、地方自治体およびパートナーシップの業績を報告する。
- ■資源、財務戦略、サービス計画、目標と業績に関する正確性、明確性、適切性、健全性、客観性を保持するために、議員、コミュニティ、および、メディアに財務情報や業績情報を提供する。
- ■議会の監査委員会や関連する監視グループに対する助言を行う。
- ■どのような判断が資源配分に関する決定に対して合法的に影響を与えることができるか、またできないかについて、明確性、適時性、正確性を備えた助言を CFO から執行部や監視する側に提供する。
- ■予算、決算、中央政府と地方の連結決算のための統合データを公表するために作成する。
- ■財務諸表を最新の基準に基づいて作成する。法令や財務報告基準、CIPFA/LASAAC 協力委員会によって策定された英国地方自治体会計実務規範（CO-PLAA）を反映し、専門的基準の必要条件を満たす。
- ■年次財務報告書を承認する。
- ■他の会計や補助金の要望（地方自治体が、計画を主導するコミュニティのための責任のある受け皿となる場合には当該地方自治体も含む）が、法律および他のパートナーシップの要請を満たし、スキームの条件に適合するような体制を適切に整備する。
- ■外部監査人と連携する。

| 個人の技能および専門的基準 | 第3原則 |
| --- | --- |

- ■CFO は、以下のことを実行するために、常に合理的なプロセスを経なければならない。
    - －有効なシステムおよび手続きは、定期的な間隔で予算とそれらの目的に対する進捗度合いを監視する。その適切に報告する仕組みが正しく設置されているか。

- 補助金や支払や税等の納付が、期限を遵守し、正確に法的必要条件に従って行われているか。
- 現金は、特に横領を防止するために特別な注意のもとで扱われているか。また、電子取引・キャッシュレス取引の取り扱いに対処するため、安全体制を適切に導入しているか。
- 会計と財務情報システムは地方自治体の財務取引に関して、利用可能で、完全で、包括的で、一貫した、正確な財務記録を提供しているか。
- すべての財務報告は、目的適合性・信頼性・一貫性を持ち、地方自治体の有用な会計・財務情報システムと対応しているか。すべての利用者にとって最適な時期に、会計や財務の責任と地方自治体の目的に合致した情報となっているか。
- 各地方自治体における特定の法律的枠組みのなかで、税を効率的・効果的に管理するための諸制度が整備されているか。特に、納税義務と債務が適切に報告・説明されており、税に関連するいかなる損失も防止するようにしているか。
- 資金管理は、CIPFAの資金管理規範に従って行っているか。有効な資金管理体制が適切に導入されているか。

■地方自治体全体の適切な財務管理の提供を支援し、財務管理に関する「取組み」を作り出す。
■パートナーシップの維持・発展と、共同事業に効果的に関与する。
■効率的な会議の運営・進行に関する技能を身につける。
■リスクを認識するという解決法以外に、継続的な改善と革新に関与する体制を構築し、実際に行動する。
■地方自治体財務におけるマネジメントの基盤となる、スチュワードシップと誠実性を認識する。

# 第4原則

地方自治体の CFO は、目的を達成するために組織に資源を割り当て、財務部門を指揮・命令しなければならない。

**業務の財政需要を満たす**

　財務部門の組織は、急速に変化している。伝統的に財務部門は、集権的なサービスであったが、近年、財務部門は権限移譲された事業部門の財務担当者を含むようになった。この体制は現在に至り、外部委託された事業や、組織間で共有されるサービスを含む場合もある。

　どのような構造であれ、内部・外部の両方にわたる顧客の強い関心は、財務部門が行う業務の重要な要素であることに変わりはない。それは、追加投資や事業計画変更の査定、有効なリスク管理フレームワークにおいて財務問題に対処し、独創的な解決策で寄与するなど、地方自治体の広範な課題を解決していかなければならない。

　財務部門は、さらに地方自治体の財務状態および財務業績に関する責務を正しく理解しなければならない。CFO は、地方自治体における効率的なシステムの支援を受けて、財務業績の説明という責任を果たすために、財務に関する十分な専門知識を有していなければならない。必要とされる経営資源は、財務環境の複雑さに比例している。

　1988 年地方財政法第 114 条第 7 項では、「本条（つまり第 114 条）に定める配慮と経営資源を CFO と担当職員に提供しなければならない」として、イングランドおよびウェールズの地方自治体の CFO にそれら経営資源を供給することを規定している。スコットランドまたは北アイルランドには、これと同様の規定は存在しない。

#### 財務に関する技能の適切な開発

　CFO は、さまざまなレベルの議員や職員に対応した技能の開発およびトレーニングを実施するなど、組織全体における財務リテラシーの普及を図らなければならない。しかしながら、現在と将来にわたる財務技能の要請に対応するために、CFO は財務部門の職員に対する学習および能力開発について特別な責任を負っている。これは、財務の専門的技能をはじめ財務部門で必要とされる能力を認識することが含まれる。財政に対する職責を果たし、業績を向上させ、組織の新しい方向性やイノベーションに寄与するための技能や経験を活用することが含まれる。

　CFO は、当該自治体全体の会計・財務の専門家である会計専門員の役割が、法令や専門的基準に準拠し、適切に履行されていることを保証しなければならない。現場の財務担当者が CFO の直接の指揮系統に属さない場合、組織内で財務に関する権限移譲が行われている状況において、CFO の専門的責任を果たすうえで、CFO が財務問題に関するリーダーシップを発揮するには、明文化された指揮系統の整備が求められる。

### ガバナンス上の必要条件　　　　　　　　　　　　　　　　第 4 原則
- CFO が役割を効果的に果たすために、必要な経営資源、専門知識やシステムを財務部門に提供する。
- 組織全体における財務部門の職員のために、CFO が職業専門家としての説明責任を果たすための手段を確保する。

### CFO の中心的な責任　　　　　　　　　　　　　　　　　　第 4 原則
- CFO は、財務部門が十分に業務に貢献し、業務上の要求を満たすように、指揮・命令する。
- 財務部門が業務上の要求を十分満たすために、投入する経営資源、専門知識およびシステムを決定する。これらを包括的な財務フレームワークに適合させる。

■財務部門の職員の採用や財務機能のアウトソーシングについて強く推し進める。
■CFO は、財務部門の業績評価をし、提供されるサービスが利害関係者の期待やニーズに沿っているか調査する。
■継続的に財務部門の改善に努める。
■現在と将来の業務を管理するために、財務部門の職員、マネージャーやリーダーシップ・チームが財務能力や専門知識を身に付け、CFO がそれを確認する。
■組織におけるすべての財務部門の職員のために、会計専門員がその役割を適切に履行する体制を確保する。
■CFO は、専門的基準の適用について、最終決定権者としての役割を果たす。

### 個人の技能および専門的基準　　　　　　　　　　　　　　第 4 原則

■財務部門のビジョンを作成し、意思疎通を図る。
■CFO は、財務部門に対し顧客志向の文化を尊重するよう手本となる。
■開放的な組織環境で効果的な指導法を構築し、「非難しない」[*9] 指導法を確立する。
■外部の利害関係者や広く自治体組織内部の人々と、財務部門との効果的なコミュニケーションを図る。
■計画策定やプロセス管理の技能を強化する。
■CFO は、財務部門のために有効な業績目標を設定し、監視する。
■有能な職員による業績管理を手本として、その手法を財務部門全体で学ぶ。
■職員の技術や人材育成を指導する。
■信頼性、完全性、誠実性などの行動倫理を高い水準に引きあげる。
■財務部門内において専門家の助言が得られない場合、必要に応じて外部専門家の知見を用いる。
■CFO が、現在の財務的・専門的問題とその影響について、財務部門と意見を交換する。

# 第5原則

地方自治体の CFO は、専門的な資格を有し、十分な経験がなければならない。

## 専門性および対人能力の証明

　自治体全体において財務的リーダーシップを発揮するために、CFO が有する専門家としての立場を示すことが求められる。会計団体の会員と同様に、CFO の技能や知見、専門知識は、会計士試験によってその水準を確認し、資格取得後は、組織化されモニタリングされる状況のもとで継続的に自らの能力開発に努めなければならない。CFO は、正確性、誠実性、完全性、客観性、公平性、透明性および信頼性といった専門的価値観をしっかりと遵守し、財務部門全体においてこれらの価値観を推進しなければならない。

　CFO は明瞭かつ確実な方法で、複雑な財務情報を伝えなければならない。それらは、CFO が行う指示や、影響、評価、情報伝達などそれぞれの状況下で有効に機能しなければならない。CFO は、財務の原則や倫理規範に対して主張したり擁護したりする必要がある場合に、自治体に強い影響力をもち、公平かつ客観的な助言の裏付けとなる確信をもって業務にあたらなければならない。

　CFO に任命された幹部職員は、イングランドおよびウェールズにおいて 1988 年地方財政法第 113 条によって指定された会計団体の会員でなければならない。イングランドとウェールズ両地域では、これはグッド・プラクティスであると広く認識されているが、北アイルランドとスコットランドにはこうした法的要件はない。

　地方自治体の「幹部職員」には法令に基づく役割が求められている。「幹部職員」は法的に定義されてはいないが、1972 年地方自治法における「一般職

員」「幹部職員」などは地方自治体職員をすべて包含するように規定されている。それは、財務管理サービスを請負契約に基づき外部委託する地方自治体に対しても適用可能である。

### 実務経験と職業的専門家としての経験の活用

　CFO は、同僚、検査官、利害関係者から尊敬や信頼を得るために、財務目的という限定された分野を越えて将来を想起し、より広い業務を理解し、深く関与しなければならない。実際に、これは業績管理やプロジェクト・リーダーシップに代表されるアプローチを正しく把握し、戦略的役割において創造的かつ建設的で、効果的に経営責任を果たすことを意味している。

　CFO は、提案を評価し、技能を有する専門家としての助言を行うために経営的意思決定を支持する財務分析のツールや技術の適用方法や適用時期に熟知しなければならない。このような技術は、戦略的分析、組織のベスト・プラクティス調査、ベンチマーキング、オプション評価、業績測定、および、リスク評価を含んでいる。しかしながら、データは常に明瞭であるとは限らない。また、CFO は不完全な情報に対しても判断を下さなければならない。

　CFO は、公共部門の財務およびその規定する環境について、正しく理解しなければならない。リーダーシップ・チームを効果的に補佐するために、法に準拠した手続によって公式化された基準に従わなければならない。CFO は、さらに財務管理の原則についても、十分に理解していなければならない。地方自治体にとって財務が組織全体を通した重要な問題であり、全職員が携わるべき重要な業務の一部であるという理解を、CFO 自らが組織に示さなければならない。

---

| ガバナンス上の必要条件 | 第 5 原則 |

■専門的な資格を有する CFO を任命する。本意見書における他の原則に該当する中心的な責任を持ち、地方自治体を通した適切に理解する。
■CFO が、財務・非財務双方の分野で、役割を効果的に果たすための技能、

知識、経験および資源をもつ。

### 個人の技能および専門的基準　　　　　　　　　　　　　　　　　　第5原則

- ■CFOは、国際会計士連盟（IFAC）によって承認された会計団体の会員で、試験を経て会計士資格を保有する。専門的基準および懲戒権限をもつ専門職団体によってモニタリングを受ける。
- ■下記のIFACによって設定された国際基準を支持する：
  - －倫理
  - －継続的な専門職教育
  - －ITリテラシーの実証
- ■CFOは、公共サービスの財務管理に関連する経験を有する。
- ■公共サービスに関する財務と法的な規制環境について理解する。
- ■公共財務管理の原則を適用する。
- ■個人および専門職の優位性を理解する。
- ■CFOの役割における非財務分野に関して、CFOに求められる要件を満たすために十分な能力開発に着手するか、それに関連する経験を得る。

# 付録 A

## 法的な必要要件
**1972 年地方自治法第 151 条（イングランドおよびウェールズ）**

　この条項は、イングランドとウェールズのすべての地方自治体が「当該自治体の財務を適切に管理する体制を構築し、その管理のために幹部 1 人をその事務の管理の責任者として置く」ことを要求している。

　「適切な管理」という言葉は、法令では定義されていない。また、それらは司法の判断も受けていない。1958 年地方自治法第 58 条には、やや簡単な用語で収入と支出のための「適正で効率的な」体制を構築することを地方自治体に求めている。

- 「適切な管理」は、地方自治体財務管理のすべての面においてやや広い解釈を必要とし、次のものを含んでいる。
- 会計と内部監査に関する法的要件を遵守する。
- 地方自治体（究極的には議員）の財務の適切な管理に対する責任を確保する（ロイド対マクマーン判決（1982 年））。
- 公式・非公式の双方について広範囲に委任された権限を適切に行使（プロビデント生命保険相互会社対ダービー市判決（1981 年））。
- すべての取引における地方自治体の財務を管理するための責任がある。
- 地方税の納税者から付託されたスチュワードシップを認識する（法務長官対デ・ウィントン判決（1906 年））。

　この視点は、1972 年法第 151 条に基づく責任ある幹部職員が、1988 年地方財政法第 113 条によって指定された会計団体のメンバーであることを要求する規定により一層強化されている。

### 1973年地方自治法（スコットランド）第95条－スコットランド

法第95条の規定では、「すべての地方自治体は、財務の適切な管理のための体制を整えるものとし、財務事務の管理責任を持つ地方自治体の当該職員（proper officer）は、管理体制を適正に運営しなければならない」。

上記のような「適切な管理」の意味について同じような解釈が、スコットランドにも当てはまる。1988年地方財政法第113条に相当する法的要件はスコットランドでは求められていない。両地域に共通する事例であるがスコットランドでは、CFOに対して指定された会計団体の会員であることを要求しており、これはグッド・プラクティスとして広く認識されている。

### 1972年地方自治法（北アイルランド）第54条－北アイルランド

法第54条は、「地方自治体は、収入と支出について適正で効率的な体制を構築するために、CFOを指定し、その監督のもとで財務管理を行なうようにしなければならない」ことを求めている。

北アイルランドの法令は、以前に1958年地方自治法のもとで用いられるより多くの厳密に定義された用語を使用している。1988年地方財政法第113条に相当する法的要件は北アイルランドにも存在しない。（スコットランドと北アイルランドの）両地域に共通する事例であるが北アイルランドでは、CFOに対して指定された会計団体の会員であることを要求しており、これはグッド・プラクティスとして広く認識されている。

### 1988年地方財政法第114条－イングランドおよびウェールズ

1972年法第151条では、同条に規定される執行責任者（CFO）が不正支出や赤字予算がある、あるいはそれらがあると考えられる場合、1988年法第114条によって自治体のMOと協議して、自治体のすべての議員に対してCFOが報告を作成することを規定している。このことでCFOの責務は大きく拡張された。

## はじめに

1988年地方財政法第114条第1項は、地方自治体に内在する問題を報告するために第2項以降に定義されるCFOの義務を規定している。作成された不正に関する報告書によって、重大な結果が生じる可能性をもっている。CLO[17]がMO（MOに加えて、法の定めるところの行政運営責任者とMOとの協議）ではない場合、重大な結果について報告書を作成する前に、特にCLOとの安全性の高い手続や協議を薦めている。

会計記録が違法であるか、または損失もしくは赤字が発生する恐れのある一連の違法行為があるかなど、違法な支出に関する意思決定である（あるいはその可能性がある）とCFOが判断した時、法に基づく報告義務が発生する。

そのような状況においてCFOは、自治体に対する報告書を作成し、すべての議員および外部監査人に報告書を送付しなければならない。議会の本会議（full council）が報告書を検討するまで、報告書に示される行動方針を実施することはできない。議会は21日以内に報告書を検討し、報告書の視点や次の行動に関する提案について、合意するか否かを決定しなければならない。

同様に、CFOは、地方自治体の支出が利用可能な財源を超過する場合、執行部に報告しなければならない。自治体は、議会が報告書を検討するまで支出を伴ういかなる契約締結を凍結することもできる。

2000年地方自治法施行規制は、イングランドにおいて2000年地方自治法に基づく執行体制を採用する地方自治体のために法第114条を修正した。これらのケースでは、114条報告書は、執行機関がある場合は執行部に、執行機関が設置されない場合については本会議に提出される。

改正された法第114条のAおよび第115条のBのもとでは、CFOが提出する違法支出に関する報告書は、執行部に提出されなければならない。そこでは、報告書は執行部によって講じられた処置も関係する。報告書は、さらに自治体の全議員および外部監査人（設置される場合には、カウンシル・マネージャー[*10]）のもとへ送る必要がある。

執行部が報告書を検討するまで、その報告書に関する行動のすべてを留保し

なければならない。執行部は、CFO および外部監査人に、必要に応じてどのような行動を取るべきか、またその理由を説明することについて、執行部の報告書として提供しなければならない。

報告書に関する基準書は、地方自治体の議員に対する適法（または財務的）な助言を補足するよう策定されている。しかし、最近の分析では、法第8部報告書（以下、第8部報告書）の作成義務は CFO に課されている。また、この基準書なかでは何らその責任が制限されることはない。

第8部報告書を作成することは、地方自治体に悪い事象が発生していることを示唆している。

多くの不適正事象が発生し、結果として第8部報告書を提出しなければならない場合は、地方自治体やその幹部職員にとって、長期的な利益はおそらく見込めないだろう。数多くの114条報告書を出す必要性があるなら、さらに地方自治体の総合的業績に関して根本的問題があることを示すことになる。議員に適宜助言を提供することにより衝突を回避し、また可能なところで財政問題上の代替となる合法的な解決策を提供するためにすべての措置を講じなければならない。結局のところ、法第114条は CFO に法令による義務を課していることになる。

**事前準備**

第8部報告書のために必要な検討を生じさせる情報源は、CFO 直属の一般職員、幹部職員、地方自治体の議員、一般人あるいは監査人とされている。

すべての選出議員および幹部職員は、CFO の義務や、正式な報告書に結びつく可能性のある調査対象を CFO が示すという責任に留意しなければならない。これは、2000年地方自治法第37条に基づき作成・保持することが規定されている地方自治体の構造に関して議員と幹部職員が交わす「協定書」に、CFO に課される法的義務を細部まで含めることによってある程度達成される。この義務には議員の研修プログラムも当然含まれる。

法第114条第2項および第114条の A 第2項の規定に基づく報告書を作成

においては、CFO に行動や不作為が違法かどうかの判断することを求められることになる。すなわち、法第 114 条第 3 項に基づく報告書は、CFO だけが扱うことができる予算についての（本質的な）財務判断を要求するのに対して、この判断は、単に行政運営責任者や地方自治体の MO（CLO が MO でない場合は CLO）との十分な協議の後に得られるべきである。おそらく組織における他の問題や法的問題が法第 114 条 3 項に基づく報告書から生じる可能性があるために、報告書で CFO は法により行政運営責任者および MO との協議が必要とされる。その理由として、この報告義務は 1989 年地方自治及び住宅法第 5 条に基づき地方自治体に違法行為について報告するという MO の義務と共通するところがある可能性がある。

MO は、1989 年法第 5 条に基づく報告書を出し、かつその報告書について行政運営責任者（事務総長）および CFO の意見を求めるために相互に義務を負っている。

状況が進行中（例えば予算資源の不足、あるいは不法行為が予期される状況）の場合は、切迫した状況なのか、すでに発生した状況なのかを識別しなければならない。第 8 部報告書の報告時期は、慎重に検討し、決定しなければならない。

事務総長、MO、CLO または CFO は、地方自治体が検討中の問題に関する見解を求められる場合や機会を有している。しかし、仮に協議済みであれば、その協議結果は第 8 部報告書に結びつく可能性もある。単なる予備的質問あるいは要求は、法律に基づく正式な報告書には結びつかない可能性が高い。状況が悪化している場合、報告書の記載事項に不足がないか調査しなければならない。

発見された（刑事訴追の対象となり得る）不正行為事件には、法第 114 条第 2 項、第 114 条の A 第 2 項の規定は関連しない。これらは通常、各地方自治体の財務規制に基づいて扱われるべきものである。

違法行為の判断は、報告書の作成が必要とされる場合ばかりとは限らず、たとえば重要でない支出あるいは逸失利益のように法第 114 条第 2 項、第 114 条

の A 第 2 項の適用外と見なされる可能性がある問題については、報告するべきかどうか検討が必要となる。

　法第 114 条第 3 項に基づく行為については、ただ地方自治体の財源総額が予期される支出を満たさない場合に限り、報告書の必要性が生じる。例えば、委員会の予算が支出超過の場合、報告する必要はない。状況によっては、法第 114 条第 2 項第 b 号あるいは第 114 条の A 第 2 項の規定による損失もしくは赤字になる可能性もあり得る。しかし、委員会の超過支出は、法第 8 部の適用外の場合もある。

　本意見書では、地方自治体の事務総長、MO/CLO および CFO は 3 つのそれぞれ別の職であると仮定している。つまり、実際に地方自治体の MO を兼務する事務総長や CFO には法令による制約があるが、それらは必ずしも兼務しているとは限らない。地方自治体の MO は CLO である可能性もある。MO が CLO でない場合には、助言を求めるべきである。

**推奨される手続**

　法第 114 条第 2 項、または第 114 条の A 第 2 項（不法行為もしくは不作為）に基づく報告書のための手続上の状況および予備問題に対する言及には、以下のようなものがある。

■違法な問題について MO または CLO に助言を求める。
■（法第 114 条第 3 項の A および第 114 条の A 第 3 項の）問題に関する事務総長との協議を行う。
■協議のなかで疑義が発生する場合や合意に至らない場合、CFO は MO または CLO に協議に関する見解を出すよう依頼する。
■仮に、協議に関する見解の後でもなお、合意に至らない場合、CFO および MO または CLO は手続の支援のために事務総長に問題を託する。ただし、法律上あるいは財務に関する資格がある場合でも、事務総長が CFO や MO または CLO の助言を代行しない。

法第114条第3項のもとでは、赤字予算（実際に発生した、あるいは潜在的に発生の可能性がある場合）が問題である場合、CFOは一人で決断を下すことができる地位にいる。しかしながら、CFOには以下の事項が提案されている。

- 初期段階においてCFOから非公式に指導や助言を得て、早期に是正措置を実行する。
- 法第114条第3項に基づく報告の可能性は、初期の段階で事務総長に通知されるべきである。
- CFOは、内部および外部監査人との非公式の協議を検討するべきである。
- この段階において、CFOは行動計画を決定しなければならない。行動計画を進めると決定した場合は、次の段階に移行する。
- CFOの決定に基づき、第8部報告書を作成する。
- 不正行為や不正支出が表面化していない場合、CFOは、事実関係と理由を述べる報告書の素案を書き、MO、事務総長および関係する部門長（chief officer）と是正措置によって報告の必要がなくなるよう協議しなければならない。この取組が成功すれば、問題は沈静化する。
- 上記の行動が不首尾に終わった場合、あるいは、不正行為や不正支出が既に起こってしまった場合、CFOは上記について事務総長およびMOと協議を行い、報告書の素案を作成しなければならない。その報告書は、1988年地方財政法の第114条および第114条のAの関連する条項に準拠し、さらにそうした事実より生じた結果について作成していると明示しなければならない。その後、CFOは報告書に自らの署名をすることで報告書を「完成」させる。
- CFOは、法的義務に基づいて第8部報告書を作成し、当該自治体の議員と外部監査人に対して報告書を送付する。その場合、法には明確な規定はないものの、合理的かつ可及的速やかに報告書が送付されるべきであるという意

図が含まれている。
- イングランドまたはウェールズの地方自治体が、2000年地方自治法に基づく執行体制を適用している場合、報告書は議会全体を対象として報告しなければならず、またそれが非執行部あるいは赤字予算の発生可能性に関連する場合は、各議員および監査人に送付しなければならない。
- 地方自治体が執行体制を運営し、執行部（あるいはその代理）が違法支出に関する決定、損失、赤字あるいは会計上の違法行為を行った場合、CFOは執行部に対し報告書を作成し、すべての議員、監査人および（公選市長とカウンシル・マネージャー制度を採用している場合には）カウンシル・マネージャーに対し報告書を送付しなければならない。
- CFOは報告書を作成し送付する義務を負っている。また、報告書を送付するための21日間の「禁止期間」がはじまり、通常の場合、議会の招集のために「当該職員」（また当該職員ではない場合は事務総長）との協議で報告書を送付するタイミングを慎重に検討する必要がある。
- 第8部報告書が不正に対して賛否が分かれる状況で作成された場合、訴訟の対象となる可能性がある。したがって、決定の選択を求めるような明確な助言をすることに加えて、すべての関連事項および議論を重ね、極めて慎重に報告書を起草しなければならない。

いかなる決定であれ、CFOはその決定に従い、かつ正当化するのに必要なステップをすべて経なければならない。CFOは、決定が導かれた過程の判断に関する記録を適切に保存しなければならない。

そして、執行部はCFOの報告書を検討するために、21日以内に対応しなければならない。また、その検討期間中は、報告書に関する事項について措置を講じてはならない。

報告書を検討した後に、執行部は、（措置を講じた場合）どのような対応措置を講じたか、どのような対応措置を提案したか、措置を講ずる理由および措置を講ずる時期を明示した報告書を準備しなければならない。その報告書は、

外部監査人、すべての議員および CFO のもとへ送付しなければならない。

**会合の招集に責任を有する当該職員との連絡：（1972 年地方自治法附則 12）**

　当該職員のために、報告書を検討する手続に関する助言が行われるが、合意によって、CFO の報告書に助言に関する情報を含んでいるか、または報告書に添付されている場合もある。

　個別の文書として地方自治体の各議員のもとへ、その報告書を送ることもあり得る。しかしながら、本会議に対する報告書の場合には、報告書を検討する会合に議会の招集通知と報告書を一緒に送付することが望ましい。幹部職員へ報告書を送付する場合、報告書を検討する会合へ検討課題として送付することも可能である。しかし、報告書はさらに、残りの議員および（もし設置されている場合には）カウンシル・マネージャーへ直接に送付しなければならない。両方の場合では、報告書は監査人に対しても送付しなければならない。

　報告書を送付する法的義務は CFO にあるが、通常は、地方自治体のすべての議員に報告書を送るための通常の手続によることが勧められる。しかしながら、個人宛ての報告書の送付については配達証明が必要とされる場合がある。したがって、報告書を確実に送達するために特別な対応が必要となる。

**その他の問題**

　一旦 CFO が、地方自治体の各議員（あるいは執行機関を運営している各議員、執行部およびカウンシル・マネージャー）および外部監査人に報告書を送付すれば、法第 8 部に基づく CFO の報告義務は完了[18]する。

　執行機関の体制を採用する地方自治体の場合、その後、執行部は、CFO の報告書に対して回答を出さなければならない。法第 151 条に基づく責務を負う CFO は、アウトカムについて、本会議に対して助言をしなければならない。

　地方自治体（あるいは執行部）が法第 114 条（114 条の A）報告書に基づいて積極的に行動する場合はやむを得ないが、そうでない場合、それ以上の正式な行動は、1998 年地方自治体監査委員会法第 6 条に基づく外部監査人、同法

第19条のAに基づく問題に対する「注意勧告」によって、または同法第17条に基づく決定をする裁判所に適用することによって、措置が講じられることになっている。

各地方自治体の規則および財務規制は、第8部に基づく手続と互換性を持っている。

これらの条件に照らして、委員会、幹部、執行委員会あるいは財政問題を阻止する個々の執行部議員への報告書はすべて、CFOの承認を得る必要がある。CFOは、さらにすべての決定記録、議事録および執行部の重要な決定に関する今後の計画を利用すべきである。

1988年法は、第8部に基づくCFOの義務を実行するために、地方自治体がCFOに十分な資源を供給することを求めている。要求に応じて、資源には、地方自治体の外部の助言および資源を得るコストが含まれている。

第8部に基づくCFOの義務は、CFOが自ら果たさなければならない。また、第114条第6条のもとでCFOが不在、病気のときにはCFOが代理を指名することが求められる。

地方自治体によって設立された企業の活動は、法第114条あるいは第114条のAによる報告に対する現行法の適用除外であると考えられる。

法第114条第3項に基づき報告がなされた場合、学校職員を含む関与する権限を委任されたすべての人に通知される体制を作る必要がある。そのような権限は禁止期間には留保されることとなる。

## スコットランドおよび北アイルランドにおける法第114条と同等の規定

法第114条はスコットランドには適用されない。代わりに、均衡予算を調製しなければならないとする規定は、1973年地方自治法（スコットランド）第108条第2項および1992年地方財政法第93条第3項のなかで規定されている。北アイルランドでは、同様の規定（制定法のなかで規定されてはいないが）は、1972年地方自治法（北アイルランド）第54条のもとの法的な責任に準拠すべきかたちで地方自治体のCFOの責任を規定している。

## 付録 B

**幹部職員の定義に関するエヴァーシェッド[*11]から CIPFA に対する法律的見解**

1972 年地方自治法第 151 条では、すべての地方自治体に「財務の管理に関する責任を有する幹部職員 1 人を確保する」ことを要求しているが、そこに「幹部職員」の定義は存在しない。

1972 年地方自治法ほかの「一般職員」および「幹部職員」の用語は、地方自治体の従業員をすべて包含するように意図されると考えられている。

例えば 1973 年地方自治法施行令（人事異動スキーム）では、施行令の目的に照らした「幹部職員」の定義を「当該地方自治体のもとの各部門あるいは雇用の所有者」としている。

この件に関して、ジョンソン対ライアン判決ほか（雇用控訴審判所 2000 年）の雇用訴訟が参考としてあげられる。その訴訟における事実関係では、家賃査定官（rent officer）[*12]もまた関係するディストリクト・カウンシルの職員であった。

その判決では 3 つのカテゴリーで公務員を区別している。

1 警察官のような任意の契約によってではなく、就く公職によってその権利および義務が定義される公務員
2 「公務員」の地位を保持するが、実際には労働契約により職員となった者
3 公務員であり、かつ一般職員の立場も保持する会社取締役のような職員

同判決は、さらに地方自治体の CFO の役割に言及し、その人（CFO）の義務が地方自治体の機能の不可欠な部分であるため、財務部門責任者が公務員

（幹部職員）であり従業員（一般職員）でもあることを示唆している。

　こうした根拠で、地方自治体がサービスのために個人と契約することで、法令によらない財務管理サービスを獲得することは許容されうるが、最も確実な方法は、地方自治体の職員である第151条職員として任用する方法である。

　CFOの法的な役割は、その個人が地方自治体で働く時間の割合に基づいて左右されうる。したがって、ある場合には、法令に基づく機能と法令に基づかない機能といった、それぞれの業務比率によって配分することが適切となるだろう。言いかえれば、例えばCFOは、その約20％が直接雇用されており、残りの80％が請負契約で従事するという可能性もある。その状況は地方自治体ごとの状況によって明らかに異なると考えられる。

J・バーンズ

エヴァーシェッド
2010年2月



# 付録C

**1988年地方財政法（イングランドおよびウェールズ）第114条の手続きに関するフローチャート**

184

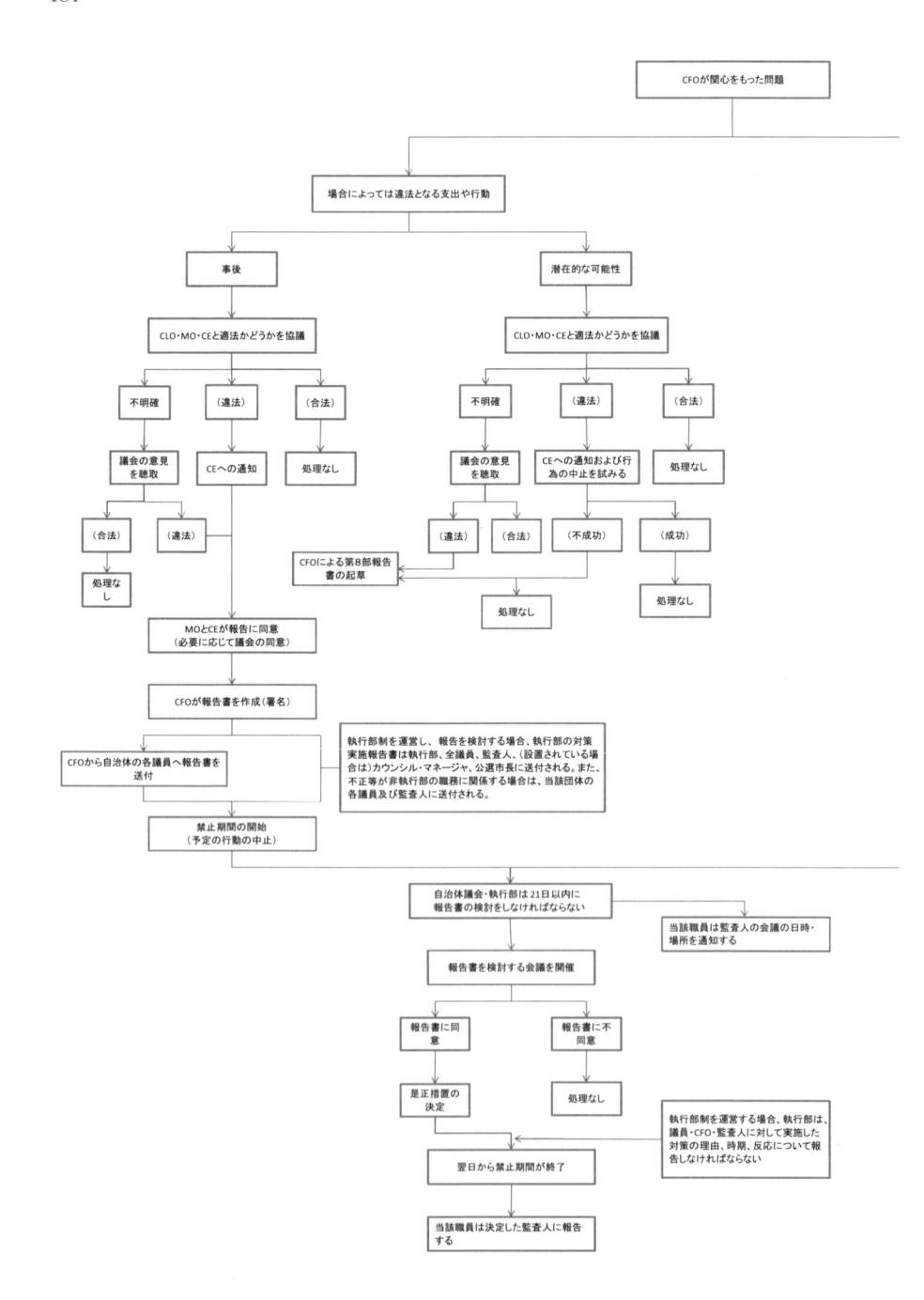

```
                                                        ┌─────────────────────┐
                                                        │ CFOが関心をもった問題 │
                                                        └──────────┬──────────┘
                                                                   │
                                          ┌────────────────────────┴────────────────────────┐
                                          │        場合によっては違法となる支出や行動        │
                                          └────────────┬──────────────────────┬─────────────┘
                                                       │                      │
                                              ┌────────┴────┐        ┌────────┴────┐
                                              │    事後     │        │ 潜在的な可能性│
                                              └──────┬──────┘        └──────┬──────┘
                                                     │                      │
                                    ┌────────────────┴───┐     ┌────────────┴────────┐
                                    │CLO・MO・CEと適法か │     │CLO・MO・CEと適法か  │
                                    │    どうかを協議    │     │    どうかを協議     │
                                    └─┬──────┬───────┬───┘     └─┬──────┬──────────┬┘
                                      │      │       │           │      │          │
                                   (不明確)(違法) (合法)       (不明確)(違法)    (合法)
                                      │      │       │           │      │          │
                                  議会の意見 CEへの 処理なし   議会の意見 CEへの通知  処理なし
                                  を聴取    通知               を聴取   および行為
                                    │        │                  │     の中止を試みる
                                 ┌──┴──┐     │               ┌──┴──┐      │
                              (合法)(違法)   │             (違法)(合法) (不成功)(成功)
                                │    │       │               │     │      │      │
                             処理なし│       │               │   処理なし │   処理なし
                                     │       │               │            │
                                     │       │         CFOによる第8部報告 │
                                     │       │           書の起草 ◄───────┘
                                     └───────┤
                                             │
                                  ┌──────────┴──────────┐
                                  │ MOとCEが報告に同意   │
                                  │(必要に応じて議会の同意)│
                                  └──────────┬──────────┘
                                             │
                                  ┌──────────┴──────────┐
                                  │CFOが報告書を作成(署名)│
                                  └──────────┬──────────┘
                                             │
                                  ┌──────────┴──────────┐      ┌─────────────────────────────┐
                                  │CFOから自治体の各議員へ│      │執行部制を運営し、報告を検討する場合、│
                                  │   報告書を送付       │      │執行部の対策実施報告書は執行部、全議員、│
                                  └──────────┬──────────┘      │監査人、(設置されている場合は)カウンシル・│
                                             │                  │マネージャ、公選市長に送付される。また、│
                                  ┌──────────┴──────────┐      │不正等が非執行部の職務に関係する場合は、│
                                  │  禁止期間の開始     │      │当該団体の各議員及び監査人に送付される。│
                                  │ (予定の行動の中止)   │      └─────────────────────────────┘
                                  └──────────┬──────────┘
                                             │
                                  ┌──────────┴──────────┐
                                  │自治体議会・執行部は21日以内に│         ┌──────────────────┐
                                  │報告書の検討をしなければならない│◄───────│当該職員は監査人の会議│
                                  └──────────┬──────────┘         │の日時・場所を通知する│
                                             │                      └──────────────────┘
                                  ┌──────────┴──────────┐
                                  │ 報告書を検討する会議を開催 │
                                  └──────┬────────────┬──┘
                                         │            │
                                    ┌────┴────┐  ┌────┴────┐
                                    │報告書に同│  │報告書に不│
                                    │    意    │  │  同意    │
                                    └────┬────┘  └────┬────┘
                                         │            │
                                    ┌────┴────┐   処理なし
                                    │是正措置の│
                                    │  決定    │◄────────────────┐
                                    └────┬────┘                  │
                                         │             ┌─────────┴─────────────┐
                                  ┌──────┴──────┐      │執行部制を運営する場合、 │
                                  │翌日から禁止期間が終了│      │執行部は、議員・CFO・監査人│
                                  └──────┬──────┘      │に対して実施した対策の理由、│
                                         │              │時期、反応について報告しな │
                                  ┌──────┴──────┐      │ければならない            │
                                  │当該職員は決定した│      └─────────────────────┘
                                  │監査人に報告する │
                                  └─────────────┘
```

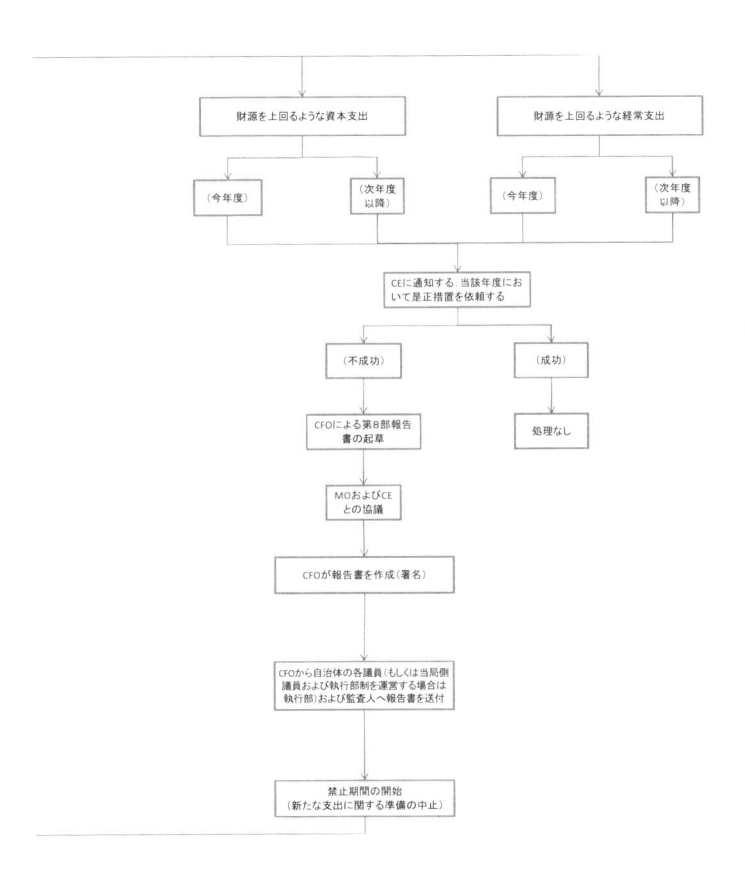

第Ⅲ部　地方自治体における最高財務責任者の役割　185

```
┌─────────────────────┐      ┌─────────────────────┐
│ 財源を上回るような資本支出 │      │ 財源を上回るような経常支出 │
└──────┬──────────────┘      └──────┬──────────────┘
   ┌───┴────┐                   ┌───┴────┐
┌──┴──┐  ┌──┴──┐             ┌──┴──┐  ┌──┴──┐
│(今年度)│ │(次年度│            │(今年度)│ │(次年度│
│      │  │ 以降)│             │      │  │ 以降)│
└──────┘  └──────┘             └──────┘  └──────┘
                      │
           ┌──────────┴──────────┐
           │ CEに通知する。当該年度にお │
           │ いて是正措置を依頼する   │
           └──────────┬──────────┘
              ┌───────┴────────┐
          (不成功)            (成功)
              │                │
      ┌───────┴───────┐   ┌────┴────┐
      │ CFOによる第8部報告 │   │ 処理なし │
      │ 書の起草        │   └─────────┘
      └───────┬───────┘
      ┌───────┴───────┐
      │ MOおよびCE      │
      │ との協議        │
      └───────┬───────┘
      ┌───────┴────────┐
      │ CFOが報告書を作成(署名) │
      └───────┬────────┘
   ┌──────────┴──────────────────┐
   │ CFOから自治体の各議員(もしくは当局側  │
   │ 議員および執行部制を運営する場合は   │
   │ 執行部)および監査人へ報告書を送付    │
   └──────────┬──────────────────┘
      ┌───────┴────────┐
      │ 禁止期間の開始        │
      │ (新たな支出に関する準備の中止) │
      └───────────────────┘
```

【注】
(1) http : //www.cipfa.org.uk/panels/finance_director/download/Role_CFO.pdf.
（訳者注：現在上記の URL は削除されており、同様のファイルは次の URL からダウンロードが可能である。http : //www.cipfa.org/Policy-and-Guidance/Reports/-/media/Files/Publications/Reports/The%20role%20of%20the%20chief%20financial%20officer.pdf）
(2) 大ロンドン市役所およびその機能別の4つの団体（ロンドン交通局、ロンドン開発局、首都警察局およびロンドン消防救急計画局）の CFO は 1972 年地方自治法第 151 条ではなく、1999 年 GLA 法第 127 条により設置されている。ロンドン・シティの CFO は、シティ議会と同様の関係にある出納長（chamberlain）が、その地方自治体の CFO に当たるとして、1989 年地方自治および住宅法により設置している。
(3) HM Treasury, "Annex 4.1." *Managing Public Money,* 2007.
（訳者注：本注釈は、本訳書 142 頁中段の英国財務省の引用に関連している。なお、本訳書中にこの注(3)を含む(4)(5)(7)(13)(14)(15)(16)の表示がないが、これは原著において表記がないためである。）
(4) 1988 年地方財政法（イングランドおよびウェールズ）第 113 条によって CFO に任命された職員は指定された会計士協会の会員でなければならない。北アイルランドとスコットランドのケースは、グッド・プラクティスとして広く認識されているが、両地域には同様の法的要件はない。（訳者注：本注釈は、本訳書 142–143 頁の CFO の専門資格に関連している）
(5) 現在、スコットランドにおける年次ガバナンス報告書の作成は任意となっている。（訳者注：本注釈は、本訳書 143 頁の年次ガバナンス報告書に関連している）
(6) 1988 年地方財政法第 114 条のもとでイングランドおよびウェールズに適用された。
(7) CIPFA, *LAAP bulletin 77 : Local Authority Reserves and Balance,* 2008.
（訳者注：本注釈は、本訳書 146–147 頁に関連している）
(8) DETR, "Chapter 8 : Officers roles under executive arrangements", *New council constitutions : guidance to English Authorities,* 2000.
(9) ウェールズでは、法令によるガイダンスはこの参照を含んでいないが、これを含むべきであるということを示唆している。
(10) CIPFA, *The Prudential Code for Capital Finance of Local Authorities*（*Fully Reversed Second Edition 2009*）, 2009.
(11) 2003 年地方自治法第 28 条。
(12) 地方映画館協会対ウェンズベリー・コーポレーション判決（1948 年）。

⒀　CIPFA, *LAAP Bulletin 77 : Local Authority Reserves and Balance,* 2008.
　　（http : //www.cipfa.org.uk/pt/download/laap77.pdf）
　　（訳者注：本注釈は、本訳書 152-153 頁に関連している）
⒁　2001 年 7 月以来、イングランドとウェールズでは、MO は行政運営責任者あるいは CFO に就任できない。1989 年地方自治及び住宅法第 5 条に新たな第 1 項の A を追加する 2000 年地方自治法附則 5 の第 24 条を参照されたい。スコットランドでは、1989 年地方自治及び住宅法第 5 条第 1 項第 b 号が、MO を任命することについて各地方自治体の義務と規定している。MO は行政運営責任者に任命される場合があるが、地方自治体の CFO を兼ねることはできないものと解される。
　　（訳者注：本注釈は、本訳書 159 頁下段の MO に関連している）
⒂　IFAC, "*Code of Ethics*", 2005.
　　（訳者注：本注釈は、本訳書 169 頁中段の CFO の倫理観に関連している）
⒃　英国とアイルランドで会計士団体諮問委員会（CCAB）に含まれる 6 つの団体のうちのいずれかの資格を有するメンバーを意味すると定義されている。
　　－　英国勅許公共財務会計協会（CIPFA）
　　－　イングランド・ウェールズ勅許会計士協会（ICAEW）
　　－　スコットランド勅許会計士協会（ICAS）
　　－　アイルランド勅許会計士協会（ICAI）
　　－　英国勅許管理会計士協会（CIMA）
　　－　英国勅許公認会計士協会（ACCA）
　　（訳者注：本注釈は、本訳書 171 頁上段の会計団体の会員に関連している）
⒄　最高法務責任者（CLO）に意見を求めることと言及がなされているが、法令による規定では行政運営責任者と MO に意見を求めることとされている。MO は多くの場合 CLO である。MO が CLO ではない場合は、協議しなければならない。（事務総長が MO であることによる CLO への言及は、いくつかの地方自治体の実務から始まったと考えられる。2001 年 7 月 28 日以降、MO は事務総長（行政運営責任者）を兼ねることができなくなった。また、MO は CFO になることもできない。）
⒅　法第 114 条第 3 項の報告書に応える時に、不適切な行動が同意される場合、CFO は追加的な報告書により状況に対する取り組みが必要かどうか、検討（事務総長・MO との協力、もしくは必要な場合に法的な助言を得る）することができる。

【訳者注】
＊1　スチュワードシップ（受託責任）とは、住民（信託者）から拠出された資金を

適切に運用する責任である。受託者は、会計に関するアカウンタビリティ（説明責任）を果たすことで、その責任が解除される。稲澤克祐『公会計』（新訂版）、同文舘、2009 年、5–6 頁。
＊2　英国の地方自治体において CFO は、一般的に Financial Director や Director of Finance などと呼ばれている。第Ⅲ部では、組織における CFO の一般名称として Financial Director を財務部門責任者と訳している。なお、財務部門責任者は CFO であるが、原典の用法に沿ってそれぞれ CFO・財務部門責任者と訳している。
＊3　2000 年地方自治法以降、多くの自治体はリーダー＋内閣制を採用している。Executive とは内閣を構成している議員を指し、Non-executive はそれ以外の議員を指している。本章では、前者を執行部、後者を非執行部と訳している。
＊4　サービス・ポートフォリオとは、自治体のサービス分野をまとめたリストのことをいう。
＊5　監視責任者（Monitoring Officer）は、1989 年地方自治・住宅法第 5 条に規定する必置職である。監視責任者は、自治体内の不正や不適切な行為について発生しないように注意するとともに、これらの行為が発生した場合は、事務総長や CFO と協議をすることとされている。注 14 を参照されたい。
＊6　行政運営責任者（Head of paid service）は、1989 年地方自治・住宅法第 4 条において必置職として規定されており、当該自治体の業務執行について総合的な管理権限をもつことが規定されている。
　　　なお、1988 年のウィディコム報告書では、事務総長の法的根拠の必要性について報告しており、この報告を受けて 1989 年に地方自治住宅法で行政運営責任者を規定していることから考えても、行政運営責任者は事務総長の法律上の名称と考えることができる。本章では、行政運営責任者と事務総長は分けて表現しているが、それは法律による要請であるのか、事務職員の長としての立場であるのかで表記が分かれている。
＊7　CIPFA, *Treasury management in the Public Sector : Code of Practice and Cross-Sectional Guidance Notes,* 2009.（現在 2011 年度改訂版が出版されている）
＊8　自治体を代表して財務に関する説明を外部に向けて行うことを、外交上の大使になぞらえて表現している。
＊9　no blame approach のことを指す。人材育成の際に、叱ったり、非難したりすることなしに、対話による問題解決を図る手法をいう。
＊10　2000 年地方自治法で規定された執行体制の一つで、直接公選首長とカウンシル・マネージャーを置く執行制度である。公選首長は、自治体の戦略計画の作成を行うが、それ以外の決定事項は職員から選任されたカウンシル・マネージャーの権限となっている。事務総長は事務局の代表であるが、カウンシル・マネージ

ャーは執行部の一員であり、事務総長より権限が強いのが特徴である。同制度を採用したのは、ストーク・オン・トレント1団体のみにとどまり、その1団体も2008年の住民投票でリーダーと内閣制を採用すると、同制度を採用する自治体は消滅し、2007年地方自治法により廃止された。自治体国際化協会『英国の地方自治：2008年9月改訂版』、2008年、11頁、および自治体国際化協会『英国の地方自治：概要版　2011年改訂版』、2011年、12頁を参照されたい。

＊11　エヴァーシェッドとは国際法律事務所である。

＊12　rent officer の訳は、厚生労働省『2009〜2010海外情勢報告』61頁の脚注23に基づいている。

# 第IV部

# 公共部門における
# 内部監査責任者の役割

The Role of the Head of Internal Audit in Public Service Organisations

英国勅許公共財務会計協会
Chartered Institute of Public Finance and Accountancy

内部監査責任者は、組織の戦略的目標を達成するために以下の重要な役割を果たしている。

1　（組織の）ガバナンス構築のベスト・プラクティスを強化し、ガバナンスやリスク管理の適切性を客観的に評価し、潜在的リスクや改善が必要となる事項への対応について意見を表明する。
2　ガバナンス、リスク・マネジメントおよび内部統制の全般において目標を定め、証拠に基づいた意見を表明する。

内部監査責任者としての役割を果たすために以下の事項に留意すべきである。
3　内部監査責任者は、常勤の上級管理職でなければならない。リーダーシップ・チーム（Leadership Team）や監査委員会に自由に連絡できる関係を構築しなければならない。
4　内部監査責任者は、内部監査の目的を達成できるように組織の資源が割り当てられるよう努め、内部監査部門を先導し、業務を指揮しなければならない。
5　内部監査責任者は、職業的専門資格と十分な経験を有していなければならない。

# 序文

　内部監査責任者（HIA）は、いかなる組織でも重要な役職である。つまり、内部統制の構築に関して保証を提供することで組織の目標に貢献するとともに、良好なコーポレート・ガバナンス構築に重要な役割を果たしている。本意見書の目的は、公共部門における内部監査責任者の役割を明確とし、その地位を向上することにある。

　組織は、その資源を管理し、組織の目標を達成するために強固な措置を講じる必要があると認識すべきである。CIPFA は、ここに内部監査責任者の果たすべき役割があると確信している。内部監査責任者は、上記の措置や組織が直面することが予想されるリスクを評価し、適切な保証を提供することが任務である。また、内部監査責任者は組織が良好なガバナンスを実現し、将来の課題に挑戦するためにリーダーシップを発揮しなければならない。

　内部監査責任者は、財務と非財務の双方における統制状況の全般、特に保証が必要とされる部分に焦点を絞って検討する必要がある。ほとんどの公共部門で内部監査責任者は、組織のガバナンスに関する年次内部監査意見を表明しなければならない。この意見は事務総長による年次ガバナンス報告書の一次資料として利用される。

　内部監査責任者は、自らの客観性を証明することによって（組織が提供する）サービス品質の改善を進め、組織の価値を高めることによって事務総長や監査委員会といった利害関係者のニーズに適合していることを示すことができる。また、内部監査責任者はパートナーや他の監査人と共に業務を実施していく必要がある。

　本意見書は、（内部監査責任者が遵守すべき）原則を中心として定めており、

それらの原則は、公共部門の組織やそれぞれの内部監査責任者自身に関連している。本意見書は内部監査責任者のみならず、リーダーシップ・チーム、事務総長、監査委員会およびそれぞれの利害関係者を含む幅広い当事者に役立つことを意図している。

　われわれは、本意見書を公表することで組織のベスト・プラクティスのあり方を示している。内部監査責任者による監査の品質と良好なガバナンス構築に向けた取組を評価するために活用されることを期待している。

　われわれは、個々の内部監査人にこの意見書を付託する。本意見書は内部監査責任者の核となる責任ばかりではなく、その個人または職業的専門家として期待されている能力を示している。

CIPFA
『公共部門における内部監査責任者の役割』検討委員会
委員長
マイク・ムーア

CIPFA　事務総長
スティーブ・フリーア

2010 年 12 月

# 用語の定義

　公共部門の組織形態やガバナンスのあり方は多様である。本意見書で使用される用語の定義は、一次的にはCIPFA発行の『地方自治体における最高財務責任者の役割』および『内部監査実務規範』に基づいている。これらの定義は、内部監査人協会（Institute of Internal Auditors：IIA）で使用されている定義や、中央政府およびNHS（国民医療サービス）での基準に反映されている用語とおおむね適合している。これらの分野の組織に本意見書を適用する際には、相違点がある部分（☆印の用語）は、IIAの定義とは異なる用語が用いられていることに留意が必要である。

### 内部監査責任者（HIA）
　組織の内部監査部門に責任があり、監査戦略と監査計画を立案し、年次内部監査意見を表明する幹部職員。組織外の者と契約して内部監査を実施する場合もあれば、外部の監査人と共同して監査を実施する場合もある。

### リーダーシップ・チーム
　理事者会と経営陣で構成される組織。

### 理事者会
　経営戦略の方向性を決め、その達成に責任を有する人々のグループ。

### マネジメント・チーム
　組織戦略の実行を任務とする幹部職員で構成されるグループ。

## 事務総長
　組織の最高幹部。

## 最高財務責任者
　財務戦略と財務運営を指揮・監督する役割を担う組織の最高幹部。

## マネージャー
　組織のサービスや事業の目的の達成・クライアントや顧客に対するサービス提供に責任を負う一般職員。

## ガバナンス(1)
　組織が全体として目的を達成し、市民とサービス利用者が期待している利益を享受できるように、経済性・効率性・有効性を重視し、倫理的にも問題なく運営されていることを保証するためのさまざまな取組。

## 統制環境☆
　ガバナンス、リスク・マネジメントおよび内部統制のシステムの総称。以下の要素から構成されている。
■組織の目標を設定しその達成を確立する。
■政策および意思決定を促進し、既存の政策、手続、および法令の遵守を確実にする。ここにはリスク・マネジメントがどのように組み込まれているかという観点も含まれている。
■組織の資源を経済的・効率的・有効的に利用し、常に改善する。
■組織の財務管理とその報告を行う。
■組織の業績管理とその報告を行う。

## 内部統制システム
　組織が効率的かつ有効に運営されているという保証を提供することを目的と

した個別のシステムにおける統制を設計、実施、検証および修正する手法。

リスク・マネジメント☆
　組織が、損失の最小化と機会の最大化をするために業務、機能およびプロセスに伴うリスクを特定、分析、評価、対処、監視および伝達する論理的で体系的手法。

リスク・ベースの監査☆
　リスク・ベースの監査とは、以下の特徴を持つ監査をいう。
■目標、リスクおよび統制を特定し記録する。
■システムの目標が、より高い水準の組織としての目標とどの程度整合しているかを確認する。
■実際に行われている統制について、それが適切であるかを評価する。そして、組織が直面するリスクへの対応が組織の目的を達成する上で、合理的で依拠できるものかどうかを評価する。
■統制に過不足がある場合にその事実を特定し、既存の統制が不十分であるときは、残余リスクについて事務総長に対して明確な意見を提供する。
■準拠性テストおよび（または）実証性テストによって統制の有効性を検証するための適切な監査戦略を策定する。
■結論を導き、報告書を作成する。必要に応じて経営上の改善措置を講じ、統制環境の有効性に関する意見を表明する。

監査委員会*1
　内部統制環境の適切性と財務報告の完全性について独立した立場から保証を提供することを担うガバナンスグループ。

内部監査☆
　組織目標を達成する時に、その有効性を評価することによって独立した立場

から統制環境に関する客観的意見を組織に提供する保証機能。内部監査は組織の資源が適正かつ経済的、効率的、および有効的な利用に資するものとして統制環境の妥当性を客観的に検証、評価および報告する。

**指導業務（性）**
　顧客との間でサービスの性格やその対象範囲について合意した上で実施される助言や顧客へのサービス。内部監査人は、事務総長の責任とは別個に、組織に価値を付加し、組織のガバナンス、リスク・マネジメントや統制プロセスの向上を目的として助言を行う。

**年次ガバナンス報告書**
　組織が毎年、そのガバナンスの取り決めに関して公式に報告する仕組み。

**公共サービス組織**
　公共あるいは公益のために資金提供を受け、私的主体に所有されない1つまたは複数の法人であり、市民社会の社会的便益を提供するために財やサービスを供給するという主要な目的をもち、管理・運営される実体。

**保証**
　十分な関連性と信頼性ある証拠に裏付けられた確信ある主張。場合によっては、情報の受領者がその信頼性に納得することを意味する。内部監査人は保証の基礎を提供するものの、十分な満足が得られなければ限定された基礎にしかならない。組織内の取組が不十分である場合には、内部監査責任者が、保証を提供できない可能性もある。
　保証はさまざまな証拠の源泉を基礎として行われる。内部監査は第3の防御といえる。第1の防御は組織における政策、プロセスおよび統制であり、第2の防御は第1の防御を事務総長が確認することである。

**年次内部監査意見**
　内部監査責任者が毎年公表する組織の統制環境の適切性と有効性に関する意見。事務総長が年次ガバナンス報告書を作製する際の基礎的資料となる。

# 本意見書を公表するにあたって

公共サービスとは

　私たちは、住民、サービス利用者および納税者といったそれぞれの場面において一つまたは複数の立場となりうる。それぞれの立場において（意思決定の際の）優先順位やニーズがある。その上で、通常、私たちは納める税金で賄うことができる範囲で最高のサービスを受けたいと考えている。住民は公金が費やされる場面では、公共サービスの方法について模範的ともいいうる（高いレベルの）基準を要求する。

　また、公共部門はその組織構造を頻繁に変容させ、サービスの提供方法やパートナーを変化させている。VFM を向上する方法である競争とその可能性は、公共部門と民間部門の間にある境界をあいまいにしている。こうした事情もあって同種の組織を比較したとき、ガバナンスの取組が異なっていることが理解される。

良好なガバナンス

　意思決定やサービスの提供に影響する政治的状況が変化し、そのために認識、理解、管理、および調整すべき関係者の範囲が広がっている。

　こうした複雑な状況で、より良い公共サービスを求める住民の要求が、組織において有効なガバナンスを構築する必要性を高めている。公共部門の組織において良好なガバナンスを構築するには、組織の目的と組織が追及する成果に焦点を絞らなければならない。組織における資源の有効活用や VFM を確かなものとするために住民、納税者および公共サービスの利用者という関係において、組織には特別な義務が課されている。

## 内部監査責任者が果たす重要な役割

　内部監査は、有効なガバナンスの基礎となっている。内部監査責任者には、VFM を達成するためのさまざまな取組を含む組織の統制環境の適切さを検証し、報告する責任がある。年次内部監査意見や他の報告書を通じて内部監査責任者は、リーダーシップ・チームや当事者に対して保証を提供し、改善に向けた勧告を行うことになる。

　内部監査責任者の役割は独特である。内部監査責任者は、目的達成への挑戦や支援を行い、ガバナンスに関するあらゆる改善を継続するため、いわば触媒として機能する。組織が不確実性や時間的制約という問題に直面しているときには、内部監査責任者の役割は特に重要となる。この役割を果たすには、広い分野に及ぶ資質が個人として求められる。内部監査責任者は、話に耳を傾けてもらうために、まるで友人が忠告するかのように耳の痛い話をし、その忠告に従った行動を促す役割を果たすように相手からの支援や信頼を獲得しなければならない。

　職業的専門家、個人そして指導者として必要とされる技術とともに期待されている内部監査責任者の役割が、本意見書に明示されている。

## 対象としている読者

　本意見書は、リーダーシップ・チームや監査委員会といった内部監査責任者の保証に依拠する当事者を対象としている。内部監査責任者が本意見書に照らして組織が導入している取組を有効に機能しているかをそれぞれの組織で検証することを CIPFA は推奨している。

# 本意見書を活用するにあたって

**本意見書の考え方・構成**

　本意見書は、公共部門における内部監査責任者の役割とその役割を支援する各組織での取組に関して重要となる活動や態度について5つの原則を示している。各原則が確実に実行されるためには、「組織」「役割」「個人」という側面において必要条件を満たす必要がある。

　それぞれの原則は、内部監査責任者がその役割を効果的に発揮し、核となる義務を果たすことを目的としている。本意見書は、そのための組織のガバナンス構築に関する取組を示し、内部監査責任者の核となる責任を明らかとしている。

　組織が内部監査責任者に期待する技能、指導力および技術に関する専門的知識は、個人の技能や専門家が遵守すべき基準に示されている。これらの原則には、CIPFAや他の専門家団体が定める倫理規範や専門家が遵守すべき実務規範が含まれる。内部監査責任者には、資格ある専門家としてこれらの基準を遵守する責任がある。個人の技能と説明されてきた事柄は、最も適切な原則と結びつく。しかし、多くの場合、他の原則とも同様に結びつく。

**準拠性の表明**

　本意見書は、公共部門におけるガバナンス、リスク・マネジメント、および内部監査の強化を目的としている。そして、幹部職員、一般職員および議員にかかわらず、現在の組織で定められている取組を本意見書で定義されたフレームワークに照らし比較検討を行い、リーダーシップ・チームに活用されることが期待される。

　公共部門は法律や規則に基づいて運営がなされており、組織の規模や住民に

提供している公共サービスの範囲も著しく大きくなっている。したがって、本意見書はあらゆる公共部門に適用できるように内部監査責任者の本質的役割について焦点を絞っている。

　CIPFA は、それぞれの組織が組織における既存の取組を（それぞれの分野における特別な指針や基準と結びついて）評価するためのフレームワークとして本意見書を活用することを推奨している。良い実践に向けた取組を行っていることを示すために本意見書が示す基準への準拠を公表することも推奨している。逆に各組織が本意見書で示すフレームワークに準拠していない場合、その事実を公表することも推奨している。この場合には、準拠できなかった理由と本意見書が求める内容にどのように対応しているかを明らかにしなければならない。

**本意見書の性格**

　本意見書は、内部監査責任者のベスト・プラクティスに関する CIPFA の見解を示している。しかし、本意見書は CIPFA が定める実務規範ではなく、会計専門職や内部監査機関のコンピテンシーや規律に関するフレームワークを補強する文書である。各分野で示されている指針、規則および職業的専門家が準拠する基準に置き換わる性格をもつ文書にも該当しない。本意見書が示す内容や規則は、公共部門がそれぞれで設定する指針の再検証を促すことを目的としている。

　本意見書は、現職の内部監査責任者やその職を希望する者を対象に内部監査責任者としての成功に必要とされる個人の技術や職業的専門家としての基準のみならず、内部監査責任者の役割における中心的な責任についての概要を示している。また、（本意見書は、内部監査人の）キャリアのすべての段階における監査の専門家としての能力開発における焦点も示している。

第Ⅳ部　公共部門における内部監査責任者の役割　205

```
         組織
    ガバナンス上の
      必要条件
         1
         2
         3
  役割    4    個人
HIAの中心的な責任 5  個人の技能および
                   専門的基準
```

# 公共部門における内部監査責任者の役割に関するCIPFA意見書

　内部監査責任者は、組織の戦略的目標を達成するために以下の重要な役割を果たしている。

1. （組織の）ガバナンス構築のベスト・プラクティスを強化し、ガバナンスやリスク管理の適切性を客観的に評価し、潜在的リスクや改善が必要となる事項への対応について意見を表明する。
2. ガバナンス、リスク・マネジメントおよび内部統制の全般において目標を定め、証拠に基づいた意見を表明する。

　内部監査責任者としての役割を果たすためには、以下の事項に留意すべきである。

3. 内部監査責任者は、常勤の上級管理職でなければならない。リーダーシップ・チーム（Leadership Team）や監査委員会に自由に連絡できる関係を構築しなければならない。
4. 内部監査責任者は、内部監査の目的を達成できるように組織の資源が割り当てられるよう努め、内部監査部門を先導し、業務を指揮しなければならない。
5. 内部監査責任者は、職業的専門資格と十分な経験を有していなければならない。

# 第1原則

　内部監査責任者は、組織の戦略的目標を達成するために（組織の）ガバナンス構築のベスト・プラクティスを強化し、ガバナンスやリスク管理の適切性を客観的に評価し、潜在的リスクや改善が必要となる事項への対応について意見を表明するという重要な役割を果たしている。

**良好なガバナンスの構築**
　公共部門への信頼を確立するための基礎は、組織における良好なガバナンスにある。すべての事務総長に良好なガバナンスの構築に責任がある。しかし、内部監査責任者には、（事務総長とは異なって）別の側面から良好なガバナンスの確立を促し、その良い実践を組織全体に展開していく責任がある。内部監査戦略では、内部監査責任者がいかにその役割を果たすべきかという点を考慮しなければならない。
　リーダーシップ・チームは、組織の目標達成にとって良好なガバナンスの構築が重要であり、公金が効果的に活用されていることが明らかとなっている組織風土を醸成しなければならない。内部監査責任者には良好なガバナンスを構築する責任はない。しかし、ガバナンスに関する基準を策定する際には内部監査部門はその役割を果たす必要がある。組織における制度上の問題点を指摘するだけでなく、良好なガバナンスを構築することで得られる利益を最大化することによって、その役割を果たすことができる。内部監査責任者は、内部監査職員が広い意味での内部監査の目的を見出し、内部監査職員が目的にあった形で監査業務に従事するよう強化することで、組織への利点を最大化することができる。
　組織において良好なガバナンスを構築する方法は数多くある。たとえば、多

くの組織では、最高財務責任者が組織における良好なガバナンスの構築を先導しており、内部監査責任者は組織のガバナンスの構築状況や利害関係者の行動を評価する必要がある。内部監査責任者は、良好なガバナンスの構築を強化する役割、および最も効果的に構築する方法を明確にしていく必要がある。他の組織との比較を行うベンチマーキングや同種の組織におけるケーススタディは、良好なガバナンスの構築に有用である。良好なガバナンスの構築による利点は、内部監査職員や監査以外の職員にも研修や（組織での）指針において示されるべきである。ガバナンス構築の責任者は、組織の一部ともいえる重要なパートナーに対してもこの取組を展開する。

### 既存のリスクに対するガバナンスとマネジメントの評価

　内部監査責任者は、VFMの達成や不正行為および汚職の予防・発見を含む組織における統制全般を検証し判断しなければならない。判断に至るためには、内部監査責任者は組織における取組、たとえば、データの品質と成果管理に関する取決めについて確認したいと考えるかもしれない。また、内部監査責任者は、たとえば、主要なプロジェクト、意思決定および施策の実施といった特定の課題について機能しているかを確認することを望むかもしれない。つまり、内部監査の目標は組織の目標と適合するものでなければならず、公共サービスを効果的に提供することを支援するものでなればならない。

　組織で統制を検証する主体は数多い。組織内部には運営管理を検証している経営コンサルタントがある。組織の外部には、さまざまな検査官、検証を行う機関、公共サービスの提供における協力関係にある機関がある。内部監査責任者は、ガバナンスの取組を理解して主体ごとの強みを評価しなければならない。内部監査責任者は、各機関との間で協力関係を構築し、この協力関係を築く理由を明らかにしなければならない。このフレームワークを明らかとすることは、組織での包括的なガバナンスの構築において内部監査がどのように貢献できるかを説明できることにつながる。

## 改善すべき事項への助言

　内部監査責任者は、潜在的なリスクだけでなく、提案された政策、施策およびプロジェクトを考慮すべきである。内部監査責任者は、リスクを適切に特定・評価し、組織に組み込まれた統制が適切であることを確立するために新しい制度や政策を意識しなければならない。内部監査責任者は、内部監査の必要性や政策などの提案事項がどのように組織の戦略目標と適合するかを考慮すべきである。内部監査責任者は、自分たちが与えた助言が組織で実現されることを確実にするために、その改善策に関する実施の着手に関与すべきである。改善が求められている事項について助言を行う業務は、既存の制度について保証を提供する業務に比べて確固たる正確性は求められない。したがって、事務総長と内部監査責任者は、実施された内部監査業務の監査範囲と与えた助言の内容を明確に示す必要がある。

　内部監査は、現実の組織における現在と将来の取組について助言することがある。内部監査の分析技術を活用して組織に価値を付加することは、内部監査責任者の重要な役割である。この役割を果たすことができない場合、内部監査責任者は、監査業務従事者に技能があり、内部監査の客観性が妨げられないように努めなければならない。内部監査責任者は、監査業務や関連業務の実施に必要となる組織での資源が十分に配分され、監査対象部署と内部監査部門の間に妥協が存在しないように努めなければならない。

## ガバナンス上の必要条件　　　　　　　　　　　　　　　　　　　　　第１原則

- ■良好なガバナンスを構築し、他の関係者の役割と合致するように内部監査責任者の役割を設定している。
- ■組織の政策、手続および研修を通じて、良好なガバナンスを構築することの重要性が組織全体に周知徹底されている。
- ■すべての主要な政策、施策、およびプロジェクトについて内部監査責任者の協議を経ている。

| 内部監査責任者の中心的な責任 | 第1原則 |

■組織全体を通じた良好なガバナンスの長所を促進している。
■組織において良好なガバナンスの構築責任を負う当事者と協働している。
■提案された政策、施策およびプロジェクトに関連する統制やリスクについてリーダーシップ・チームや他の当事者に対して助言している。
■最高レベルの倫理規範や誠実性、客観性、コンピテンシー、および守秘義務の原則に準拠した基準の普及を促している。
■公共サービスを効果的に提供する上で良好なガバナンスに利点があること、内部監査責任者がどのように貢献できるかを対外的に示している。
■内部監査責任者が助言業務を実施することを必要と考えている場合、こうした任務に関して適切な権限が付与されている。

| 個人の技能および専門的基準 | 第1原則 |

■他の関係者を動機付けるために良好なガバナンス構築に関する実践例を示すことで指導力を発揮している。
■効果的なファシリテーションを実施し、交渉能力を強化している。
■継続的な改善運動へ積極的に関与する姿勢をとり、その姿勢を示している。
■分析力があり、問題解決能力があり、他人に影響力を持ち、コミュニケーション能力があることを示すことで適切に助言できることを実証している。

# 第2原則

　内部監査責任者は、組織の戦略的目標を達成するためにガバナンス、リスク・マネジメントおよび内部統制の全般において目標を定め、証拠に基づいた意見を表明するという重要な役割を果たしている。


**客観性**

　リーダーシップ・チームには、組織の目標達成や良好なガバナンス、リスク・マネジメントおよび内部統制の実現に責任がある。事務総長はその責任を分担している。内部監査責任者はこれらの取組に関して保証や指針を提供するという固有の役割がある。そのために内部監査責任者は、経営管理から独立し、客観的な見解や意見を表明するものとみなされている。

　内部監査責任者は客観的でなければならない。しかし、内部監査責任者が組織を理解し、実務において実践する立場にあることも重要である。内部監査責任者は、統制環境を改善するために効果的な行動をとるべきである。内部監査責任者は、事務総長、一般管理職およびその代表者と相互に敬意を表して十分に対話することで、強固かつ建設的な協力関係を構築して業務に従事しなければならない。対外的な関係のみならず、倫理的問題や公益について理解し、非執行の幹部職員、選ばれた代表者および他の利害関係者に客観的情報と助言を提供する。

　内部監査責任者が客観的であるためには、内部監査責任者に実務上の責任を負担させるべきではない。内部監査責任者に事務執行上の責任がある場合には、別個の保証業務が実施されなければならない。特に内部監査責任者に実務上の責任がある業務が、監査そのものや監査計画に影響するときは、影響する分野を報告することが必要となる。そして、内部監査責任者の上司である事務

総長と合意するとともに、その影響に関して監査委員会への報告が義務付けられる。

### 組織全般における統制

リーダーシップ・チームは、組織において良好なガバナンスが構築されていることを定期的に保証される必要があると考えている。こうした保証を提供する枠組みには、業務の過程における経営管理、外部の検査官、検査機関による検査、および外部監査人による監査がある。しかし、客観的保証の提供は主として内部監査責任者によってなされる。

内部監査責任者は、組織に関するさまざまな保証を提供している。その保証には、特定のシステムや業務分野に関する報告、新規または検討中の制度（当該分野で想定されるリスクを含む）、パートナーシップ、および総合的な年次内部監査意見が含まれる。

年次内部監査意見は、内部監査責任者が公表する最も重要な意見である。この内部監査意見は、事務総長が作成する年次ガバナンス報告書の客観性を保証する主要な材料の一つとなっている。この意見は、年間を通じて実施された監査業務の結果が反映される必要がある。内部監査責任者が懸念する事項は、主な発見事項や結論とともに公表されることが求められる。監査意見が組織の全体像を反映するように、監査計画は組織を包括的に把握し統制環境の全般を検討しなければならない。監査業務は、リスクの発生が懸念される主要な分野を対象として重要な問題点や監査を必要する分野に注意が向けられるべきである。内部監査責任者はその問題点に関する懸念を表明することが期待される。

### 証拠に基礎づけられた保証

内部監査責任者の保証業務は、内部監査責任者に対して保証の提供を求める人々を満足させ、それがガバナンスを改善するものであったならば適切に実施されたといえる。つまり、内部監査計画が十分に的を射たものでなければならないことを意味する。個別の内部監査は、論理に基づき、系統的な方法で実施

され、信頼性や関連性のある十分な証拠で裏付けられ、適切な監督や内部の検証を経なければならない。内部監査責任者は、バランスを取って主要なリスクや課題に焦点をあてられた監査報告書を作製し、実務に貢献する勧告としなければならない。

　内部監査責任者は、保証業務において、パートナーや他の機関と協働して監査を実施する場合がある。この場合、内部監査責任者は保証の基礎となる事実やその適切性を検討し、場合によっては追加の検証を実施する必要性を検討しなければならない。

　内部監査責任者は、組織の取組に対してパートナーや政府機関など他の関係者から保証を提供するよう求められる場合がある。内部監査責任者は、必要な場合には助言し、信頼が求められる範囲や程度、および組織の評判が脅威にさらされる潜在的リスクを注意深く考慮しなければならない。

　自らの組織に与えられる保証も、組織の外部に提供した保証も、その範囲や目的について監査委員会の同意を得る必要がある。それらの保証に関する概要は、内部監査責任者の年次内部監査報告書に記載されるべきである。

　内部監査責任者の主要な関係の一つには、外部監査人との関係がある。内部監査と外部監査の役割はそれぞれ異なり、相互は独立していなければならない。しかし、内部監査も外部監査も組織の統制環境と関連する。双方で監査結果を導くための客観的かつリスク・ベースの手法が用いられている。内部監査責任者は、監査戦略や監査計画を策定する際、外部監査人と緊密に連携し、外部監査人が内部監査人の監査を信頼できる部分やその内容を把握している必要がある。こうした監査の実践によって監査資源が効果的に活用されるように努めなければならない。

## リスク・ベースによる監査戦略の立案と実施

　公共サービスを住民へ効果的に提供するには、リスク・マネジメントが必要となる。組織は、リスクに関してより積極的に取り組み、リスクを特定・測定・管理するという手法は改善されてきた。

内部監査責任者は、リスク・マネジメントのベストプラクティスを反映した監査戦略が立案されるようにしなければならない。まずは、組織の戦略的目標とその達成手段を検証しなければならない。監査目標を達成するためにリスクを考慮しなければならない。内部監査責任者は、リスク記録や実際に策定されているリスク管理計画においてリスクがどのように認識されているかを検証する必要がある。内部監査責任者は、内部監査戦略と監査計画を作成する際に組織のリスク記録を参考とする。内部監査責任者がリスク記録を参考とする程度は、組織が主要なリスクについてどの程度認識しているか、または、そのリスクに適切に対応しているかに依拠する。

　組織の主要なリスクの評価、保証を提供する代替手段の有無、監査の目的を達成するために必要な組織の資源や監査人の技術に基づき、内部監査における優先順位を考慮した上で監査戦略を立案しなければならない。良好なガバナンスの構築に関する取組（リスク・マネジメントを含む）に対する責任は、各階層の管理者にある。内部監査責任者には、内部統制におけるすべての弱点や失敗を発見・防止することは期待されておらず、組織全体におけるすべてのリスクが内部監査戦略の対象とすることもできない。

| ガバナンス上の必要条件 | 第2原則 |
| --- | --- |

■内部監査責任者の責任範囲を定義している。この場合、内部監査責任者は、実務的な分野における経営管理に関する責任を負うべきではない。

■外部監査に対する内部監査の独立性を確保している。

■内部監査責任者に（内部監査業務以外の業務について）事務執行上の責任がある場合、内部監査責任者の上司や監査委員会は、監査計画やそれに関連する計画と報告書を承認し、確実に監査業務が独立性を保持して実施されるようにしている。

■ガバナンスの構築について利害関係がある当事者（たとえば、事務総長、最高法務責任者、最高財務責任者、監査委員会、非執行の役員またはその代表者）に対し指揮命令関係における責任を明確にしている。この責任の対象に

は、主要な組織の戦略・声明・政策を策定し、または検証することが含まれる。
- 内部監査責任者が抱く懸念についてリーダーシップ・チームと監査委員会に対して報告する手段を確実に構築している。
- 内部監査責任者は、リーダーシップ・チームのみならず、監査委員会とも内部監査の監査権限の範囲について合意している。
- 他の組織に対して提供することができる保証と他の組織が提供している保証に対して内部監査責任者が信頼できる基礎を提供している。
- たとえば、リスク・マネジメント、組織管理、不正行為や汚職への対策および内部通報制度に関連する規定を確認し、包括的なガバナンス構築に関する取組を導入している。
- 内部監査責任者の名において、年次内部監査報告書と意見を作製し公表している。
- リーダーシップ・チームの構成員に求められる能力が、組織におけるガバナンスの要素であることを認識している。
- 保証の枠組みを提供することで年次ガバナンス報告書の作製を支援し、内部監査の役割を明確にしている。内部監査責任者は事務総長による年次ガバナンス報告書の作製について責任を負うべきではない。
- 内部監査戦略は監査委員会によって承認され、リーダーシップ・チームによって是認されている。

## 内部監査責任者の中心的な責任　　　　　　　　　　　　　　　　　第2原則

- 統制環境について保証を提供している。この保証にはリスクや情報管理および組織におけるすべてのシステムにおける内部統制が含まれる。
- たとえば、リスク戦略、リスク記録、不正行為や汚職への対策、および組織の計画といった組織の基本的取組が適切であることを検証している。
- 組織の統制環境に関して証拠に基礎づけられた年次内部監査意見を作製している。

■関連性がある十分な証拠の収集を確実にするために相手方と緊密に協力している。他の組織から提供される証拠を信頼する場合、その信頼性の程度や根拠を明確にしている。
■第三者から提供される重要なパートナーシップに関する取決めや主要なサービスおよび組織の利益を増進・保護するために導入されている統制手段を検証している。責任と保証の区別が明確となっているかを評価している。
■知識を共有し、最も効果的に監査資源を活用するために外部監査人と緊密に連携している。
■組織の目標に適合し、その目標達成を支援する内部監査戦略を策定している。
■（組織自身のリスク評価も含む）リスクの重要性を評価し、その結果を監査戦略に反映させている。
■幹部職員、非執行の役員またはその代表者などの利害関係者と内部監査戦略について協議している。
■内部監査責任者が、組織の統制やリスクに関して他の組織が提供している保証をどのように信頼しようとしているか、他の組織から提供される保証における制約を考慮している。
■内部監査戦略を立案する際に適切と判断される場合には、外部の検査官や検査機関と連携する。
■内部監査戦略の立案において外部監査人と連携している。ただし、外部監査における優先順位は内部監査には影響を及ぼさない。

## 個人の技能および専門的基準　　　　　　　　　　　　　　第2原則

■職業的専門家としてふさわしく、明確で客観的な助言を行っている。
■恐怖心や好意といった感情に左右されず、発見事項を報告している。
■組織における業務従事者や他の関係者に対して内部監査責任者の誠実性を示している。
■組織における統制環境の脆弱性について適正な判断を行い、その重要性につ

いて均衡のとれた評価をしている。
■内部統制、リスク・マネジメントおよびガバナンスの構築について責任を持つ関係者と協働している。分野によって関係者の範囲は異なるものの、事務総長、最高法務責任者、最高財務責任者、監査委員会、非執行の役員やその代表者が関係者の範囲に含まれる。
■内部監査責任者による勧告が実行されることを保証するために、リーダーシップ・チーム、監査委員会および他の関係者への影響を考慮している。
■役割モデルとしてダイナミックで決断力があって前向きかつ強健で、他の模範となり快活に指導力を発揮し、信頼かつ敬意されて高い水準の行動規範に準拠している。

# 第3原則

　公共部門における内部監査責任者は、常勤の上級管理職でなければならない。リーダーシップ・チーム（Leadership Team）や監査委員会に自由に連絡できる関係を構築しなければならない。

**上級管理職**

　内部監査責任者は数多くの課題に直面し、利害関係者からの期待が高まっている。組織に対する期待に関して内部監査責任者は、権威をもち信頼されてリーダーシップ・チームを支援し、時には問題点を指摘し、組織の中心的地位にある必要がある。内部監査責任者は、良好なガバナンスの構築を促進する指導者として組織から認知されるべきである。内部監査責任者は、指導者の任務を効果的に果たし、組織に影響を与えて価値を付加するために上級管理職でなければならない。

　内部監査責任者は、ライン上の事務総長に対する責任があり、これには指針がある[2]。内部監査責任者が、内部監査の対象範囲を決定し、その後（作製される）監査結果や監査報告では、他者からの干渉を排除された報告手段が確保されなければならない。また、内部監査責任者は、特に事務総長、経営会議、監査委員会の代表者に自由に報告できなければならない。実務的には内部監査責任者が、最高経営責任者や最高財務責任者に報告するという方法が多い。

　内部監査責任者の責任範囲を明確とするために、その役割は特定の個人を指名して行われなければならない。内部監査を内部で実施する際には、こうした問題は少ない。これに対して、内部監査業務を契約によって外部委託し、他者と共同して実施する場合、組織は内部監査責任者を組織内部から選任するか、内部監査業務の提供者を選任するか、いずれかを決定しなければならない。後

者の場合、内部監査責任者と組織（監査委員会を含む）との関係は、組織のガバナンスにおける枠組みの一部として明確とされなければならない。実際のところ、内部監査責任者には、内部監査戦略や監査計画を策定し、年次内部監査意見を公表することに責任を負うことができる人物が就任している。

### リーダーシップ・チームとの関わり

公共部門におけるリーダーシップ・チームには多くの形態があり、さまざまな幹部職員で構成され、執行・非執行の幹部職員で構成されることもある。一般的にリーダーシップ・チームは、組織の戦略を決定し、それを実行し、公共サービスの提供について責任を負っている。内部監査責任者はリーダーシップ・チームの各構成員に報告する権利がなければならない。内部監査責任者が、リーダーシップ・チームの構成員となることは適切ではない。しかし、内部監査責任者が必要とするときは、リーダーシップ・チームの会議に出席できることが重要である。ガバナンス、リスク・マネジメントおよびコントロールについて理解するために、内部監査責任者は、リーダーシップ・チームを支援できる地位にいなければならない。この地位の例として、内部監査戦略や年次内部監査意見をリーダーシップ・チームに説明し、年次ガバナンス報告書や計画されている主要な政策、プロジェクトおよび制度改正に関する議論に参加できることが示されている。

### 監査委員会との関係

内部監査責任者と監査委員会、特にその代表者との関係も極めて重要である。両者は、共に客観的であるべきという点で相互補完的な関係にあり、組織全般を通じての課題を提示、支援し、ガバナンス、リスク・マネジメント、および内部統制の改善を図っている。内部監査責任者と監査委員会は、それぞれの役割を明確にし、組織の資源を有効に利用する必要がある。そのために、内部監査責任者は監査委員会と緊密に業務を実施しなければならない。いくつかの公共部門では、内部監査責任者の任命権が監査委員会の委員長に付与される

ことが適当なこともある。

| ガバナンス上の必要条件 | 第3原則 |
| --- | --- |

■本意見書の原則に適合する人物を内部監査責任者に任命している。内部監査が、外部委託されたり、共同実施されたりする際には、組織外の人物が内部監査責任者となる。この場合、内部監査責任者の役割や委託先の責任者を契約や合意において明確にしている。

■内部監査責任者を雇用する場合には、その役割を実質的に果たし、組織の経営陣へ建設的に課題を提示するために十分な地位にあり、組織における独立性が確保されている。

■内部監査責任者が被用者である場合、事務総長を中心としたチームの構成員によってラインの一員としての監督を受けている。内部監査責任者が被用者ではない場合、内部監査業務の受託者と契約または合意によって報告手段が明確に定められている。

■関連する指針や優れた実践事例に準拠して監査委員会を設置し、運営している。

■内部監査責任者と、監査委員会およびその委員長との関係を定められている。ここには（必要な場合）内部監査責任者の任命における監査委員会の役割も含まれる。

■組織のガバナンス構築に向けた取組に関し内部監査責任者が、以下の事項を実施できるようになっている。
　－組織のガバナンスに関連する重要な意思決定に影響力を有している。
　－最高経営責任者、リーダーシップ・チームの構成員、監査委員会および外部監査人に直接連絡できる。
　－内部監査責任者が必要と判断する場合にリーダーシップ・チームや経営陣への会議に出席できる。
　－内部監査人には、制約なく組織の保有する文書を入手し、職員にアクセスできる権利が保障されている。このことは、（重要な）協力関係にある組織

においても同様である。
■合弁事業、外部委託および共同実施といった協力関係における内部監査責任者の責任が明確にされている。

## 内部監査責任者の中心的な責任　　　　　　　　　　　第3原則

■内部監査責任者は必要に応じて、指揮命令上の上司、事務総長、監査委員会、リーダーシップ・チーム、法務担当者、および外部監査人に問題点を報告している。
■内部監査人自身が効率的に業務を行っているかを自己点検し、監査委員会の委員長や指揮命令関係にある上司に内部監査人が提案した改善内容を報告している。
■上級管理職、非執行の幹部職員またはその代表者を含む利害関係者と内部監査戦略について協議している。

## 個人の技能および専門的基準　　　　　　　　　　　　第3原則

■内部監査への関心を高め、組織における（内部監査部門の）地位の向上を図るために効果的関係を構築している。
■協力して助言を行い、必要に応じて課題を提示するなど、柔軟な姿勢で取り組んでいる。
■組織の内部と外部に対して生産的な関係を構築している。
■政治的問題に関心をもち、リーダーシップ・チームや監査委員会と効果的に業務を行っている。
■外観的な客観性と独立性を保ち、必要に応じて実務的に対応している。

# 第4原則

　公共部門における内部監査責任者は、内部監査の目的を達成できるように組織の資源が割り当てられるよう努め、内部監査部門を先導し、業務を指揮しなければならない。

**事業ニーズへの適合**
　公共サービスを提供する組織において良好なガバナンスの構築は不可欠であり、内部監査はガバナンスの構築に重要な役割を果たしている。内部監査責任者は、明確かつ広範にわたるガバナンスの要点を押さえなければならない。これは制度や統制を検証し、不正行為や汚職への対策とVFMを達成する取組を検証することをいう。

　内部監査責任者には、統制環境のみならず組織が実施する事業を確実に把握し理解しなければならない。こうした理解によって内部監査責任者は、リーダーシップ・チームに対して組織におけるそれぞれの取組が機能しているかという点に関する意見を表明することができる。内部監査責任者は事務総長や他の当事者と効果的に問題に取り組み、時には課題を投げかけることができるようにするために内部監査に関する専門的技術や経験が十分あるように努めなければならない。

　内部監査の資源は、組織の大きさ、複雑さ、およびリスクの有無に比例して配分される必要がある。内部監査責任者が組織の統制環境について信頼できる意見を表明できるように十分な資源が配分されなければならない。組織には、内部監査業務に関して有効かつ適切に組織の資源を配分する責任がある。組織は内部監査の品質に対して独立性ある保証を行い、定期的に外部評価が確実に実施される必要がある。

　内部監査責任者は、監査委員会が内部統制全般について検証するために、内

部監査に求められる条件を監査委員会が確実に理解するように働きかけなければならない。内部監査責任者は、年次内部監査意見が正確で証拠に基づいたものとするために内部監査の実施範囲と必要な監査資源を明確にしなければならない。内部監査責任者は、監査資源が不十分であるとき、または内部監査責任者が提供できる保証水準の結果が不十分であるときには、監査委員会とリーダーシップ・チームに通知しなければならない。

**内部監査に関する技能**

内部監査の業務には多大な信頼が寄せられている。内部監査責任者は監査計画、人員配置を含むすべての内部監査業務が、専門家の基準に沿った高い水準なものとなるよう努めなければならない。また、内部監査責任者は、すべての内部監査職員が最も高い水準の倫理基準に準拠していることを示すべきである。したがって、内部監査責任者には内部監査職員に資格、知識、技能、および能力があり、継続的に能力開発プログラムを着実に実施する責任がある。内部監査責任者は、組織のガバナンス構築に関する取組全般を適切に判断するために人員配置の的確さを評価しなければならない。

内部監査責任者は組織における上層部に影響を与えるために、訓練された士気が高い従事者を必要としている。使用頻度の低い専門的技術を外部から調達することもありうる。内部監査部門が機能し、組織構成を最適化し監査従事者が内部監査の使命を果たすことが、内部監査責任者の課題である。内部監査責任者は、内部監査を経験することがキャリア開発にとって良い機会であるという認識を内部監査職員に周知する責任がある。

内部監査責任者は内部監査全般および個別の内部監査業務への分担に際して、それぞれの内部監査職員が実施する内部監査の品質を保証するために明確な指針を提供しなければならない。内部監査責任者は、内部監査職員が、関連する内部監査の基準に準拠していることを確認する義務があり、その準拠性を確認する仕組みを設けなければならない。広い意味で、内部監査責任者は、他の内部監査責任者や関係者と協働して自らの組織に影響を与えている問題点、

ならびに内部監査の技術および開発された方法に関する最新情報を入手するように取り組まなければならない。

### ガバナンス上の必要条件　　　　　　　　　　　　　　　　第4原則

- 内部監査責任者の役割を果たすために必要な組織の資源、専門的知識およびシステムを内部監査責任者に提供している。
- 監査委員会が内部監査責任者と内部監査職員に関わる業績フレームワークを設定し、それに基づいて業績の達成状況を評価し、必要な場合には対策を講じている。
- 定期的に内部監査の品質を検証している。
- 組織の外部から内部監査責任者を任命する場合、その組織が外部監査を担当していないことを確認している。

### 内部監査責任者の中心的な責任　　　　　　　　　　　　　　第4原則

- 組織や外部の利害関係者に貢献し、そのニーズを満たすように内部監査部門を先導し、指揮している。
- 内部監査の目標を達成するために必要な組織の資源、専門的知識、資格およびシステムを決定している。必要に応じ（他の組織の）助言業務や共同実施、サービスの購入といった外部資源の活用を検討している。
- 内部監査を満足できる水準で実施できなかったり、保証水準の結果に問題が生じたりするおそれがあるときは、リーダーシップ・チームや監査委員会に報告している。
- 内部監査職員を募集し、外部から内部監査業務を調達する手続を遵守して実施している。
- 職業的専門家として研修や個人の資質向上を目的として内部監査職員が希望する研修に関するニーズを評価し、そのニーズが適当であるかどうかを判断している。
- 内部監査職員の後継者育成計画を作成し、キャリア開発を支援している。

■以下の改善プログラムと品質保証制度を構築している。
　-職業的専門家としての内部監査基準が遵守されている。
　-内部監査の業績を検証し、利害関係者の期待とニーズに適合するサービスを提供している。
　-内部監査責任者が、その上司や監査委員会との間で合意した業績評価指標やその目標を示し、これによって効率的かつ効果的な内部監査業務を実施している。毎年、目標に対する達成度を報告している。
　-内部監査計画、内部監査業務および監査報告が証拠に基づいて行われ、良好な品質を保つために業務実施中の監督、定期的な内部監査業務の検証、および業務で使用される文書の確認を行っている。
　-内部監査人が監査における利害関係がないことを宣誓している。
　-内部監査サービスの継続的改善を追求している。
■他組織の内部監査責任者と連携し、共に学習し、適当と考えられる改善点を実行することで、ガバナンス、リスク・マネジメント、統制および内部監査の品質を継続的に改善している。
■内部監査が、組織に価値を付加しているかを実証している。

## 個人の技能および専門的基準　　　　　　　　　　　　　第4原則

■指導力を示し、内部監査の重要性を説明している。
■内部監査サービスの将来像を考え、他の関係者に伝達し、その実現に努力している。
■顧客本位の内部監査サービスを創造している。
■風通しの良い組織文化を醸成し、効果的に指導し、問題に対して建設的に取り組んでいる。
■内部監査部門のみならず、組織全体や外部の利害関係者との対話を効果的にするよう促している。
■内部監査職員のために意義のある業績目標を設定し、達成状況を監督している。

■内部監査職員を効果的に管理し、指導している。
■職業的専門家の基準や倫理基準に準拠している。
■誠実性、客観性、コンピテンシーと守秘義務の原則に基づき、最も高い水準の倫理基準を定めている。特に内部監査人が利益相反の状況にあることを識別し、（必要な）報告している。
■内部監査部門内で専門家による助言を利用できない場合、必要に応じて外部の専門家の助言を求めている。
■ガバナンスの構築における現状の問題点、専門家としての課題およびその改善方法を活発に意見交換している。

## 第5原則

　公共部門における内部監査責任者は、職業的専門資格と十分な経験を有していなければならない。

**職業的専門家としての技能と対人交渉能力**

　内部監査責任者は、組織全体に影響を与えるために信頼できる人物であることが求められる。内部監査責任者は、職業的専門家としての資格を有している必要がある。たとえば、英国では会計団体諮問委員会（Consultative Committee of Accountancy Bodies：CCAB）の資格を保有し、英国勅許内部監査人協会（CIIA）の一員であることを意味する。専門家団体の一員であることが、資格試験によって内部監査責任者の技能、知識および専門的技術を実証する。十分に計画され、職業的専門家団体が管理する方法で、継続的な能力開発が実施されなければならない。内部監査責任者は、職業的専門家として正確性、正直さ、誠実性、客観性、公平性、透明性、機密保持、コンピテンシーと信頼を追求し、内部監査を実施する際もこれらに留意しなければならない。

　内部監査責任者は、複雑な情報を明瞭かつ確実な方法で伝達しなければならない。内部監査責任者は、部門を指揮し、（組織に）良い影響を与え、評価し、情報を伝える際に効果的な方法を用いなければならない。内部監査責任者は、客観的な意見を表明し、時には歓迎されない苦言を呈する。組織のガバナンスや倫理基準を再検証する必要が生じたり、それらが阻害されていた場合、内部監査責任者は、権威をもって組織に介入できなければならない。内部監査責任者は、さまざまな当事者や組織と協力して業務を実施しなければならない。当事者から信用を得ることは、成功の秘訣となる。内部監査責任者は現状を検証し、直接的な権限を行使しないが、影響力を及ぼすことで組織の変革を促さな

けばならない。

　内部監査責任者は、組織が直面する複雑な問題や（政治的な）圧力などを敏感に察知しなければならない。内部監査責任者は、リーダーシップ・チームとの関係を損なうことなく、監査委員会と有効に機能する関係を構築しなければならない。この関係構築には機敏な心遣いと交渉能力が求められる。

**実務家・職業的専門家としての経験の活用**

　内部監査責任者は、リーダーシップ・チーム、監査委員会および利害関係者から、敬意を表され、信用と信頼を得るために組織が実施している事業全般やその事業目的を理解し、積極的に関与しなければならない。

　内部監査責任者には、戦略的計画、業績、ファイナンス、リスク・マネジメントを含む事業のプロセスや組織のガバナンスへの十分な理解が求められる。内部監査責任者は、組織や内部監査人が直面する現在の問題を認識する必要がある。内部監査責任者は、組織のガバナンスと内部統制を改善し、より広い意味における事業目的との関係で組織を支援する触媒となるべきである。こうした任務を実施するために内部監査責任者は、現在の運用状況を確認するだけでなく、組織の将来も検討すべきである。内部監査責任者は、良好なガバナンスの構築、リスク・マネジメントおよび内部統制は、組織のすべての者に重要であるという気風を組織に醸成し、個人としての指導力を発揮することが期待される。

## ガバナンス上の必要条件　　　　　　　　　　　　　　　　第5原則

■本意見書に示されている諸原則で示される内部監査責任者の核となる責任を果たすことができ、職業的専門家としての資格者を任命している。そのことが組織全体に周知徹底されている。

■内部監査責任者がその役割を効果的に果たすために技能、知識、および経験があり、（組織の）資源配分がなされている。

## 個人の技能および専門的基準　　　　　　　　　　　　　　　第5原則

- 職業的専門家団体に正会員として加入し、個人の専門的能力開発のための（研修）プログラムに参加している。
- 職業的専門家の内部監査基準（会計や（外部）監査の基準にも適合する）に準拠している。
- 情報通信技術やコンサルティング能力だけでなく、対話能力、経営管理および他者への影響力といったさまざまな能力がある。
- 内部監査の業務経験を有している。
- 戦略目標の設定と経営管理を理解し、その実務経験を有している。
- 公共部門にも適用可能な内部監査や統制環境を理解している。
- ガバナンス、リスク・マネジメントおよび内部統制を包括的に理解している。
- 組織のすべての活動や過程を理解していること実証するために適切な能力開発の機会が与えられ、必要なときはそれに関連する実務経験を有している。

# 付録

**CIPFA 諮問委員会「公共部門における内部監査責任者の役割」**
**構成員名簿**

| | |
|---|---|
| Mike More（マイク・ムーア）（議長） | ウェストミンスター市 |
| Anthony Barrett（アンソニー・バーレット） | ウェールズ会計検査院 |
| Chris Bowring（クリス・バウリング） | 国民健康保険（ファイフ州） |
| Jackie Cain（ジャッキー・ケイン） | 英国勅許内部監査人協会 |
| Ian Carruthers（イアン・カラザーズ） | CIPFA |
| Mike Clarkson（マイク・クラークソン） | デロイト（監査法人） |
| Tim Crowley（ティム・クローリー） | マージー内部監査局 |
| Colin Langford（コリン・ラングフォード） | CIPFA |
| Paul Manning（ポール・マニング） | 国際開発省 |
| Justin Martin（ジャスティン・マーチン） | PWC LLP |
| Stephanie Mason（ステファニー・メイスン） | ベイカー・ティリー |
| Jon Pittam（ジョン・ピッタム） | ハンプシャー県 |
| Tim Pouncey（ティム・パウンシー） | リーズ市 |
| Duncan Savage（ダンカン・サヴェージ） | イーストサセックス県 |
| Philip Winter（フィリップ・ウィンター） | テナント・サービス局 |
| Chris Wobschall（クリス・ウォブシャル） | 英国財務省 |
| Clive Darracott（クリーブ・タラゴット）（事務局） | CIPFA |
| Diana Melville（ダイアナ・メルビル）（技術支援） | CIPFA |

　CIPFA は、諮問委員会の構成員による貴重な貢献と CIPFA に設置された監査検討委員会による助言と支援にも感謝している。本意見書は、策定期間中に意見を求めるために広く公表された。この公表物に回答し、公共部門での内部

監査責任者が実務においてどのような役割を果たすべきかという課題に洞察を与えた意見を提出した個人と組織に対して、CIPFA は謝意を表する。

【注】
(1) The Good Governance Standard for Public Services (Independent Commission chaired by Sir Alan Langlands. 2004)
(2) 例えば、中央政府や NHS では、内部監査責任者は事務総長に報告することが内部監査基準に定められている。地方自治体では、内部監査責任者はマネジメント・チームに報告することが CIPFA の内部監査実務規範に定められている。

【訳者注】
＊1　ここでいう「監査委員会」とは、地方自治体ごとに設置されている監査委員会をいい、議会の議員によって構成されることが多い。英国中央政府が設置した地方自治体の外部監査を行っている地方自治体監査委員会（Audit Commission）とは異なる。

# 第 V 部

## 公共部門における
## 内部管理業務の VFM

英国公共部門における監査機関の共同プロジェクト

Value for Money in Public Sector Corporate Services :
A Joint Project by the UK Public Sector Audit Agencies

英国会計検査院
National Audit Office

# 監査機関の代表者による序文

　監査機関が担う重要な戦略的役割は、政府における VFM（Value for Money：最少の経費による最大の効果）の実践に役立つことである。そのため、私たちはこのプロジェクトの成果物である業績指標[1]の公表を光栄に思う。意思決定、業績管理、そして、納税者にとって優れた VFM の実践を図るために、公共部門の業務において、高品質情報の利用が不可欠である。公共部門における監査人の重要な共通目的は業績指標の利用推奨である。このプロジェクトは規制機関によって情報作成に追加的な労力が課されず、すべての公共部門において内部管理業務の VFM が理解され、比較され、実践されるために役立つことを目的としている。

　私たちは KPMG[2] の委託業務や中央政府機関、イングランド、スコットランド、北アイルランド、そして、ウェールズの地方公共サービス機関を含む多くの組織と組織代表者の協会による協力に感謝申し上げる。これらの機関は業績指標が人的資源管理、財務、ICT（情報通信技術）、調達、そして、不動産といった業務[3]の業績や VFM の管理と理解に必ず役立つと考えている。実際に、このプロジェクトへ参画した非常に多くの組織がすでに業績指標を利用している。

　このプロジェクトにおける連携はすぐに効果が表れるわけではないが、私たちは多くの課題について緊密に連携して取り組んでいる。そのため、私たちは効果的に進めてきた共同プロジェクトの成果を公表することが叶い、大変光栄に思う。そして、このプロジェクトによって、公共部門が内部管理業務の効果的な VFM を実現できると考えている。

　業績指標の公表は第一段階にすぎない。業績指標の採用は任意ではあるが、監査を受ける組織へ業績指標の適切な利用を推奨したい。また、ベンチマー

ク・サービスの制度化と追加的な業績指標の設定を推奨したい。そうすることで、私たちは業績指標を利用する組織の価値を高めることにもなる。

　他団体のベスト・プラクティスや業績と比較し、内部管理業務に関する業績がどれほど優れているのかを評価するために業績指標が役立つことをご理解いただければ幸いである。

| | |
|---|---|
| John Bourn（ジョン・ボーン）卿 | 英国会計検査院長 |
| Jeremy Colman（ジェレミー・コールマン） | ウェールズ会計検査院長 |
| John Dowdall（ジョン・ドゥダル） | 北アイルランド会計検査院長 |
| Robert Black（ロバート・ブラック） | スコットランド会計検査院長 |
| Steve Bundred（スティーブ・バンドレッド） | 地方自治体監査委員会事務総長 |

## 重要項目の概要

- 英国における公共部門の監査機関は財務、人的資源管理、ICT、不動産、および、調達といった5つの主要業務に関するVFMの業績測定を企図し、業績指標の設定に向けて共同で取り組んできた。
- 組織の内部管理業務に関するVFM業績の監視、改善に役立つため、公共部門の上級管理者による利用を意図して業績指標が設定された。このような業績指標の利用は効率性の改善を確実に進め、直接住民にサービスを提供する際に資源を投入すべき優先的な分野として政府に認識されている。
- 単なる効率性を超えたVFMへの重点的な取組には、効率性とあわせて、公共部門における内部管理業務の有効性と専門性の向上を確認しようとする監査機関の関心が表れている。VFMへの重点的な取組はサービスの共同化構想を進めることにもつながる。
- 業績指標の利用は任意であり、業績指標が業績管理システム、ベンチマーキング活動、そして、改善計画に価値をもたらすか否かは、各組織が判断することになる。このことは、情報作成に要する追加的な労力を省く一方で、公共部門が利用する業績情報の質を改善するため、監査機関が協働によって深く参画していることに表れている。
- 業績指標の範囲は包括的ではないが、5つの内部管理業務におけるVFM業績について重要と考えられる特徴が含まれている。業績指標は幅広く検証された。中央政府、地方自治体、NHS（国民医療サービス）、消防、警察から選ばれた30以上の検証を行った組織を含め、イングランド、スコットランド、そして、ウェールズの約100団体が業績指標の設定に参画した。私たちは業績指標を利用する組織の役に立つように、業績指標の設定を続けていく。

・データを収集した関係者だけが、自らのVFM業績を評価できるのではなく、英国における他の公共部門とVFM業績の比較ができるように業績指標は設計されている。他の公共部門とVFMの比較ができる業績指標は、多くの事務総長や上級管理者チームにとって非常に有用であると考えられる。

・ある第三者機関のサービス提供者は、すでに業績指標を利用したベンチマーキング・サービスの実施を計画している。この件について、今後、追加的な詳細情報を入手することもできる。また、個別に業績指標の利用を希望する組織のために、業績指標の定義を公監査フォーラムのホームページ（www.public-audit-forum.gov.uk）上で制限なく利用できる[*4]。

## 1 プロジェクトの背景

1.1 英国における公共部門の監査機関(地方自治体監査委員会、スコットランド会計検査院[1]、英国会計検査院、北アイルランド会計検査院、そして、ウェールズ会計検査院)は、公共サービスの実施に必要な公金の使用について、VFMの評価と改善を確実に進めるという目的を共有している[*5]。

1.2 Peter Gershon(ピーター・ガーション)卿が代表を務めた公共部門の効率性に関する政府からの委託調査結果が公表された2004年以来、公共部門の内部管理業務に関する効率性が注目されてきた。同様の活動が(効率的な政府に関する構想を有している)スコットランド、(効率性に関する便益の確保が *Making the Connections*[*6]という報告書の一部となっている)ウェールズ、(公共部門における効率性の改善目標が設定された)北アイルランドにおいても実施されている。内部管理業務は公共部門において今後も注目を集めると考えられる。たとえば、財務省は今後の包括的歳出見直しにおいて、中央政府機関に行政予算の5%を毎年削減するよう求めることを発表した[*7]。

1.3 英国における公共部門の監査機関は、イングランド、スコットランド、北アイルランド、そして、ウェールズの公共部門における内部管理業務の効率性を顕著に向上させることが可能であり、その結果、当該公共部門は住民に直接提供するサービスへ多くの資源を投入できるようになる、という政府の見解を共有している。私たちは内部管理業務が公共部門におけるVFM業績の改善へ非常に寄与すると考えている。

1.4 現在、英国の公共部門は内部管理・サポート業務について以下のとおり大幅な効率性の向上を模索している。

・イングランドの地方自治体は2006/07年度に効率性の向上によって、内部管理業務については1億3,800万ポンド、調達業務については7,500万ポンド

の便益を確保しようとしている。
- スコットランドでは進行中の計画によって、内部管理業務に関する効率性の向上が期待されている。スコットランドの公共部門において、2006/07 年度に効果的な調達によって 1 億 5,300 万ポンド、2007/08 年度に 2 億 1,300 万ポンドの継続的な歳出削減が期待されている。
- ウェールズ政府は『*Making the Connections* －ウェールズにとって効果的なサービスの提供』という報告書において、2008 年までに効果的な調達方法で VFM を向上させ、1 億 2,000 万ポンドの歳出削減を公共部門全体の目標に掲げ、2010 年までに追加的な削減を図ることを発表した。そして、2010 年までに公共部門全体に及ぶ内部管理・サポート業務の改善と共同化によって、最大 1 億 2,000 万ポンドに及ぶ VFM による便益の達成を目標として示している。
- 北アイルランドの行政府は人的資源管理、会計、総務、情報通信、広告などの幅広い業務にわたってサービスの共同化を導入するという重要な改革計画に着手した。公共部門は 2008 年 3 月 31 日までの 3 年間で調達業務によって 2 億 5,000 万ポンドの VFM による便益を実現するという目標を掲げている。

1.5 このプロジェクトは、優れた測定システムが公共部門における内部管理業務の効率性と有効性をモニターし、実践するために必要である、という監査機関が共有している問題意識に端を発している。公共サービスの担い手には地域社会にとって単に効率的ではなく、効果的なサービス提供に取り組むことで効果の高い VFM の実現が期待されている。しかし、公共部門において内部管理業務の業績測定について一貫した手法は存在せず、ベンチマーキング情報の利用は不十分である。監査機関は、業績指標の設定を当該組織と監査機関によって上位の情報源が提供される機会とみなしている。監査機関には当該組織と監査機関の情報が凝縮されているため、内部管理業務に関する業績の傾向を把握できる水準でデータ分析が可能である。その結果、監査機関は実施計画や全体的な方向性について選択した結果を公表できると考えられる。公共部門が直面している重要な課題は、業績を比較し、実行された改善を評価し、投資に対する

便益を明らかにする手法を確立することである。しっかりとした一貫性のあるベンチマーキング情報は、たとえばサービスの共同化計画の便益を評価する際、重要な管理手法となる。

1.6　このプロジェクトの目的は調達、財務、人的資源管理、不動産、そして、ICTという重要な内部管理業務について、公共サービスの担い手に関するVFM業績を測定し、比較するために一連の手法を設定することであった[*8]。このプロジェクトに共同して取り組むために、監査機関はKPMGへ委託を行った。

## 2 業績指標の設定

**業績指標の設定を支える原則**

2.1 監査機関は業績指標の設定を方向づけるために、このプロジェクトの開始に当たり以下の5原則の設定を認めた。
- 業績指標の利用は任意とされるべきである。VFM 改善計画を進めるために業績指標を利用できるのか、どのようにして役立てるかを判断するのは各組織である。
- 上級管理者による効果的な業務管理に不可欠であるが、業績の状況を把握するための指標は上位の少数に限るべきである。
- 現場管理者も業務の効果的な管理方法について深く掘り下げて考える能力をもつ必要がある。
- 内部管理業務の利用者である職員と上級管理者にとって効果的と考えられる成果に焦点を当てるべきである。
- イノベーションと有効性向上に役立つように、業績指標にはベスト・プラクティスを示すべきである。

2.2 公共部門における利害関係者との意見交換が実施され、初期調査と診断の結果として、監査機関も以下の項目に同意した。
- 業績指標は簡潔かつ測定が容易であるべきである。
- 業績指標は業績についてのあらゆる状況を対象とすべきではなく、行動の変革を進め、改善に役立つように設定されるべきである。
- 業績指標の設定によって、既存の業績管理フレームワークやベンチマーキング戦略を補足し、将来において民間部門とのベンチマーキングを進めることができる。

**業績指標設定のフレームワーク**

2.3 このプロジェクトの開始時から、監査機関は効率性と同じく有効性の重要な側面を捉えた業績指標の設定を明確に期待していた。このことは、内部管理業務の有効性測定に関する研究とその証拠について、当時は制約があったプロジェクトに対する重要な課題であった。有効性に関する業績指標の設定を目指して、修正スコアカード・モデル[*9]が開発された。修正スコアカード・モデルには、効率性の側面に加えて、測定可能と考えられる有効性に関する3つの独立した要素が以下および図1のとおり定義されている。

・影響力：内部管理業務の成果が、全体として、組織の業績にどれほど寄与、影響したか。
・職員と上級管理者の満足度：サービス利用者である職員や職員へ権限を付与している上級管理者によって、どのように内部管理業務が評価されているか。
・合理化：組織が革新的かつ先進的とみなされる経営慣行をどの程度実践しているか。

図1 修正スコアカード・モデルによる有効性の測定[*10]

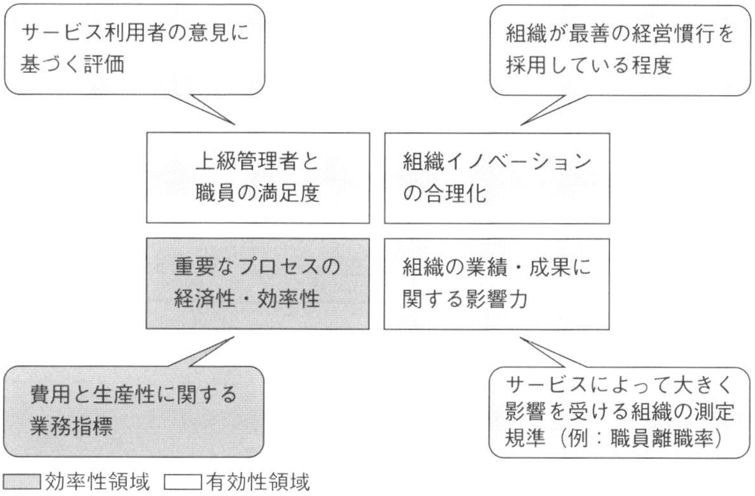

```
サービス利用者の意見に        組織が最善の経営慣行を
基づく評価                  採用している程度
      ↓                        ↓
  上級管理者と              組織イノベーション
  職員の満足度                の合理化
  
  重要なプロセスの           組織の業績・成果に
  経済性・効率性              関する影響力
      ↑                        ↑
  費用と生産性に関する         サービスによって大きく
  業務指標                    影響を受ける組織の測定
                            規準（例：職員離職率）

■ 効率性領域  □ 有効性領域
```

### 業績指標設定の規準

2.4 VFM の特徴を定着させるために、初期の調査段階における利害関係者の視点が業績指標の設定や設定規準の作成に利用された。内部管理業務部門は以下のようにすべきである。

■重要指標は次の規準のうち少なくとも1つを満たさなければならない。
・業務に対する評価を重要視すべきである。
・組織の合理化が重要な機能として認識されるべきである。
・その業務に関する総支出のうち少なくとも3分の1に当たる金額が、業務を構成するプロセスまたは活動に関連づけられるべきである。
・全体として、重要指標が組織の成果または業績に重大な影響を与えるべきである。

■重要指標を補足する補助指標は次のとおりである。
・必ずしも同程度ではないが、上記の重要指標に関する規準のうち1つに適合する。
・重要指標の結果について、組織間の差異を説明するために役立つ。

### プロジェクトの進め方

2.5 民間部門と公共部門においてすでに利用されている業績指標の範囲を確認したあとで、調査範囲を拡大し、診断が行われた。このようなプロジェクトの進め方には、組織が VFM 改善のために利用可能で、かつ容易に測定できる業績指標のみを選定するために、監査機関が深く参画したことが表れている。

2.6 このプロジェクトには、イングランド、スコットランド、そして、ウェールズにおける公共部門約100団体が業績指標についての二者間協議、研究発表会に参加し、各国から30を超える組織がパイロット・テストに参画した。表1は参画した組織の一覧表である。また、業績指標を検証するために、監査機関も自らの組織において設定した業績指標を検証した。

2.7 組織が内部管理業務を理解し、業績改善を進めるために、業績指標の適用可能性を検証することに加えて、私たちは差異の原因となる組織の統制外にある

要素にも着目した。このプロジェクトにおいて、部門内や部門間における差異について、提案された外部要因が検討された。監査機関はベンチマーキングによる業績評価の限界を明らかにしようとしていたため、組織の統制外にある要因の検証がこのプロジェクトにおいて重要とみなされたのである。

表1　プロジェクトに協力した組織一覧

| 中央政府機関 | 地方自治体 | 警察・消防機関 | 保健機関など |
|---|---|---|---|
| 財務省 | シュロップシャー県 | ロンドン消防局 | 警察管理者協会 |
| 内閣府 | エセックス県 | ヘレフォード・ウースター消防組合 | 情報技術管理者協会（SOCITM） |
| スコットランド政府 | カンデム県 | ダラム・ダーリントン消防・救急組合 | 警察調達センター |
| ウェールズ政府 | ゲーツヘッド大都市圏カウンティ | グレートマンチェスター消防・救急組合 | 公営企業協会 |
| 商務局 | スタフォードシャー県 | ロジアン・ボーダーズ消防・救急組合 | NHS連盟 |
| コミュニティ・地方自治省 | ウォリックシャー市 | ウェールズ中部・西部地域消防・救急組合 | ノッティンガムシャーヘルスケア・トラスト |
| 防衛省 | デボン県 | ロンドン警視庁 | ソルフォード一次医療トラスト |
| 歳入関税省 | ハンプシャー県 | ウエスト・ヨークシャー警察 | ダッドリー一次医療トラスト |
| 厚生省 | ウォンズワース県 | ランカシャー・カンタベリー・ケント警察 | ロザラム基金トラスト |
| 労働年金省 | バーミンガム市 | テイサイド警察 | テイサイド保健局 |
| 文部科学省 | サフォーク県 |  | ロジアン保健局 |
| 環境食料地域対策省 | タムワース県 |  | ノース・デボンNHSトラスト |
| 北アイルランド行政府 | ハイウィカム市 |  | バジルトン・サロック大学病院NHS基金トラスト |
| 国際開発省 | レディング県 |  | レスター・ロイヤル病院 |
| ガス電力市場府（OFGEM） | サウスワーク特別区 |  | ゲーツヘッド医療NHS基金トラスト |
| 高等教育基金諮問委員会 | リーズ市 |  | ミルトン・ケインズ総合NHSトラスト |
| スコットランド環境保全機構 | アンバーバレー県 |  | ノースパンプシャー病院トラスト |
| 賭博規制委員会 | ブルーノグウェント県 |  | ウォールソール教育一次医療トラスト |
| 森林管理委員会 | エンフィールド県 |  | ベッドフォードシャー＆ルートン・パートナーシップ・トラスト |
|  | テームサイド大都市圏カウンティ |  | リーズメンタルヘルス・トラスト |
|  | ウェストロージアン県 |  | サフォーク支援サービス局 |
|  | ウースターシャー県 |  | バーミンガム一次医療によるサービス共同化機構 |
|  | ウィッチエイボン市 |  | ワイト島一次医療トラスト |
|  | アバディーンシャー県 |  |  |
|  | イーストミッドランド総合研究教育センター |  |  |

## 3 プロジェクトの結果

### 設定された業績指標

3.1 このプロジェクトの初期段階において設定されたフレームワークと規準を利用し、業績指標が各業務分野について作成された。補助指標は現場管理者が把握したいと考える業績指標である。その一方で、重要指標は上級管理者向けになっている。重要指標と補助指標が組み合わされた業績指標[*11]は、すべての費用と活動を対象にしようとしているわけではない。これらの業績指標を組み合わせる目的は、VFMを向上させる主な特徴を示した業績指標を設定することである。

3.2 業績指標は組み合わせによって業績が評価され、解釈されるように設定されている。各業績指標を個別に解釈しようとすれば、組織の業績を解釈する際、組み合わせによって本来業績指標がもっているメリットがひどく損なわれる。特に、多くの場合、組織が効率性と有効性をどのように達成したのかを検討するために、他の関連する指標と組み合わせた業績指標から結果を読み取る必要がある。

3.3 各業務の重要指標には、費用に関する基礎的な業績指標、上級管理者と職員の満足度に関する業績指標、そして経営慣行に関する業績指標が含まれている。経営慣行に関する業績指標は、組織が内部管理業務の適切な運用と合理化を評価できるように設定された。公共部門だけではなく、民間部門のベスト・プラクティスを基礎とするこの革新的な手法は、測定が困難とされている有効性という明確ではない要素の把握に役に立つと理解している組織に受け入れられている。また、この革新的な手法によって、業務改善の方向性を導くために役立つような優れた指針がもたらされる。

3.4 この報告書の付録には業績指標の一覧表が掲載されている。この一覧表に

は、各業績指標の論理的根拠と改善を意図する行動指針が詳しく説明されている。内部管理業務ごとに作成された一覧表の説明において、業績指標は有効性と効率性の測定を意図しており、組織は全体的な業績を包括的かつバランスのとれた視点で把握するために、業績指標の組み合わせをどのように解釈できるのか例示されている。業績指標の説明には、他の関連する業績測定方法や業績指標との関係も説明されている。

3.5 　業績指標（および業績指標で使用されている用語）の詳しい定義は、公監査フォーラムのホームページ（www.public-audit-forum.gov.uk）上で入手することもできる。

**業績指標に対する反応**

3.6 　検証を行った組織からは、業績指標は効果的な管理ツールであるという一様に肯定的な反応があった。この評価によって、特に歓迎されている主要施策に戦略的目標を設定する際、重要指標や補助指標といった区別が有用であることが確認された。検証を行った組織からは、業績指標をいくつか減らしてもよいが、業績指標数はおおむね適切であるとの意見もあった。しかし、業績指標数の削減方法について検証を行った結果、業績指標の利用は任意であるため、明らかに削除すべき業績指標はなく、数を減らすべきではないという総意に達した。すなわち、各組織は業績管理に最も重要な業績指標を個々に選択すべきとされた。

3.7 　各業績指標の検証段階では、公共部門全体にわたって組織間の比較範囲が検討された。検証を行った組織の多くでは、各部門の業績をベンチマークすることに多くの関心が注がれた。しかし、それらの現場では、地域やサービス提供プロセスの業績を比較することで、将来においてベンチマーキングが有用となることが認識された。ベンチマーキングが有用という結論には、不動産管理業務という例外が一つあった。不動産の性質や規模の違いが明らかであり、データの結果に必然的な影響が生じることが判明した。結果として、部門内ではあらゆる比較を実施する必要があると結論づけられた。

3.8　業績指標から多くの便益を得たと報告をしている組織もある。たとえば、当該組織はサービス共同化の採用やその方法についての意思決定を伝えるために、ベンチマーキングから得られた情報を利用し、また、住民との信頼関係を築く基礎として、専門分野ごとに改善目標を設定する目的で業績指標を利用している。

### 影響を受ける要素

3.9　不動産管理業務に関する業績のベンチマークに限界があるという確認に加え、公共部門における業績の差異に関連し、影響を受けると想定される約20の要素が調査段階で提案されている。それらの要素が検証された結果、以下の2要素のみが完全に組織の統制外にあることがわかった。
・付加価値税の取扱などの法律や規則
・賃金と地域における労働市場

3.10　結果として、業績指標は外部からの影響を受ける要素を十分に考慮するように調整されていないが、組織間の比較データを解釈する際には、外部からの影響を受ける要素が考慮される必要がある。組織の統制内にあって、中長期的にのみ変化すると考えられる追加的要素も多くある。たとえば、地理的要因、近隣の社会基盤とサービス提供に関するパートナーシップ形態*12 などである。

## 4 新たな段階

4.1 ここでは、業績指標と各監査計画や検査計画との関連性について、監査機関の見解が示されている。

**業績指標の利用推奨**

4.2 監査機関はこのプロジェクトの開始以来、業績指標の利用は任意にすべきという姿勢を明確にしてきた。公共部門は VFM を改善するための計画の一部として、主体的に業績指標の利用に取り組んでいる。そのため、監査機関は以下を予定している。
・すべての組織が制限なく利用できる業績指標を公表する。
・内部管理業務の業績をベンチマークし、ベスト・プラクティスを共有するための手段として業績指標を組み込むように、このプロジェクトへ参画していない組織へ働きかける。監査機関は請求される対価と品質を保証するのではなく、開発された成果を承認することで、このプロジェクトへ参画していない組織へ業績指標の利用を進めようとしている。監査機関がこのプロジェクトへ参画していない組織から直接、当該組織のデータを取得しようとすることはない。

4.3 現在のところ、監査機関は自らベンチマーキングに関するデータベースの開発を予定していない。これには、監査や検査を受ける組織が業績指標の利用を強制されてはならないという考えが表れている。今回、有力なパートナーであり、KPMG と協働している CIPFA（英国勅許公共財務会計協会）はすでに監査機関へ働きかけを行い、本書の公表後すぐにベンチマーキング・サービスを立ち上げる予定である。

4.4 このプロジェクトに参画したすべての監査機関は、業績指標の利用が任意で

ある一方で、内部管理業務の効率性や有効性の改善を進めるために、監査を受ける組織へ適切な業績指標を利用するよう強く進めることを正式に発表した。監査機関は幅広く検証された業績指標が多くの公共部門にとって価値があると信じている。監査機関における各プロジェクト計画と業績指標の関わりについて、具体的には以下の言及がなされている。

### 地方自治体監査委員会

4.5　地方自治体監査委員会は VFM 業績の理解、実践、改善に役立つように地域の公共サービス提供者によるベンチマーキング情報の利用を強く進めている。業績指標には、組織が内部管理業務における効率性や有効性の改善を進める大きな可能性がある。ベンチマーキング業績の重要性は地方自治体における CPA（包括的業績評価）や NHS における監査人の地域評価を含む資源評価計画のなかで利用されている KLOE（主要質問項目）に表れている。将来的に業績指標の利用を強制する予定はないが、私たちは VFM 業績を改善するために、地域の公共サービス提供者によるベンチマーキング情報の主体的な利用を進めていく。

### スコットランド会計検査院

4.6　内部管理業務は公共サービスの効率的かつ効果的な運営のために重要である。業績の管理や報告という業務は、公共サービス分野において十分に改善されていない傾向にあり、業績指標によって改善を進めるために有益な手段が提供されることになる。業績指標の利用は任意である。しかし、私たちは VFM とベスト・バリューを実践するため、業績指標の利用、改善機会の発見、そして、サービス提供に関する意思決定情報の利用を進めている。ベスト・バリュー[13]監査では、業績指標が広く利用されていると考えられる。また、たとえば、将来におけるプロジェクト計画に関する情報を提供する際に利用される国家レベルの成果もある。このような成果は業績改善を図るうえでも役立つと考えられる。

### 英国会計検査院

4.7　英国会計検査院では、自らもまだ同じような取組を実施していないが、中央政府機関に対して、業績指標に関するデータ収集と比較データの探索を推奨している。このような業績指標の利用はすべて任意である。同時に、英国会計検査院が内部管理業務を対象としたVFMの研究を行う場合、同じような情報がすでに存在していなければ、他の機関が保有するこのような業績指標を利用したいと考えている。このような場合、すべてのデータ利用は、監査を受ける組織と英国会計検査院との通常の手続や取り決めによって実施されることになる。

### 北アイルランド会計検査院

4.8　北アイルランド会計検査院は業績指標の設定を歓迎している。業績指標を利用することで、公共部門における組織は別の場所に存在する類似団体と任意のベンチマーキング実施機会を得ることができる。類似団体との任意のベンチマーキング機会を得ることで、当該組織は公共部門による優れた実践事例の理解や、効率的かつ効果的な内部管理業務の実践を進めることができる。

### ウェールズ会計検査院

4.9　ウェールズ会計検査院は包括的かつ一貫した内部管理業務の改善を実践し、地方自治体における年次リスク評価プロセスを改善するための手段として、業績指標の利用を推奨している。ウェールズにおける業績指標の利用は任意であり、既存の業績測定フレームワークと補完的であると位置づけられている。業績を評価する能力や、すべての公共部門において国境を越えた優れた実践事例から学習する能力があれば、業績指標の利用を通じて追加的な便益を受けることができると考えられる。

### 追加的な業績指標の設定

4.10　監査機関は徐々に追加的な業績指標を設定していく予定である。たとえば、

いくつかの検証を行った組織は法務サービス、広報・広聴、マーケティングなどの内部管理業務を対象とした追加的な業績指標を作成できると提案を行った。たとえば、経営慣行に関する業績指標を時代の要請に対応させるように、監査機関も最新の優れた実践事例を示した業績指標の更新を検討している。

付録：業績指標の解説

# (a) 人的資源管理の VFM

重要原則

業績指標は大きく2つの分類に区分される。効率性と有効性である。有効性は3つの分類に細分化される。影響力、満足度と合理化である。それらの用語はパラグラフ2.3で定義されている。人的資源管理についての業績指標は以下のとおり分類されている。

|  | 重要指標 | 補助指標 |
| --- | --- | --- |
| 効率性 | 1, 2 | 2, 5 |
| 有効性：影響力 | 3, 4, 5 | 1, 3, 4, 6, 7, 8, 9, 10, 11, 12, 13 |
| 有効性：満足度 | 6 | — |

組織は効率性と有効性についての業績情報を検討し、業績指標から導かれた結果を理解することが重要である。たとえば、重要指標1（人的資源管理に関する費用）のような効率性の測定結果は、重要指標4（平均総職員数に占める昨年の離職者数）、5（病欠によって失われた平均勤務日数）、そして、7（採用された優れた経営慣行数）といった有効性の測定結果とあわせて解釈される必要がある。

上記の業績指標をまとめた表は具体策相互の関連性も明らかにしている。組織は特定の状況が原因となっている組織特有の業績指標について、追加的な関連性を確認することができる。

業績指標は当該組織において、人的資源管理が有する広範囲に及ぶ影響のすべてを対象にしようとするわけではない。たとえば、人的資源管理が組織にお

いてどれほど変化をもたらすのか、組織力の向上に人的資源管理が有効であるのか、業務調整、人事戦略の影響度、経営陣に対して人的資源管理がどれほど影響を与えているかなどを対象としている。こうした分野の評価はその多くが定性的であり、非常に重要である。設定した業績指標では、定性的状況を対象とした業績指標を作成することができないが、人的資源管理がどのような機能を果たしているかという観点から作成された、広範囲にわたる全体的評価が考慮されるべきである。

**業績指標と既存の人的資源管理指標との関連性**

業績指標における重要指標5（病欠の測定）は、地方自治体における業績測定のために利用されたベスト・バリュー業績指標[14]が修正されている。ベンチマーク情報は地方自治体に関する人的資源管理の業績指標に利用できる。

内閣府はこのプロジェクトの業績指標を中央政府における人的資源管理の達成状況表に落とし込んだ。そして、この業績指標の利用によって、人的資源管理の有効性に関する定性的データを補足できる有益なデータが得られると考えている。特に、中央政府は内閣府が示す達成状況表を利用することで、当該組織における人的資源管理の広範囲にわたる影響を確実に検討しようとしている。このようにして、異なる側面から業績を評価する2つの方法が相互補完を可能とするのである。

| 業績指標 || 論理的根拠と行動に期待される影響 |
|---|---|---|
| 人的資源管理の重要指標1 | 人的資源管理に関する費用<br>a）組織の運営費用（歳出）に占める人的資源管理費用<br>b）職員1人当たりの人的資源管理費用 | これは人的資源管理の費用対効果に関する上位指標である。<br>　多くの場合、組織は徐々に人的資源管理に要する費用を削減しようとする。しかし、（重要指標4・5・6・7のような）人的資源管理の有効性を検証する測定値が好ましくなく、類似団体とのベンチマークの結果、人的資源管理に要する費用も少ない組織は、追加的な投資がVFMの確保につながるか否かを検討することになる。<br>　類似団体より支出の多い組織は、有効性規準に対して平均値以上であるのか、(補助指標5のような欠員の採用費用があまりにも高いという事実が表しているように)効率性を高める余地があるかを検討する必要がある。 |

第Ⅴ部　公共部門における内部管理業務のVFM　255

| 業績指標 | | 論理的根拠と行動に期待される影響 |
|---|---|---|
| 人的資源管理の重要指標2 | 常勤職員に占める人的資源管理担当職員の割合 | これは人的資源管理の費用対効果に関する上位指標であり、人的資源管理の重要指標1を補足している。顕著な差異が生じる理由を調査し、組織はこの業績指標の結果を類似団体と比較すべきである。また、（重要指標4・5・6・7のような）有効性を示す業績指標の結果と連動してこの業績指標を利用することで、どのような結果が生じるかを調査するべきである。<br>※　注釈：これは幅広く知られた業績指標であり、中央政府の効率性見直しプロジェクトで使用されている。 |
| 人的資源管理の重要指標3 | 常勤職員1人当たりの能力開発に費やされる年間平均日数 | 能力開発への投資は、サービス提供や改善能力の向上に関する組織の深い参画を表している。顕著な差異やその理由を調査し、国の労働人口と当該組織における職員の離職に関する平均的経験値の差異といった要素を考慮し、当該組織はこの業績指標の結果を類似団体と比較すべきである。<br>　この業績指標は補助指標1（能力開発活動に関する費用）と深く関連している。 |
| 人的資源管理の重要指標4 | 平均総職員数に占める昨年の離職者数 | この業績指標は労働力の安定性を表している。組織における一定数の離職は健全と認められるが、高い離職水準は組織のリーダーシップ、文化と（管理能力、優れた技術や知識の不足などの）マネジメントの問題を表し、組織の業績に影響を与える。当該組織ははっきりとした差異があれば明確な理由を調査し、類似団体との離職率を比較する必要がある。多くの場合、当該組織は徐々に離職者の割合を減らそうとする。 |
| 人的資源管理の重要指標5 | 病欠によって失われた常勤職員1人当たりの年間平均勤務日数 | この業績指標はプロセスと手続の整備や現場管理者への研修によって、組織における病欠の全体水準への影響に関する人的資源管理の有効性を表している。当該組織は病欠によって失われる勤務日数の減少を徐々に図るべきである。 |
| 人的資源管理の重要指標6 | 上級管理者と職員の満足度指数（上級管理者と職員の意見を基に作成された複合的業績指標） | この業績指標は人的資源管理に関する上級管理者と職員の意見を評価することで、人的資源管理の有効性を表している。当該指標は人的資源管理によって上級管理者と職員の効果的なコミュニケーションが図られ、組織の要請に応えられているかを表していると考えられる。<br>　組織は上級管理者と職員の間で、指示や命令に納得が得られている割合の増加を徐々に図るべきである。<br>（上級管理者と職員の意見は、公監査フォーラムのホームページ（www.public-audit-forum.gov.uk）上で閲覧可能となっている。組織は、これらの意見を職員と上級管理者に対する既存の調査へ組み込む必要がある）。 |

| 業績指標 | | 論理的根拠と行動に期待される影響 |
|---|---|---|
| 人的資源管理の重要指標7 | 経営慣行に関する業績指標*15（10の経営慣行のうち採用された慣行） | この業績指標の目的は、効率的な運営、合理化、そして、成熟化を測定する業績指標の基になる重要な経営慣行が、人的資源管理業務によってどの程度実践されているかを表すことである。<br>この業績指標によって測定を実施した当初から、多くの組織がすべての慣行の採用を期待されていない。しかし、当該組織は徐々に採用する慣行数を増やすべきである。<br>（慣行の一覧表は、公監査フォーラムのホームページ（www.public-audit-forum.gov.uk）上で閲覧可能であり、適切な業績指標があれば、今後、業績指標の改訂・更新がなされる予定である）。 |

| 業績指標 | | 論理的根拠と行動に期待される影響 |
|---|---|---|
| 人的資源管理の補助指標1 | 総費用に占める能力開発に関する費用 | 能力開発に要する支出水準は、サービスの提供やその改善能力の向上に対する組織の深い参画があるか否かを表している。<br>これは重要指標3（職員1人当たりの能力開発に費やされる平均日数）を補足している。日数と費用のいずれについても、顕著な差異やその理由を調査し、国の労働人口と当該組織における職員の離職に関する平均的経験値の差異といった要素を考慮し、当該組織はこの業績指標の結果を類似団体と比較すべきである。当該組織は多くの場合、能力開発活動への投資について、対前期比で増加を図ろうとする。 |
| 人的資源管理の補助指標2 | 総費用に占める外郭団体職員の費用（補助指標3に含まれる費用を除く） | 外郭団体職員に依存することで、費用が顕著に増加するが、必ずしもVFMが向上するわけでもない。そのため、（当然に）特に短期間における労働力の変化を管理するために、外郭団体職員を有効に利用する必要があるかもしれないが、多くの組織は、総人件費に占める外郭団体の人件費割合を減らそうとする。 |
| 人的資源管理の補助指標3 | 現在の組織における非常勤管理職の割合 | 組織における安定したリーダーシップは、組織の業績や文化にとって重要な特徴となる。非常勤職員が高い割合で管理職となりがちな組織は、次善の方策として、比較的優れた業績を上げているにすぎない。そのため、多くの場合、管理職に占める非常勤職員の割合を減らすことが望ましい。 |
| 人的資源管理の補助指標4 | ある役職に空席が発生してから後任が決まるまでに要する平均経過時間（開庁日ベース） | これは空席となった役職の補充を目的とした採用について、重要な人的資源管理プロセスの効率性を表す業績指標である。組織は、一般的に空席となった役職の補充に要する日数の削減を図るべある。<br>この業績指標は補助指標5を補足している。 |

| 業績指標 | | 論理的根拠と行動に期待される影響 |
|---|---|---|
| 人的資源管理の補助指標5 | 欠員の採用費用 | この業績指標は補助指標4を補足している。組織は多くの場合、採用に要する単位当たり原価を下げようとすべきである。重要指標4（総職員数に占める離職者数）や補助指標7（1年後に同じ職に留まっている職員割合）と連動し、当該組織はこの業績指標の結果を調査すべきである。類似団体と比較して採用に要する経費は少ないが、職員の平均在職率が下回っている場合、当該組織は採用に対する追加投資がVFM向上につながるかを検討する必要がある。 |
| 人的資源管理の補助指標6 | 職員1,000人当たりの年間に報告された負傷、疾病および、危険な事故 | この業績指標は組織の健全性や安全性に関する手続の有効性を測定する。類似団体に比べて極端に低い数字が出ている組織は、関連するすべての事象が正しく報告されているかを検討し、対前期比で事故の数を減らす必要がある。 |
| 人的資源管理の補助指標7 | 1年後に同じ役職に留まる職員の割合 | 着任後1年間の異動水準は組織の採用と着任プロセスの有効性を表す業績指標である。これは重要指標4（総職員数に占める離職者数）と深く関連している。組織は1年後に同じ役職に留まることになる職員数の対前期比増加を図るべきである。<br>（このような慣行の一覧表は、公監査フォーラムのホームページ（www.public-audit-forum.gov.uk）上で閲覧可能であり、適切な業績指標があれば今後、改訂・更新がなされる予定である）。 |
| 人的資源管理の補助指標8 | 職員1,000人当たりの懲戒処分実施件数 | この業績指標は能力、業績、そして、指示が主体的に管理されている程度を表している。組織は多くの場合、この件数を対前期比で減少させようとする。しかし、何も処分が実施されず、明らかに正当な説明もなく、類似団体と比べて大幅に件数が少ない場合、現場管理者が懲戒処分手続を適切に実施しているかを調査する必要がある。 |
| 人的資源管理の補助指標9 | （少なくとも）年に1回以上、対面で業績評価を受ける職員の割合 | この業績指標は組織における個人の業績管理プロセスを対象として測定が行われる。当該組織は（特に常勤職員について）業績指標値を100％へ近づけようとすべきである。 |
| 人的資源管理の補助指標10 | 女性管理職の割合 | この業績指標は管理職に関する男女機会均等の達成状況を表している。組織はこの業績指標の達成度を類似団体と比較し、多くの場合、この業績指標が必ず対前期比で増加するようにすべきである。 |
| 人的資源管理の補助指標11 | 自身の障がいを認識している職員の割合 | この業績指標は雇用機会均等の達成状況を表している。組織はこの業績指標の達成度を類似団体と比較し、たとえば、地域社会の事情を表すように労働力の構成を検討すべきである。 |

| 業績指標 | | 論理的根拠と行動に期待される影響 |
|---|---|---|
| 人的資源管理の補助指標12 | 50歳以上の職員の割合 | この業績指標は雇用機会均等の達成状況を表している。組織はこの業績指標の達成度を類似団体と比較し、たとえば、地域社会の事情を表すように労働力の構成を検討すべきである。 |
| 人的資源管理の補助指標13 | 全職員に占める黒人と少数民族（BME）の割合 | この業績指標は雇用機会均等の達成状況を表している。組織はこの業績指標の達成度を類似団体と比較し、たとえば、地域社会の事情を表すように労働力の構成を検討すべきである。 |

# 付録：業績指標の解説

## (b) 財務の VFM

### 重要原則

業績指標は大きく2つの分類に区分される。効率性と有効性である。有効性は3つの分類に細分化される。影響力、満足度と合理化である。それらの用語はパラグラフ2.3で定義されている。財務管理についての業績指標は以下のとおり分類されている。

|  | 重要指標 | 補助指標 |
| --- | --- | --- |
| 効率性 | 1 | 3, 4, 5, 6, 7 |
| 有効性：影響力 | 2, 3, 4, 5 | 1, 2, 8 |
| 有効性：満足度 | 6 | — |
| 有効性：合理化 | 7 | — |

組織は効率性と有効性についての業績情報を検討し、業績指標から導かれた結果を理解することが重要である。特に、効率性の測定を過度に重視しないことが重要である。重要なサービス提供先を獲得する際には、組織の有効性に関する財務管理の効果を理解するために、業績指標が導く結果を広範囲にわたって評価する必要がある。たとえば、重要指標1（組織の運営費用に占める財務管理に関する経費）のような効率性の測定結果は、重要指標2（予算管理者などへの財務報告の実施に要する処理期間）と6（上級管理者と職員の満足度指数）といった有効性の測定結果とあわせて解釈される必要がある。

上記の業績指標をまとめた表は具体策相互の関連性も明らかにしている。組織は特定の状況が原因となっている組織特有の業績指標について、追加的な関

連性の確認が可能となる。

**業績指標と既存の財務指標との関連性**

　この業績指標の設計は、中央政府機関における財務管理の有効性・効率性を測定するために財務省によって開発された『財務管理レビュー・フレームワーク』の影響を受け、同フレームワークとの一貫性がある。たとえば、年次財務報告が迅速に作成されているか、予算とサービスの成果に関連性があるか、そして、期末決算に限定意見が付されていないかといった業績指標は、すべて『財務管理レビュー・フレームワーク』から選ばれている。

| 業績指標 | | 論理的根拠と行動に期待される影響 |
| --- | --- | --- |
| 財務の<br>重要指標1 | 組織の運営費用（歳出）に占める財務管理に関する総費用。このうち取引の決済やプロジェクトの意思決定支援に割り当てられた費用 | 財務管理部門で発生する運営費が組織で管理されている資源に相応なのかを表すために、標準的かつ一般的に利用される業績指標である。<br>　総費用のうち財務管理に要する費用合計額の割合を測定することで、経営幹部は組織の財務費用を綿密に監視できるようになり、一定の時間枠において傾向の追跡が可能となる。<br>　取引の決済やプロジェクトの意思決定支援に要する費用を測定することで、財務費用に応じて価値が付加される活動に配分される組織の資源を理解することができる。<br>　組織は徐々に財務管理に要する費用に占める取引決済の支出を削減すべきである。同様に、当該組織は業務の意思決定支援に支出される財務管理に要する費用の割合も増加させるべきである。 |
| 財務の<br>重要指標2 | 期末の決算月からすべての予算管理者・監督機関・委員会に対する所定の財務報告の実施に要する処理期間（開庁日ベース） | この業績指標は、財務管理部門が経営管理情報の作成に要する通常日数を表している。当該業績指標は、予算管理者・監督委員会・他の委員会が最新の財務情報を基礎として、どの程度財務的な意思決定を適時にできるかを明らかにしている。多くの場合、組織は財務報告作成に要する業務日を減らそうとすべきである。<br>　当該組織は（重要指標6に含まれている）財政計画や財務管理に使われている財務情報が正確かつ適時で利用しやすいか、また補助指標2b（期末決算は外部監査によって限定意見を付されていないか）を記載した上級管理者による意見とあわせて、この業績指標の達成度を解釈すべきである。 |

| 業績指標 | | 論理的根拠と行動に期待される影響 |
|---|---|---|
| 財務の重要指標3 | 「今後半年間の予測支払額」と「過去1年間の実支払額」を比較した差異の割合 | この業績指標は予測の正確性を表している。組織は半年間の予測や予測と予算統制の改善による年間支出額に生じる差異を削減するように図るべきである。<br>※ 注釈：この業績指標は当初、中央政府機関のために考案された。他部門へ導入するためには、追加的な改善や検証が必要である。 |
| 財務の重要指標4 | 優れた経営慣行のフレームワークに対する委員会・経営幹部会・経営トップへの報告品質にかかる数値<br>※この業績指標は追加的な改善が進められている | この業績指標は委員会・経営幹部会・経営トップが定期的に（可能であれば月次ベースで）検討すべき報告内容を表している。この報告には財務管理や業績管理に関する情報の特徴が一般的な世界標準によって示されるべきである。<br>組織は（財務報告と業績報告を統合することで）作成された報告規準の改善を図るべきである。報告規準の改善は業績指標による当該フレームワークの数値を徐々に高めることとなる。 |
| 財務の重要指標5 | 公共部門において十分な費用をかけた成果を以下の手法で測定している組織の割合<br>① 重要な主要業績指標による説明<br>② 指名された個人による説明 | 高業績を上げている組織は成果に対してすべての費用を確実に配分している。そのような成果は説明責任に関する明確な方針によって業績を測定する重要指標によって裏づけられている。<br>組織は徐々にこの業績指標の規準に適合する費用の割合を増やすようにすべきである。<br>※ 注釈：この業績指標は当初、中央政府機関のために考案された。他部門へ導入するためには、追加的な改善や検証が必要である。 |
| 財務の重要指標6 | 上級管理者と職員の満足度指数<br>（上級管理者と職員の意見を基に作成された複合的業績指標） | この業績指標は、財務管理に関する上級管理者と職員の意見を評価することで、財務管理業務の有効性を表している。財務管理は上級管理者と職員とのコミュニケーションを図り、組織の要請に応えているかを表していると考えられる。<br>組織は上級管理者と職員の間で、指示や命令に納得が得られている割合の増加を徐々に図るべきである。（上級管理者と職員の意見は公監査フォーラムのホームページ（www.public-audit-forum.gov.uk）上で閲覧可能となっている。組織はこれらの意見を職員と上級管理者による既存の調査へ組み込む必要がある）。 |
| 財務の重要指標7 | 中央政府機関向け経営慣行に関する業績指標<br>（CIPFA 財務管理モデル）<br>※この業績指標は追加的な改善が進められている | 現在、CIPFA は2007年7月の公表に向けて『財務管理フレームワーク』を改訂している。このフレームワークによって、強みと改善が必要な分野を強調し、組織の財務管理能力に関するしっかりとした総合的評価が行われようとしている。<br>適切に運営されている組織は、徐々にこのモデルに対する数値を改善すると考えられる。 |

| 業績指標 | 論理的根拠と行動に期待される影響 |
|---|---|
| 他のすべての組織向け<br>経営慣行に関する業績指標<br>（10の経営慣行のうち採用された慣行数） | この業績指標の目的は、財務業務によって重要な経営慣行がどの程度達成されているかを表すことである。この重要な経営慣行は効率的な運営、合理化、そして、成熟化がなされているかを表している。<br>　この業績指標によって測定を実施した当初から、多くの組織がすべての慣行の採用を期待されていない。しかし、当該組織は徐々に採用する慣行数を増やすべきである。<br>（慣行の一覧表は、公監査フォーラムのホームページ（www.public-audit-forum.gov.uk）上で閲覧可能であり、適切な業績指標があれば、今後、業績指標の改訂・更新がなされる予定である）。 |

| | 業績指標 | 論理的根拠と行動に期待される影響 |
|---|---|---|
| 財務の補助指標1 | 報告・統制・意思決定支援プロセスを担当する（通常の取引手続に従事する職員を除いた）総常勤職員に占める職業的専門資格を有する常勤職員数 | この業績指標は職業的専門会計資格を保有する職員の割合を調べることで、財務管理部門の能力やコンピテンシーを表している。<br>　多くの場合、組織はこの割合を対前期比で増やそうとする。当該組織は重要指標6（上級管理者と職員の満足度指数）と補助指標2（期末決算の作成に要した処理期間と決算に付された限定意見の有無）とあわせて、この業績指標の達成度を評価すべきである。 |
| 財務の補助指標2 | a) 年度末決算後、監査された会計書類の提出に要した営業日中の処理期間<br>b) 外部監査によって直近の年次決算に付された限定意見の有無 | この業績指標は監査が終了した決算書を適時かつ正確に作成する能力を評価することで、財務管理の有効性を表している。<br>　多くの場合、組織は期末決算の準備に要する日数を削減し、外部監査からの限定意見が付されないようにすべきである。 |
| 財務の補助指標3 | 請求書1枚当たりの発行費用 | 顧客に対する請求書作成に要する費用を確認することで、請求書発行業務の効率性を表す標準的かつ一般的に利用される業績指標である。組織は補助指標5（作成済請求書に占める負担額通知書の割合）と6（処理された請求書当たりの未払金に関する費用）とあわせて、この業績指標の達成度を評価すべきである。<br>　多くの場合、組織は請求書発行に要する平均費用を対前期比で減らすよう図るべきである。<br>　さらに、この業績指標は請求書発行に要する最少費用を示している。 |

| 業績指標 | | 論理的根拠と行動に期待される影響 |
|---|---|---|
| 財務の補助指標 4 | 入金までの日数 | 組織が請求書の支払を受け取るための平均日数を確認する標準的かつ一般的に利用される業績指標である。組織は平均入金日数を対前期比で短縮できるように図るべきである。 |
| 財務の補助指標 5 | 顧客へ送付済の全請求書に占める負担額通知書 *16 | この業績指標は、以前に作成された請求書との調整を要する負担額通知書数を見直すことで、作成された請求書の正確性を表している。<br>組織はこの業績指標の達成度を向上させるために、対前期間比で負担額通知書の発行を減らすよう図るべきである。当該組織は補助指標 3（作成された請求書当たりの費用）と 6（処理された請求書当たりの未払金に関する費用）とあわせて、この業績指標の達成度を解釈すべきである。<br>※ 注釈：調整を図るためには他の手法を利用する可能性が認識されているが、この業績指標は正確性を表すために利用されている。 |
| 財務の補助指標 6 | 処理済請求書に占める未払金に関する費用 | 納入事業者の請求書処理に関する費用を確認するために、標準的かつ一般的に利用される業績指標である。組織は対前年度比でこの業績指標の達成に要する費用の削減を図るべきである。当該組織は補助指標 3（作成された請求書当たりの費用）と 5（作成された請求書に占める負担額通知書数）とあわせて、この業績指標の達成度を評価すべきである。 |
| 財務の補助指標 7 | 電子的手段によって決済された支払の割合 | この業績指標は特に BACs *17 と RfT1 *18 といった、電子的手段によって行われた支払手続が支払全体に占める割合を表している。手作業による支払手続に比べて、通常は電子的手段によって時間と費用が最も効果的に削減される。<br>多くの場合、組織は電子的に行われる支払の割合を対前期比で増やそうとする。 |
| 財務の補助指標 8 | 請求日から 90 日以上経過した未払負債の割合 | この業績指標は、納入事業者に対する未払負債を取り扱う財務管理部門の能力を表している。この業績指標の規準として、通常は 90 日間の支払期限が設けられている。組織はこの業績指標を達成するために、前期間と比較して、この割合の減少を図るべきである。<br>この業績指標は補助指標 4 とあわせて利用されるべきである。 |

中央政府以外の職員のための追加的業績指標

| 業績指標 | | 論理的根拠と行動に期待される影響 |
|---|---|---|
| 財務の補助指標9 | 報告と統制を加えた意思決定支援にかかる総費用のうち（通常の取引処理を除いた）事業決定支援に要する財務費用 | この業績指標は、財務費用のうち財務による付加価値活動に充てられた経営資源を表している。全体像を見るときに影響を与える可能性があるため、この指標からは取引活動が控除されている。<br>　多くの場合、組織は事業決定支援に割り当てられた財務管理資源の割合を対前期比で増加させるべきである。しかし、報告と統制に関する業務は重要な業務であることに変わりはないため、この業績指標の最適値は常に100％を相当に下回ると考えられる。 |
| 財務の補助指標10 | 支払日数 | 組織が購買の支払に要した平均日数を確認するために、標準的かつ一般的に利用される業績指標である。支払業務は適切かつ速やかな支払条件のもとで行われるべきである。 |
| 財務の補助指標11 | 職員1人当たりの給与支払に要する費用 | 給与支払事務の費用対効果を表す業績指標として、職員1人に支払う給与関連費用を定めた標準的かつ一般的に利用される業績指標である。<br>　多くの場合、組織は対前期比で平均費用の削減を図るべきである。<br>※　注釈：この業務を人的資源管理部門の職責とする組織があるかもしれない。そのような組織では、この業績指標は人的資源管理部門で把握されるべきである。 |

付録 ：業績指標の解説

## (c) ICT（情報通信技術）のVFM

重要原則

業績指標は大きく2つの分類に区分される。効率性と有効性である。有効性は3つの分類に細分化される。影響力、満足度と合理化である。それらの用語はパラグラフ2.3で定義されている。ICTについての業績指標は以下のとおり分類されている。

|  | 重要指標 | 補助指標 |
| --- | --- | --- |
| 効率性 | 1, 3 | 1, 2, 6 |
| 有効性：影響力 | 2, 4, 5 | 3, 4, 5 |
| 有効性：満足度 | 7 | — |
| 有効性：合理化 | 6, 8 | — |

組織は効率性と有効性についての業績情報を検討し、業績指標から導かれた結果を理解することが重要である。たとえば、重要指標1（組織の管理コストに占めるICT業務に関する経費）のような効率性の測定結果は、重要指標4（合意されたサービス水準内で解決された不具合の割合）、7（上級管理者と職員の満足度指数）と8（採用された優れた経営慣行数）といった有効性の測定結果とあわせて解釈される必要がある。

上記の業績指標をまとめた表は具体策相互の関連も明らかにしている。組織は特定の状況が原因となっている組織特有の業績指標について、追加的な関連性の確認が可能となる。

## 業績指標と既存の ICT 指標との関連性

　公共部門の ICT 業務に関する最もよく知られているベンチマーキング構想は、地方自治体で幅広く利用されている SOCITM（情報技術管理者協会）[19] によって提供されている。

　このプロジェクトにおける業績指標の半数は SOCITM によって利用された指標と同様または類似である（重要指標 2・3・4・7 および補助指標 1・2・3・6）。業績指標を考案する際には、SOCITM から得た詳細な回答を参考としている。

　重要指標 3・4・5・7 および補助指標 4 は、中央政府による ICT 業務に関して最近パイロット・プロジェクトとして設定されたベンチマーキング構想における業績指標と整合性をもつように調整されている。この構想は民間部門でベンチマークを行っている PA&Gartner（ピーエー＆ガートナー）が実施している方法と同様である。

| 業績指標 | | 論理的根拠と行動に期待される影響 |
|---|---|---|
| ICT の重要指標 1 | 組織の管理コスト（支出）に占める ICT 業務に関する経費（人件費と関連する間接費を含む ICT 部門などの支出） | この業績指標は ICT 業務の費用対効果を調べる重要指標である。<br>　この業績指標についての達成度を解釈する際、組織は重要指標 4（報告された事案の迅速な解決）、5（プロジェクト・ガバナンスとプロジェクト推進手法に関する指標）、6（電磁的手法による取引活動の割合）、7（上級管理者と職員の満足度指数）と 8（経営慣行に関する業績指標）のような有効性測定による業績も考慮すべきである。<br>※ 注釈：この業績指標は ICT 業務、部門またはその同等物の管理コストを測定する重要指標 3 とは異なる（重要指標 3 は組織全体として ICT 社会基盤・システムへの投資に関する業績指標である）。 |
| ICT の重要指標 2 | 職員の ICT 能力 | この業績指標は特定業務のフレームワークについて、自己評価に基づく職員の ICT 能力に関する業績指標である。能力が高く、十分に訓練された労働力は、情報化が進んだ組織を支える重要な要素となる。 |
| ICT の重要指標 3 | 組織の ICT に関する支出（情報通信基盤とハードウェアへの投資） | この業績指標は新規 ICT 投資のレベルを評価するために、ICT 費用を表している。組織は、他の類似団体と比較した場合における顕著な差異について、正当な理由の有無を調べることで、費用の比較を行うべき |

| 業績指標 | 論理的根拠と行動に期待される影響 |
|---|---|
| a) 組織の管理コストに占める割合<br>b) 職員1人当たりの経費 | である。<br>　組織は、特に重要指標5（プロジェクト・ガバナンスとプロジェクト推進手法）、7（上級管理者と職員の満足度指数）、補助指標3（職員が感じるICTサービスの不便さ）と4（職員1人当たりの平均サポート電話利用数）のような、有効性指標とあわせてこの業績指標の結果を理解すべきである。<br>※ 注釈：この業績指標は単にICT業務の経費を調べる重要指標1とは異なる。 |
| ICTの<br>重要指標4 | （ICTの提供者と職員において）合意されたサービス水準で解決された不具合の割合 | この業績指標は運用上の不具合が職員から報告されたあと、所定時間内でサービスが復旧したか否かによって、ICT業務の業績を評価している。<br>　決められた時間内の解決よりも、地域で合意されたサービス水準による解決手法の方が利用されている。これはサービス水準が部門や組織によって異なっているという理解に基づいている（24時間365日ずっと対応が必要な組織もあれば、そうではない組織もある）。<br>　組織は合意されたサービス水準の範囲内で解決された不具合の割合が、対前期比で増加するように図ることとなる。 |
| ICTの<br>重要指標5 | プロジェクト・ガバナンスとプロジェクト推進手法に関する指標 | この業績指標は明確な規準によってプロジェクトを評価することで、組織のICTに関するプロジェクト・マネジメントの有効性を表している[20]。当該組織はこの指標の平均値が対前期比で確実に向上するよう図るべきである。<br>※ 注釈：この業績指標の詳細な規準は、公監査フォーラムのホームページ（www.public-audit-forum.gov.uk）上で制限なく利用できる。 |
| ICTの<br>重要指標6 | 電磁的手法による上位5つの取引活動の割合 | この業績指標は公共部門が提供するサービスを利用するために電磁的手法が使用された割合を表している。組織は電磁的手法によって実施された取引の平均的割合を対前期比で増やすべきである。 |
| ICTの<br>重要指標7 | 上級管理者と職員の満足度指数<br>（上級管理者と職員の意見を基に作成された複合的業績指標） | この業績指標はICT業務に関する上級管理者と職員の意見を確認することで、ICT業務の有効性を表している。ICT業務が上級管理者と職員との効果的なコミュニケーションを図り、組織の要望に応えているかを表すと考えられるため、この業績指標が設定されている。<br>　組織は上級管理者と職員の間で、指示や命令に納得が得られている割合を徐々に増やすべきである。<br>（上級管理者と職員の意見は、公監査フォーラムのホ |

| 業績指標 | | 論理的根拠と行動に期待される影響 |
|---|---|---|
| | 上級管理者と職員の満足度指数<br>(上級管理者と職員の意見を基に作成された複合的業績指標) | ームページ（www.public-audit-forum.gov.uk）上で閲覧可能となっている。組織はこれらの意見を職員と上級管理者による既存の調査へ組み込む必要がある）。 |
| ICT の重要指標 8 | 経営慣行に関する業績指標<br>(10 の経営慣行のうち採用された慣行数) | この業績指標の目的は、効率的な運営、合理化、そして、成熟化を表す重要な経営慣行が、ICT 業務によってどの程度達成されているかを表すことである。<br>この業績指標によって測定を実施した当初から、多くの組織がすべての慣行の採用を期待されていない。しかし、当該組織は徐々に採用する慣行数を増やすべきである。<br>(慣行の一覧表は、公監査フォーラムのホームページ（www.public-audit-forum.gov.uk）上で閲覧可能であり、適切な業績指標があれば、今後、業績指標の改訂・更新がなされる予定である)。 |

| 業績指標 | | 論理的根拠と行動に期待される影響 |
|---|---|---|
| ICT の補助指標 1 | ヘルプデスク業務に要する費用<br>a) 職員 1 人当たりの単位費用<br>b) 端末 1 台当たりの単位費用 | この業績指標はヘルプデスク業務に関する費用対効果を測定している。<br>組織は通常、ヘルプデスク業務の単位当たり費用を対前期比で削減しようとする。しかし、当該組織は重要指標 4（合意されたサービス水準によって解決された事案の割合）と 7（職員の満足度指数）にあわせてこの業績指標の結果を解釈すべきである。<br>※ 注釈：この分野で共通して採用される測定指標は、職員数に対するヘルプデスクを担当する職員数の割合である。しかし、ヘルプデスク業務が委託されている場合には、この業績指標が必ずしも容易に収集され、役立つわけではない。 |
| ICT の補助指標 2 | 端末 1 台当たりの職員数 | この業績指標はエンドユーザーによる ICT 設備の実用性を表している。組織はこの業績指標の達成度と職員に課されている業務が一致しているかを評価し、この業績指標の結果を類似団体と比較すべきである。 |
| ICT の補助指標 3 | 職員に対する ICT サービスが障害により使用不可となる頻度 | この業績指標は ICT サービスが使用不可になる頻度を測定し、重要な ICT アプリケーションの信頼性を表している。組織は ICT が使用不可になる頻度を対前期比で減らすようにすべきである。 |
| ICT の補助指標 4 | 職員 1 人当たりの平均サポート電話利用数 | この業績指標は職員の能力と ICT システムの信頼度を評価するためサポート電話への問い合わせ件数を測定し、ICT 業務の有効性を表している。 |

| 業績指標 | | 論理的根拠と行動に期待される影響 |
|---|---|---|
| ICTの補助指標5 | ネットワークや遠隔操作でシステムを利用できる職員の割合 | この業績指標は組織が職員個人に対してどの程度柔軟に遠隔地からの利用を許容し、業務に従事させているかを表している。遠隔地からの利用状況が大きく異なっている理由を調査し、この業績指標の結果を類似団体と比較すべきである。職員の多様な働き方を許容しようとする風潮のなか、多くの組織が遠隔地から利用する職員の割合を対前期比で増加させようとしている。しかし、重要指標2（職員のICT能力）が低いにも関わらず、この業績指標が高ければ問題を示唆している可能性がある。 |
| ICTの補助指標6 | 端末1台当たりの調達費用 | この業績指標は組織が行う端末の調達に関する費用対効果を表している。<br>※ 注釈：この業績指標はSOCITMの主要業績指標4である「端末の調達コスト」を基にしている。 |

## 付録：業績指標の解説

## (d) 調達の VFM

**重要原則**

業績指標は大きく2つの分類に区分される。効率性と有効性である。有効性は3つの分類に細分化される。影響力、満足度と合理化である。それらの用語はパラグラフ2.3で定義されている。調達業務についての業績指標は、以下のとおり分類されている。

|  | 重要指標 | 補助指標 |
|---|---|---|
| 効率性 | 1, 2 | 2, 5, 6, 7, 8 |
| 有効性：影響力 | 3, 4 | 1, 3, 4 |
| 有効性：満足度 | 5 | − |
| 有効性：合理化 | 6 | − |

組織は効率性と有効性についての業績情報を検討し、業績指標から導かれた結果を理解することが重要である。たとえば、重要指標1（調達業務に関する費用）のような効率性の測定結果は、重要指標4（調達で獲得した平均節減額）、5（上級管理者と職員の満足度指数）と6（採用された優れた経営慣行数）といった有効性の測定結果とあわせて解釈される必要がある。

上記の業績指標をまとめた表は具体策相互の関連も明らかにしている。組織は特定の状況が原因となっている組織特有の業績指標について、追加的な関連性の確認が可能となる。

## 業績指標と既存の調達指標との関連性

公共部門において、調達について確立された業績指標は存在しない。

| 業績指標 | | 論理的根拠と行動に期待される影響 |
|---|---|---|
| 調達の重要指標1 | 調達業務の総費用<br>a）組織管理コスト（歳出）に占める調達業務費用<br>b）未払金に占める調達業務費用 | この業績指標は組織の（集中管理型、権限委譲型またはそれらの組み合わせに関わらず）調達業務に関する費用対効果を測定する上位指標である。<br>多くの場合、組織は徐々に関連経費に対する調達費用の削減を図ろうとする。<br>しかし、組織は重要指標3（調達専門職が管理する経費の割合）、4（経費の平均節減額）、5（上級管理者と職員の満足度指標）と6（経営慣行に関する業績指標）のような有効性の測定結果についてこの指標値を解釈すべきである。 |
| 調達の重要指標2 | 未払金のうち事前に締結した契約に対して実際に支出された金額 | この業績指標によって、組織における契約に基づかない支出度合いが評価され、調達による専門職の影響力と統制の水準が示される。<br>特定の物品やサービスを定期的に購入する効率的な組織は取引条件が明確であり、リスクが軽減され、レバレッジ*21が必要であるため、事前に契約を締結している。当該組織は徐々にこの業績指標について高い割合を獲得、維持することになる。 |
| 調達の重要指標3 | 調達専門職が主体的に管理する未払金の割合 | この業績指標は中心となる調達部門や事業単位で（IT部門に所属している調達の職業的専門資格を有する職員など）調達専門職が管理している調達費用の割合を表している。多くの組織は徐々にこの指標値の割合を高めようとすべきである。当該組織は重要指標4（調達によって達成される平均節減額）とあわせて、この業績指標の達成度を解釈すべきである。 |
| 調達の重要指標4 | 前年度に実施された上位5つの調達プロジェクトによって達成された平均（加重）節減額 | この業績指標は達成された節減率に関する調達の有効性を表している。『政府の効率性見直し－第一線のサービスへの資源配分－（2004年）』報告書は資源配分の見直しを目的として、事務管理を行う間接部門の活動によって達成される有効性に焦点を当てている。調達はこのようなコスト削減の対象となる重要な業務分野である。そのため、組織は徐々にこの平均値の向上を図ろうとする。当該組織は、重要指標1（調達業務に関する費用）と3（調達専門職が管理する費用の割合）とあわせて、この業績指標の達成度を評価すべきである。 |

| 業績指標 | | 論理的根拠と行動に期待される影響 |
|---|---|---|
| 調達の重要指標5 | 上級管理者と職員の満足度指数（上級管理者と職員の意見を基に作成された複合的業績指標） | この業績指標は調達業務に関する上級管理者と職員の意見を確認することで、調達業務の有効性を表している。<br>組織は上級管理者と職員の間で、指示や命令に納得が得られている割合を徐々に増やすべきである。<br>（上級管理者と職員の意見は、公監査フォーラムのホームページ（www.public-audit-forum.gov.uk）上で閲覧可能となっている。組織はこれらの意見を職員と上級管理者による既存の調査へ組み込む必要がある）。 |
| 調達の重要指標6 | 経営慣行に関する業績指標（10の経営慣行のうち採用された慣行数） | この業績指標の目的は効率的な運営、合理化、そして、成熟化を表す重要な経営慣行が調達業務によってどの程度達成されているかを表すことである。<br>この業績指標によって測定を実施した当初から、多くの組織がすべての慣行の採用を期待されていない。しかし、当該組織は徐々に採用する慣行数を増やすべきである。<br>（慣行の一覧表は、公監査フォーラムのホームページ（www.public-audit-forum.gov.uk）上で閲覧可能であり、適切な業績指標があれば、今後、業績指標の改訂・更新がなされる予定である）。 |

| 業績指標 | | 論理的根拠と行動に期待される影響 |
|---|---|---|
| 調達の補助指標1 | 常勤の全調達担当職員に占める職業的専門資格を保有する職員 | この業績指標は（調達部門や事業部門に配属されている）調達の職業的専門資格を保有する調達担当職員の割合を表している。多くの場合、組織はこの業績指標について対前期比の確実な増加を図ることになる。 |
| 調達の補助指標2 | 送り状1件当たりの取引額 | 多くの場合、取引費用を減らすために組織は購入にかかる送り状ができる限り集約されるように図るべきである。そのため、当該組織は送り状1件当たりの取引価額を徐々に増やすべきである。 |
| 調達の補助指標3 | 取引のある上位10社（金額ベース）のなかで、当該組織と正式なパートナーシップ協定や包括協定を結んでいる事業者数 | この業績指標は納入事業者との関係を管理し、支出をうまく統制するために、組織がどの程度、納入事業者と公式な協定を結んでいるかを表している。多くの場合、高業績を上げる組織は徐々にこのような協定の数を増やしていく傾向にある。 |
| 調達の補助指標4 | 未払金のうち中小企業と直接取引を行っている金額の割合 | この業績指標は法人の社会的責任という目的について、調達業務の有効性を表している。多くの場合、組織は中小企業との取引割合を増やすべきである。しかし、（現在では、物品やサービスの調達に際して価格 |

| 業績指標 | 論理的根拠と行動に期待される影響 |
|---|---|
| | 競争力につながる集中調達がほとんどであるため）調達を集約化しようとする組織は、中小企業との取引金額の割合を減らす可能性がある。<br>　高業績を上げている組織は、この業績指標と調達に関する協定の集約度を表す補助指標6（a）と（b）との間の均衡を図る必要がある。 |
| 調達の<br>補助指標5 | 未払金合計額のうち他の購入主体との共同調達*22 協定に基づく手法による調達金額の割合 | この業績指標は国や地方のコンソーシアム協定、政府間やサービスの共同化拠点のような共同調達手段によって、物品やサービスの調達における組織の有効性を表している。<br>　『政府の効率性見直し』は効率性を実現するために政府機関の協働や共同調達プロジェクトの実施を推奨している。<br>　多くの場合、当該組織は競争的な価格を実現するために、共同化による手法を通じた支出割合の増加を図ることになる。 |
| 調達の<br>補助指標6 | 納入事業者の管理<br>a）登録された納入事業者当たりの平均費用<br>b）上位20％の納入事業者（金額ベース）のうち支払いが完済していない事業者の割合<br>c）登録された納入事業者のうち過去1年間で受注がなかった事業者の割合 | この業績指標はどの程度組織が主体的に納入事業者から得る価値を管理し、向上させているかを表している。<br>　当該組織が保有する未払金の規模から判断すれば、多数の納入事業者を登録することによって、納入事業者の管理が困難かつ時間を要する傾向にある。その際、目的遂行の機会と納入事業者によるイノベーションが否定され、不要な管理コストが発生する。当該組織は納入事業者数を効果的に管理するため、市場環境と組織の調達能力を考慮し、（一般的には費用の区分ごとに）最適な数の納入事業者から購買を図るべきである。<br>　この業績指標は当該組織に登録されたすべての納入事業者へどのようにして費用配分すべきかについて、異なる要素を示している。<br>　高業績を上げる組織は一般的に競争力のある取引を確保するため、購買の集約化を図る。そのため、（業績指標（a）や（b）が示すとおり）平均費用と大規模な納入事業者に関する費用の割合が徐々に増加することになる。<br>　また、高業績を上げている組織は必ず内部管理が効果的に実施され、未収債権回収の取引コストと事業者によるシステムの保守費用を差し引いたあとに、納入事業者から受け取る最少限の価値に見合った費用を適切に配分しようとする。そのため、当該組織は受注のない納入事業者の割合を徐々に減らそうとする。<br>　組織はこの業績指標（a）や（b）の達成度と補助指 |

| 業績指標 | | 論理的根拠と行動に期待される影響 |
|---|---|---|
| | | 標4（中小企業に関する費用の割合）の業績との均衡を図るべきである。 |
| 調達の補助指標7 | 調達に関するテクノロジーの利用 | この業績指標は物品やサービスの調達における効率性を向上させるテクノロジーの利用度を表している。多くの場合、組織は徐々にこの割合を増やすことになる。 |
| 調達の補助指標8 | 指定物品のベンチマーキング<br>a）全部門に共通する比較的低価格の物品<br>b）特定部門のみで使用される比較的高価格で特別な物品 | この業績指標は多くの組織に共通する標準的物品について競争による適正価格を実現し、組織的な調達の有効性を表している。<br>　価格的要素は物品やサービスの価値を表す単なる一つの側面に過ぎず、その物品の価値に影響を与える側面が数多くあると理解されている。しかし、直接的な比較ができる場合、高業績を上げている組織は類似団体との比較を行った結果、徐々にこのような物品に支払う価格の引き下げを図ることになる。 |

**付録**：業績指標の解説

# (e) 不動産の VFM

## 重要原則

業績指標は大きく2つの分類に区分される。効率性と有効性である。有効性は3つの分類に細分化される。影響力、満足度と合理化である。それらの用語はパラグラフ 2.3 で定義されている。不動産管理業務についての業績指標は以下のとおり分類されている。

|  | 重要指標 | 補助指標 |
| --- | --- | --- |
| 効率性 | 1, 2 | 1, 2, 3, 5, 6, 7, 8, 9 |
| 有効性：影響力 | 3 | 4, 10, 11 |
| 有効性：満足度 | 4 | ― |
| 有効性：合理化 | 5 | ― |

組織は効率性と有効性についての業績情報を検討し、業績指標から導かれた結果を理解することが重要である。たとえば、重要指標1（不動産管理費用）のような効率性の測定結果は、重要指標3（未処理資産維持管理業務の割合）、4（上級管理者と職員の満足度指数）と補助指標11（障がい者が十分に利用しやすい建物の割合）といった有効性の測定結果とあわせて解釈される必要がある。

上記の業績指標をまとめた表は具体策相互の関連も明らかにしている。組織は特定の状況が原因となっている組織特有の業績指標について、追加的な関連性の確認が可能となる。

## 業績指標と既存の不動産管理指標との関連性

　それぞれの部門は資産のベンチマーキング手法を十分に確立している。商務省は中央政府の不動産について、組織に利用を義務づけている包括的なベンチマーキング・サービスを公表している（公監査フォーラムのホームページ（www.public-audit-forum.gov.uk）上で入手することもできる）。このプロジェクトで設定した不動産管理指標の定義について、商務省とこのプロジェクトによる業績指標の対比がなされている。中央政府で開発されたベンチマーキングは、このプロジェクトの業績指標以上に詳細であるが、各手法と方法論には十分な整合性がある。

　地方自治体については、COPROP (The Association of Chief Corporate Property Officers in Local Government：地方自治体資産管理者協会)[*23] が、地方自治体が保有する資産の業績指標に関する共通の定義を作成している。地方自治体からの意見を受け付けたのち、現在、設定を進めている業績指標もある。不動産管理に関する業績指標の解説が記載されている付録においても、地方自治体およびこのプロジェクトによる業績指標の対比が含まれている。私たちはCOPROPの業績指標が詳細な情報を提供しており、このプロジェクトの上位にある業績指標とも矛盾していないと認識している。しかし、COPROPによる業績指標のなかには、地方自治体のニーズにあわせて設定されている業績指標もあるため、すべての公共部門を対象としているこのプロジェクトの業績指標へ容易に組み込めない指標もある。

　NHS基金は、ERIC（不動産記録情報収集）として知られている不動産記録情報収集に関する財務報告書の提出を義務づけられている。この業績指標と不動産記録情報収集に関する財務報告書で義務づけられている業績指標の間にも（資産とエネルギーに要する経費総額の調査に関する事項などの）相関関係がある。

| 業績指標 | 論理的根拠と行動に期待される影響 |
|---|---|
| 不動産の重要指標1 | 1 m$^2$ 当たりの保有資産にかかる総費用（①購入費用・②運営費用・③管理費用（①と②以外の間接費）） | この業績指標は不動産管理業務の全体的な費用対効果を表している。<br>　多くの場合、組織は類似団体に比して、徐々に資産に要する費用の削減を図ろうとする。しかし、当該組織は（重要指標3（未処理となっている資産維持管理業務の量）、4（上級管理者と職員の満足度指数）と5（経営慣行に関する業績指標）ならびに補助指標4（所定の期限や予算内で完了した投資計画の割合）と11（障がい者に対する公共施設の利用しやすさ）のように）不動産管理業務の有効性測定と連動して、この業績指標の達成度を表するべきである。<br>　重要指標1（購入費用）、2（運営費用）と3（管理費用（1と2以外））によって、3つの異なる費用が測定されることになる。 |
| 不動産の重要指標2 | 常勤職員1人当たりの施設面積(m$^2$) | この業績指標は組織が建物を有効に利用しているかを表している。<br>　この業績指標は常勤職員1人当たりの情報端末数と平均占有面積を表している補助指標5に深く関連している。当該組織は顕著な差異がある場合、それが生じる明確な理由を検討するために、このような業績指標から導かれた結果を類似団体と比較すべきである。 |
| 不動産の重要指標3 | 過去3年間における平均維持管理費に対する未処理資産維持管理業務の割合 | この業績指標は組織が不動産の修繕や保守計画を効果的に実施しているかを表している。高業績を上げる組織は徐々に未処理となっている業務を減らすべきである。 |
| 不動産の重要指標4 | 上級管理者と職員の満足度指数（上級管理者と職員の意見を基に作成された複合的業績指標） | この業績指標は不動産管理業務に関する上級管理者と職員の意見を確認することで、不動産管理業務の有効性を評価している。<br>　組織は上級管理者と職員の間で、指示や命令に納得が得られている割合の増加を徐々に図るべきである。（上級管理者と職員の意見は、公監査フォーラムのホームページ（www.public-audit-forum.gov.uk）上で閲覧可能となっている。組織はこれらの意見を職員と上級管理者による既存の調査へ組み込む必要がある）。 |
| 不動産の重要指標5 | 経営慣行に関する業績指標（10の経営慣行のうち採用された慣行数） | この業績指標の目的は効率的な運営、合理化、そして、成熟化を表す重要な経営慣行が、不動産管理業務によってどの程度達成されているかを表すことである。<br>　この業績指標によって測定を実施した当初から、多くの組織がすべての慣行の採用を期待されていない。しかし、当該組織は徐々に採用する慣行数を増やすべきである。 |

| 業績指標 | 論理的根拠と行動に期待される影響 |
|---|---|
|  | (慣行の一覧表は、公監査フォーラムのホームページ (www.public-audit-forum.gov.uk) 上で閲覧可能であり、適切な業績指標があれば、今後、業績指標の改訂・更新がなされる予定である)。 |

| 業績指標 | | 論理的根拠と行動に期待される影響 |
|---|---|---|
| 不動産の補助指標1 | 組織における不動産管理業務に要する経費<br>a) $1m^2$当たりの経費<br>b) 組織全体の管理コストに対する割合 | この業績指標は組織における不動産管理業務の費用対効果を表している。多くの場合、組織は徐々に類似団体と比べて不動産管理業務に要する経費の削減を図ろうとする。しかし、たとえば、重要指標3(未処理となっている資産維持管理業務の量)、4(上級管理者と職員の満足度指数)と5(経営慣行に関する業績指標)ならびに補助指標4(所定の期間や予算の範囲で完了した投資計画の割合)と11(障がい者にとっての公共施設の利便性)のように、不動産管理業務の有効性測定と連動して、この業績指標の達成度を表すべきである。<br>重要指標1(購入費用)、2(運営費用)と3(管理費用(1と2以外))によって、3つの異なる費用が測定される。また、これらの費用は重要指標1の総費用に含まれると考えられる。 |
| 不動産の補助指標2 | $1m^2$当たりの占有または所有に関する収益的支出[*24]の合計額 | この業績指標は建物の占有または所有に要する費用を特定することで、費用対効果を表している。多くの組織が資産に要する費用を削減しようとする一方で、補助指標2のように、この業績指標の達成が重要指標3、5と補助指標4、11のように有効性測定の達成とあわせて評価されることが重要である。 |
| 不動産の補助指標3 | 施設$1m^2$当たりの収益的支出の合計額 | ファシリティ(公共施設)マネジメントと呼ばれる手法と組み合わされて、この業績指標は不動産の運用に関する費用対効果を表している。資本コストは対前年比で顕著な不一致の可能性があるために除外されている。 |
| 不動産の補助指標4 | 過去3年間で完了した資産に関する投資計画の割合<br>a) 事業予算内の実施率<br>b) 日程の範囲内における実施率<br>c) 事業予算や日程の範囲内における実施率 | 進捗の遅延や費用の超過が生じているプロジェクトは、組織運用の有効性に顕著な悪影響を与えることがわかっているため、この業績指標は不動産管理業務の事業計画規準について示している。組織は徐々にプロジェクトに投入される時間や予算の割合を増やすことになる。<br>この業績指標は補助指標6(総資産に関する年間平均資本的支出[*25])とあわせて評価されるべきである。 |

| 業績指標 | | 論理的根拠と行動に期待される影響 |
|---|---|---|
| 不動産の補助指標5 | スペース利用の効率性<br>a）常勤職員1人当たりの端末付与率<br>b）端末1台当たりのスペース（m$^2$） | この業績指標は端末の使用に要するスペース利用の効率性と各端末が占めるスペースの合計を表している。これは組織で必要とされるスペースの合計を決定する際に時折使用され、スペース利用の有効性のために幅広く利用されているベンチマーキングである。<br>　この業績指標は重要指標2（職員1人当たりの総施設面積）と深く関連している。<br>　多くの組織がこの業績指標の結果を類似団体と比較し、顕著な差異に対する明確な理由の調査に特に関心をもつと考えられる。 |
| 不動産の補助指標6 | 過去5年間における屋内総面積当たりの保有資産に要する資本的支出の平均額 | この業績指標は不動産投資の程度を測定する業績指標である。組織はこの業績指標の結果と類似団体との比較を希望し、顕著な差異の理由を調査すべきである。また、類似団体と比較した重要指標4（上級管理者と職員の満足度指数）のような有効性についての指標と関連し、補助指標4（所定の期間や予算が投入された投資計画の割合）とあわせて、この業績指標の結果が検討されるべきである。 |
| 不動産の補助指標7 | 1m$^2$当たりの年間総エネルギー消費量（kw/h） | この業績指標はどのようにして組織がエネルギー消費量を減らし、環境への影響を最小限に抑制したかを表している。組織は徐々にこの量を下げることになる。 |
| 不動産の補助指標8 | 1m$^2$当たりの年間総水消費量（m$^3$） | この業績指標は組織が水の消費量を減らすことで、環境への影響を最小限に抑制した程度を表している。組織は徐々にこの量を下げることになる。 |
| 不動産の補助指標9 | 総施設面積（m$^2$）に対する施設の正味面積（m$^2$）の割合 | この業績指標は不動産の有用性と設計の効率性を表している。組織は徐々にこの割合を上げることになる。<br>　この業績指標は重要指標2（職員1人当たりの総施設面積）、4（満足度指数）と補助指標5（端末数と端末に要するスペース）と密接に関連している。 |
| 不動産の補助指標10 | ゴミのリサイクル率 | この業績指標はどのようにして組織が不動産による環境への影響を軽減しようしているかを評価している。高業績を上げている組織は、徐々にこの割合を上げることになる。 |
| 不動産の補助指標11 | 公共施設の公共スペースについて、障がい者にとって適切かつ利用しやすくなっている建物の割合 | この業績指標は組織が障がい者差別禁止法の求める要件にどれほど適合しているかを評価している。高業績を上げている組織は、この業績指標を完全に達成する（少なくとも徐々にこの割合を上げる）ことになる。 |

【注】
(1) スコットランドにおいては、会計委員会（Accounts Commission）が、地方自治体の監査を所管している。会計検査院長は、その他多くの公共部門の監査を所管している。スコットランド会計検査院の役割は、会計委員会と会計検査院長に対して、職責の遂行に必要とされるサービスを提供することである。

【訳者注】
＊1 人的資源管理、財務、ICT（情報通信技術）、調達、そして、不動産といった内部管理業務部門について、公共サービスにおける VFM 業績のベンチマーキングを目的として、中央政府、地方自治体、NHS（国民医療サービス）、消防、警察など約 100 団体が業績指標の設定に参画した。業績指標は付録のとおりまとめられている。

＊2 KPMG は、監査、税務、アドバイザリー・サービスを提供するプロフェッショナルファームの世界的ネットワークである。

＊3 英国地方自治体では基本的に、国、県（County）、市（District）で業務を分担する構造になっている。しかし、内部管理業務はいずれの団体においても存在し、特に人的資源管理については地方自治体の歳出合計額のうち約 6 割を占めるため、改善によって得られる効果が高いと考えられる。Department for Communities and Local Government, *Local Authority Revenue Expenditure and Financing England 2011–12 –Final Outturn,* November 2012, p. 25.

＊4 現在、公監査フォーラムのホームページは以下のとおりである。2010/11 年度に更新された業績指標を入手することができる。
http://publicauditforum.wordpress.com/（2013 年 5 月 25 日）

＊5 この共通目的を実行するために、5 つの監査機関によって公監査フォーラムが設立された。

＊6 Welsh Assembly Government, *Making the Connections : Delivering Better Services for Wales,* October 2004.

＊7 わが国と比べて、英国では中央政府が地方に対して大きな税財政権限をもっている。たとえば、コミュニティ・地方自治省（Department for Communities and Local Government : DCLG）は、2012 年英国地方自治体財政統計第 22 号（Local Government Financial Statistics England No. 22 2012）において、地方自治体の歳入構造について、2010/11 年度における地方自治体の歳入合計額のうち 65％ が中央政府からの補助金であることを示している。

＊8 公監査フォーラムは、2010 年 7 月に広報広聴業務と法務サービス業務に関する業績指標を追加的に設定・公表している。

第 V 部　公共部門における内部管理業務の VFM　281

\*9　バランス・スコアカードは基本的に、財務の視点、顧客の視点、業務プロセスの視点、および、学習と成長の視点の4つの視点から見たバランスのとれた戦略の策定とその評価を可能にするツールである。この視点は、必ずしも4つに限られるわけではない。当該組織の使命や置かれている環境により視点は追加されるべきである。本書における修正スコア・カードモデルとは、業務プロセスの視点から業務の効率性を測定し、顧客の視点、組織イノベーションの合理化の視点、および、組織に関わる業績・成果の影響力の視点から有効性を測定するように、バランス・スコアカードを修正したツールである。バランス・スコアカードの説明については、以下を参照した。石原俊彦編著・INPM バランス・スコアカード研究会『自治体バランス・スコアカード』東洋経済新報社、2004 年 8 月、14–15 頁。

\*10　原書では図1のキャプションが付されていないが、図1が表している内容を明示するため、訳者がキャプションを付した。

\*11　内部管理業務は、その影響が組織内すべてに及ぶため、現場管理者だけではなく、部長職など上級管理者による深い関与がなければ効果を上げることができない。上級管理者向けの重要指標を設定し、現場管理者向けの補助指標とあわせて評価することで、当該業務の VFM 達成が可能となる。

\*12　パートナーシップは、行政機関が他の団体との協働によって、公共サービスを提供する手法である。行政機関と企業のパートナーシップである PPP（Public Private Partnership）、複数の地方自治体や公共部門がサービスの共同化（Shared Services）を図るためのパートナーシップである PPP（Public Public Partnership）、地域の行政機関、ボランタリー団体、企業などが地域における戦略的な意思決定を図るための地域戦略パートナーシップ（Local Strategic Partnership）などがある。

\*13　ベスト・バリューは、2000 年 4 月に公共サービスのコスト削減と品質向上を経済的、効率的に達成することを目的として創設された制度である。2007 年自治体・公的保健サービスへの住民関与法により、ウェールズ以外の自治体においては、行政サービスの見直しとベスト・バリュー業績計画は、義務ではなくなっている。

\*14　ベスト・バリュー業績指標は、地方自治体間の業績に関する比較可能性を担保するため、副首相府が公表した全国統一の業績指標である。

\*15　人的資源管理、財務、ICT（情報通信技術）、調達、そして、不動産業務の重要指標として、経営慣行に関する業績指標が設定されている。この業績指標は、各業務について設定され、実践すべき 10 の経営慣行のうち、組織が実践の有無を評価し、実践できた慣行数を1つにつき1点で集計している。各業務に関する直近の 10 の経営慣行は、2010 年 7 月に公監査フォーラムのホームページで公開さ

れ、現在は国立公文書館のホームページに掲載されている。
　　　http://webarchive.nationalarchives.gov.uk/20110119133410/
　　　http://www.public-audit-forum.gov.uk/publicat.htm（2013年3月15日）
* 16　負担額通知書は、商品の購入者が返品した際や、本来支払うべき金額よりも多く請求された購入者が当該請求額を支払った際に、販売店が返金するために購入者へ発行する通知書である。
* 17　BACs（Bankers Automated Clearing Service）は、英国などで広く利用される電子決済手段の一つである。リアルタイムではない電子送金システムのため、少額の手数料または手数料なしで資金を受け取ることができる。
* 18　RfT1は、BACsと同様に、英国などで広く利用される電子決済手段の一つである。
* 19　SOCITMは、1986年に公共部門のICT管理者によって設立された専門家団体である。現在、地方自治体、公でも民でもないボランタリー団体やコミュニティ団体のような第三者機関などの公共部門やその納入事業者が会員となっており、ICTのベスト・プラクティスの利用、地方自治体のICT化支援などを行っている。
* 20　システム開発などICT関連の大規模プロジェクトを推進するためには、現場管理者が設定された工程と予算でプロジェクトの進行を管理することとあわせて、組織の長、上級管理者や外部の利害関係者がプロジェクトに関するリスクを監視し、組織の全体的な戦略にあった方向でプロジェクトを統制する必要がある。
* 21　レバレッジとは、小さな力で大きな物を動かす「てこの原理」を意味する。金融用語では、少ない資金で多額の資金を元手に投資を行った場合と同じような大きな利益を獲得する手法のことである。
* 22　英国の公共部門における特有の手法であり、わが国においては電算システムを複数の地方自治体によって共同調達している事例はあるが、物品やサービスの本格的な共同調達の実施は今後検討されるべき課題である。
* 23　COPROPとは、効果的・戦略的アセット・マネジメントの実施を図る地方自治体の資産管理者を支援する団体である。
* 24　有形固定資産に関する支出のうち当該支出が含まれる会計年度の費用に算入される支出である。単なる維持、管理にすぎない支出を表している。
* 25　有形固定資産に関する支出のうち当該有形固定資産の取得原価に算入される支出である。

監訳者　紹介

## 石原俊彦（いしはら・としひこ）

関西学院大学大学院経営戦略研究科教授　博士（商学）
英国勅許公共財務会計士（CPFA）　公認会計士　税理士

1960年5月生まれ。1984年関西学院大学経済学部卒業、1989年関西学院大学大学院商学研究科博士課程満期退学。1995年関西学院大学産業研究所助教授、2000年同研究所教授、2005年同大学専門職大学院経営戦略研究科教授、2008年同大学大学院経営戦略研究科博士課程後期課程指導教授。2007年から英国バーミンガム大学地方自治研究所（INLOGOV）栄誉教授（Honorary Professor）。
第24回日本公認会計士協会学術賞（1995年）と第12回日本内部監査協会青木賞（1998年）を受賞。
内閣府第30次地方制度調査会委員、総務省地方行財政検討会議構成員、総務省地方公共団体における内部統制のあり方に関する研究会構成員、総務省今後の新地方公会計の推進に関する研究会構成員、京都府参与（業務改善担当）、名古屋市行政評価委員会委員長、愛知県豊橋市公契約のあり方に関する懇談会会長、兵庫県豊岡市行政改革委員会委員長、日本公認会計士協会本部理事などを現任・歴任。
全国都市改善改革実践事例発表会の審査委員長を第1回大会（2006年度山形市役所で開催）から第7回大会（2012年度さいたま市役所で開催）まで連続で務め、公共サービスの改善（Improvement）とイノベーション（Innovation）に詳しい。
主な研究テーマは地方自治体・大学・病院のマネジメントとガバナンス。


訳者　紹介

## 木村昭興（きむら・あきのり）　第Ⅰ部担当

柏原市政策推進部企画調整課主査　会計修士（専門職）

1973年7月生まれ。1997年近畿大学理工学部卒業、2008年関西学院大学専門職大学院経営戦略研究科修了。現在、関西学院大学大学院経営戦略研究科博士課程後期課程に在籍し、公共サービスのイノベーション、ニュー・パブリック・ガバナンスを研究。2011年より4度にわたり英国の公共サービスのイノベーションを現地調査。
〔主な論文〕
「公共部門におけるシステム・シンキングの適用－北アイルランド議会リサーチペーパーを中心として－」『公会計研究』（研究ノート・査読付き）第13巻第2号、国際公会計学会、2012年3月、78-92頁。

「わが国地方自治体の組織風土変革に資する業務改善運動の有用性－英国パブリックセクターのリーン・アプローチからの示唆－」『経営戦略研究』第 6 号、関西学院大学経営戦略研究会、2012 年 7 月、53-71 頁。

## 酒井大策（さかい・だいさく）　第Ⅱ部担当

摂津市市長公室人事課主査　会計修士（専門職）

1977 年 5 月生まれ。2000 年関西大学文学部卒業、2008 年関西学院大学専門職大学院経営戦略研究科修了、2012 年関西学院大学大学院経営戦略研究科博士課程後期課程単位取得満期退学。広告代理店勤務を経て、2004 年より摂津市に勤務。現在、関西学院大学大学院経営戦略研究科に大学院研究員として在籍し、地方自治体の財務報告制度について研究。2011 年より 2 度にわたり英国地方自治体における財務報告制度を現地調査。

〔受賞歴〕
2010 年度国際公会計学会研究奨励賞受賞（2011 年）
〔主な論文〕
「公共サービス改善に向けた財務・非財務情報の有用性－英国地方自治体監査委員会の報告書を中心に－」『公会計研究』（査読付き）第 12 巻第 2 号、国際公会計学会、2011 年 3 月、16-29 頁。
「英国地方自治体における財務報告基準－CIPFA『英国における地方自治体の会計の実務規範』の分析的検討－」『経営戦略研究』第 4 号、関西学院大学経営戦略研究会、2010 年 7 月、67-81 頁。
酒井大策・石原俊彦「英国地方自治体における会計実務規範を規定するフレームワーク－国際公会計基準の導入プロセスを踏まえて－」『ビジネス＆アカウンティングレビュー』第 9 号、関西学院大学経営戦略研究会、2012 年 3 月、129-142 頁。

## 関下弘樹（せきした・ひろき）　第Ⅲ部担当

田辺市市民環境部保険課主査　会計修士（専門職）

1973 年 12 月生まれ。1997 年宮崎公立大学人文学部卒業、2009 年関西学院大学専門職大学院経営戦略研究科修了。2012 年関西学院大学大学院経営戦略研究科博士課程後期課程単位取得満期退学。1997 年田辺市役所入庁。和歌山県庁勤務、財政・企画・水道の各課を経て現職。現在、関西学院大学大学院経営戦略研究科に大学院研究員として在籍し、地方自治体の財務管理を研究。2012 年より 2 度にわたり英国の地方自治体の財務管理について現地調査。

〔主な論文〕
「わが国地方自治体における財務管理のフレームワーク－財務管理の展開のための基礎的条件の整理－」『経営戦略研究』第 5 号、関西学院大学経営戦略研究会、2011 年 7 月、43-55 頁。
関下弘樹・石原俊彦「英国地方自治体における財務管理と最高財務責任者の役割－英国勅許公共財務会計協会の意見書を中心に－」『ビジネス＆アカウンティングレビュー』第 11 号、関西学院大学経営戦略研究会、2013 年 3 月、85-100 頁。

**丸山恭司**（まるやま・やすし）　**第Ⅳ部担当**

岐阜県県土整備部道路維持課主査　修士（法学）
公認内部監査人（CIA）　公認不正検査士（CFE）
1971年2月生まれ。1995年名古屋大学法学部卒業、1997年名古屋大学大学院法学研究科前期博士課程修了。1999年岐阜県入庁。2007年より6年間、岐阜県監査委員事務局にて監査業務に従事。現在、関西学院大学大学院経営戦略研究科博士課程後期課程に在籍し、地方自治体の監査制度を研究。2012年より3度にわたり英国の地方自治体監査制度を現地調査。
〔受賞暦〕
第25回日本内部監査協会青木賞論文賞受賞（2011年）
日本刑事政策研究会平成24年度懸賞論文佳作受賞（2013年）
〔主な論文〕
「自治体監査における民間内部監査手法の活用－岐阜県の取組から－」『地方財務』第673号、ぎょうせい、2010年7月、30-44頁。
「自治体監査の目的－監査の主題から見た理論的分析－」『監査研究』第38巻第3号、日本内部監査協会、2012年3月、1-9頁。
「地方公共団体における監査委員の法的責任のあり方」『ビジネス＆アカウンティングレビュー』（査読付き）第10号、関西学院大学経営戦略研究会、2012年9月、63-79頁。
「英国勅許内部監査人協会（CIIA）を訪問して－英国公的部門の内部監査と統一的な内部監査基準策定の動き－」『監査研究』第38巻第11号、日本内部監査協会、2012年11月、41-48頁。
「地方自治体監査における最高内部監査責任者に求められる役割・能力・資質－英国自治体における実践とわが国制度改革への示唆－」『公会計研究』（査読付き）第14巻第1号、国際公会計学会、2012年10月、1-13頁。


**井上直樹**（いのうえ・なおき）　**第Ⅴ部担当**

奈良市監査委員事務局主務補　修士（経営学）
公認不正検査士（CFE）
1973年8月生まれ。1997年関西学院大学文学部卒業、2004年関西学院大学大学院商学研究科博士課程前期課程修了。2011年関西学院大学大学院経営戦略研究科博士課程後期課程単位取得満期退学。1998年通商産業省近畿通商産業局（現経済産業省近畿経済産業局）入局、2008年12月に退職後、監査法人、独立行政法人などを経て、2012年4月より奈良市役所に勤務。現在、関西学院大学大学院経営戦略研究科に大学院研究員として在籍し、地方自治体の内部監査および内部統制を研究。2011年より2度にわたり英国地方自治体における内部監査および内部統制を現地調査。
〔主な論文〕
「地方自治体における内部監査責任者の役割－英国勅許公共財務会計協会（CIPFA）の討議資料を参考に－」『公会計研究』（査読付き）第12巻第2号、国際公会計学会、2011年3月、1-16頁。
「英国地方自治体における内部監査の制度的フレームワーク－関連法令にもとづく考察－」『公会計研究』（査読付き）第13巻第2号、国際公会計学会、2012年3月、31-46頁。
「英国の公的部門における内部監査基準の考察－公共経営とリスク・アプローチの視点から－」『関西学院大学産研論集』（査読付き）第40号、関西学院大学産業研究所、2013年3月、77-86頁。

## 地方公共サービスのイノベーションとガバナンス
行政サービス提供体制と住民自治体制の強化をめざす

2013 年 7 月 30 日初版第一刷発行

| 著　者 | 英国地方自治体監査委員会（Audit Commission） |
| --- | --- |
| | 英国勅許公共財務会計協会（CIPFA） |
| | 　（Chartered Institute of Public Finance and Accountancy） |
| | 英国会計検査院（National Audit Office） |
| 監　訳 | 石原俊彦 |
| 訳　者 | 木村昭興，酒井大策，関下弘樹 |
| | 丸山恭司，井上直樹 |
| 発行者 | 田中きく代 |
| 発行所 | 関西学院大学出版会 |
| 所在地 | 〒662-0891 |
| | 兵庫県西宮市上ケ原一番町 1-155 |
| 電　話 | 0798-53-7002 |
| 印　刷 | 協和印刷株式会社 |

Ⓒ2013　Toshihiko Ishihara, Akinori Kimura, Daisaku Sakai,
　　　　Hiroki Sekishita, Yasushi Maruyama, Naoki Inoue
Printed in Japan by Kwansei Gakuin University Press
ISBN 978-4-86283-141-5
乱丁・落丁はお取り替えいたします。
本書の全部または一部を無断で複写・複製することを禁じます。
http://www.kwansei.ac.jp/press